D1735803

Jakob Böhme (1575-1624), der große Esoteriker und geistige Anreger des frühen 17. Jahrhunderts, umkreist in diesem Buch das Christus-Mysterium als einen Prozeß, der im Ungrund der Gottheit anhebt und sich auf der Erde in einem geschichtlichen Augenblick verwirklicht. Böhme liegt daran, dieses geschichtlich-übergeschichtliche Ereignis der Menschwerdung Christi aufs innigste mit der Menschwerdung – und das heißt: der Selbstverwirklichung – jedes einzelnen Menschen in Verbindung zu bringen. Es geht um die Wiedergeburt: Der »alte Adam«, das heißt der unvollkommene Mensch, ist aufgerufen, sich zu seiner Vollendung wiederum in Christus zu integrieren: »Uns Menschen in dieser Welt ist daran am meisten gelegen, daß wir das Verlorene wieder suchen. So wir nun wollen suchen, so müssen wir nicht außer uns suchen.« *Jakob Böhme*

insel taschenbuch 1737
Böhme
Von der Menschwerdung
Jesu Christi

Jakob Böhme
Von der Menschwerdung Jesu Christi

Herausgegeben und erläutert
von Gerhard Wehr
Insel Verlag

insel taschenbuch 1737
Erste Auflage 1995
© Insel Verlag Frankfurt am Main und Leipzig 1995
Alle Rechte vorbehalten
Vertrieb durch den Suhrkamp Taschenbuch Verlag
Umschlag nach Entwürfen von Willy Fleckhaus
Satz: Fotosatz Otto Gutfreund, Darmstadt
Druck: Nomos Verlagsgesellschaft Baden-Baden
Printed in Germany

1 2 3 4 5 6 - 00 99 98 97 96 95

Inhalt

III. Teil

Vorwort

In dem Bewußtsein, im Anbruch einer neuen Menschheits-
epoche zu stehen, ist Jakob Böhme mit seinen Schriften vor
seine Zeit hingetreten. Das wird schon in seiner »Aurora oder
Morgenröte im Aufgang« deutlich, wenngleich das dort Ausgesprochene noch der Klärung bedurfte. Der Autor dieses
Fragment gebliebenen Buches meinte zunächst, nur sich
selbst »zum Memorial« geschrieben zu haben. Um so über-
raschter war er, als er beobachtete, daß seine z. T. umfang-
reichen Buchmanuskripte sowie die davon gefertigten Ab-
schriften seiner Freunde immer größere Kreise zogen.

»Der Mensch ist zu dem Ende in das magische Reich dieser
Welt erschaffen worden, daß er dasselbe Mysterium offenbare und die Wunder ans Licht und in Formen nach der
ewigen Weisheit bringe.«

Dieses Wort aus dem III. Teil des vorliegenden Buches »Von
der Menschwerdung Jesu Christi« läßt deutlich hervortre-
ten, welche Aufgabe Böhme dem Menschen zuweist. Es geht
ihm immer wieder darum, die damit verknüpfte Erkenntnis-
verpflichtung bewußt zu machen und darüber hinaus die
Kreativität des menschlichen Willens anzuregen. Von daher
gesehen ist das Buch nicht allein eine Beschreibung der
Menschwerdung Christi. Der Mensch selbst ist gemeint. Er
ist noch nicht fertig. Die Menschwerdung des Menschen ist
im Gang. Sie gilt es auf dem Weg einer inneren Entwicklung
voranzubringen.

So stellt sich der vorliegende Band in die Reihe der ausge-
wählten Schriften hinein, die mit »Aurora« und »Christosophia« eröffnet worden ist (vgl. die Literaturhinweise am
Schluß). Es versteht sich, daß die bisher angewandten edi-
torischen Gesichtspunkte vollständiger, auf der Basis zuver-
lässiger Vorlagen – d. h. der Gesamtausgabe von 1730 – ge-

botenen und kommentierten Texte auch hier in Anwendung kommen.

Das Buch gehört in die Hand derer, die mit Jakob Böhme wissen: »Es tuts kein Lernen, sondern Geborenwerden . . .« (I,4,19).

Schwarzenbruck bei Nürnberg,
Ostern 1991   *Gerhard Wehr*

Kommentar

1. Kapitel
Daß die Person Christi ohne göttliche Erleuchtung nicht
könne erkannt werden

Die Menschwerdung Jesu Christi und die Menschwerdung des Menschen – das ist das große Thema, das Jakob Böhme mit dem ersten Kapitel dieser dreiteiligen Schrift anschlägt, ein Thema in Variationen. Damit ist – wie so oft bei Böhme – der Blick auf das gerichtet, das werden soll. Der Görlitzer Meister will nicht in sich ruhende, auf sich beruhende oder gar abgeschlossene Tatbestände beschreiben. Er meint die Dynamik der Veränderung, die in und am Menschen zu geschehen hat.

Gleich eingangs (1,1-3) stellt er ein wichtiges Erkenntnisprinzip heraus: Die »weltwitzige« Vernunft, das heißt, die unverwandelte Weise des menschlichen Erkennens, ist nicht in der Lage, in die Bezirke des Mysteriums einzudringen. Das Endliche erfaßt nicht das Ewige. Bei ihr muß die Wandlung beginnen. Wahre Theosophie und Anthroposophie, eben Weisheit von Gott und vom Menschen, werden nicht durch »Fleisch und Blut« begriffen oder begründet (1,2). Es bedarf der Erleuchtung durch das »göttliche Licht«. Böhme teilt damit eine Einsicht des Apostels Paulus (I. Kor. 2,14): Der natürliche Mensch vernimmt nichts vom Geist Gottes; es ist ihm eine Torheit, und er kann es nicht erkennen. Durch willkürliche Berufung auf die Schrift der biblischen Überlieferung (1,3) läßt sich diese innere Erleuchtung nicht ersetzen. An dieser Stelle läßt der Autor seine Kritik an denen durchblicken, die als protestantische Theologen wohl die Bibel im Munde führen, die Bibel als alleinige Quelle der Offenbarung rühmen, jedoch ohne Gottes Geist, ohne spirituelle Eigenerfahrung und daher erkenntnislos von göttlichen Geheimnissen reden.

Das dem Alltagsbewußtsein fremd und entfernt Scheinende wird indessen dem nach und nach vertraut, der sich »täglich und stündlich« (1,4) ins Wesen der Menschwerdung vertieft. Für Böhme ist diese Menschwerdung offensichtlich eine die Erkenntnis vertiefende, das Leben erneuernde Gegenwart. Aus ihr heraus haben wir sein Zeugnis anzunehmen. Es ist das »hohe Geheimnis«, das der Autor zum Gegenstand seines Buches von den ersten Abschnitten an zu machen gedenkt.

Es ist der Geisteslehrer und der Seelenführer, der darin zu Wort kommt. Als solcher hat er nicht nur die Resultate seines eigenen Schauens mitzuteilen, sondern gleichzeitig den Suchenden, Fragenden, um die geistliche Reifung bemühten Menschen Führung und Geleit zu bieten, wie er es vornehmlich in den Schriften seiner *Christosophia* und in seinen *Theosophischen Sendbriefen* unternommen hat. Und so, wie er sich einst seinen Erstling *Aurora oder Morgenröte im Aufgang* selbst zum »Memorial« schrieb, so legte er nun seinem inzwischen größer gewordenen Leserkreis dieses Buch als ein ähnliches Memorial – etwa Meditationsbuch – vor.

Um nun seinem Thema gerecht zu werden, muß der Verfasser »die Ursachen erwägen« (1,5), die zur Menschwerdung Gottes geführt haben. Er begreift ja sein Schreiben als eine »Übung des Glaubens« (1,4). Der Exerzitiencharakter ist damit von vornherein sichtbar gemacht. Danach wird sich der Leser einst wie heute zu richten haben.

Nun stößt Böhme auf eine unerhörte Paradoxie: Er, der »unveränderliche Gott ist doch worden, was er nicht war«. Was nun folgt (1,6ff.), ist eine Variation des theosophischkosmosophischen Bildes, das wir bereits von der *Aurora* her kennen und das er dann in seinem zweiten Werk *Von den drei Prinzipien* weiter entfaltet hat. Es ist der Aufweis der ungeheuren Dynamik, die in Gestalt der drei Prinzipien in der Gotteswelt regiert. Es sind dies die Prinzipien des grimmigen Feuers, des sänftigenden Lichts und des dritten Prinzips. Dieses entspricht dem Geist, der »von Ewigkeit in der ewigen Natur des Vaters Eigenschaft verborgen gestanden« (1,10) ist, der zur Offenbarung drängt und der sich schließlich im Spiegel der göttlichen Weisheit – Böhme spricht immer wieder von der »Jungfrau der Weisheit« – manifestiert. In diesem Weisheitsspiegel schaut sich die Gottheit selbst.

2. Kapitel
Offenbarung der Gottheit

Das zweite Kapitel hebt damit an, daß es Einblick in den Werdeprozeß der Schöpfung zu geben sucht. Das Feuer als Inbegriff des ersten, das Licht als Manifestation des zweiten Prinzips werden zu »Gebärerinnen« (2,4). Ihnen liegt ein »Modell« (Urbild) zugrunde, wodurch Übersinnlich-Unanschauliches anschaubar wird. Kapitel 2,2 macht deutlich, welcher Art diese prägende Form – Böhme mag bei »Model« an die von der Backstube her bekannte Form gedacht haben – ist, wenn gesagt wird, »daß die Ewigkeit in einer immerwährenden Magia stehet«. Gemeint ist ein Geheimniszustand; gemeint ist der Bereich der Urbilder, die über der Stoffeswelt (Sulphur, Mercurius) stehen und in diese herabwirken.

Und wenn Böhme von dem »Lüstern« (Gelüsten) und von dem »Begehren der Liebe« spricht, so ist auf den energetisch-dynamischen Aspekt abgehoben. Eine wesentliche Erkenntnis spricht aus 2,3, wonach das Bild von Mensch und Engel dadurch ist, daß es »in Gottes Weisheit« erschaut wurde. Wie

Gottes Weisheit sie sieht, so sind sie gestaltet. Menschliches Sein ist aufgehoben im Schauen Gottes, in dem, wie Gott auf den Menschen blickt. Eine solche Wendung lädt dazu ein, bedacht und erwogen zu werden. Entsprechendes gilt von der dunklen Seite der Wirklichkeit.

Vom Grund und »Ungrund« her spricht das göttliche Schöpferwort »Verbum Fiat« sein »Es werde!« Damit tut sich der Wille des Vatergottes in Taten kund (2,5). Es ist der von Böhme an vielen Stellen hervorgehobene »begehrende Wille zur Kreatur und zur Offenbarung der Gottheit«, hinter den keine menschliche Spekulation zurückzugreifen vermag.

Um so mehr »haben wir Macht«, von der Schöpfung zu reden. Das ist der dem Menschen anvertraute Bereich. Hier wirken sich die schöpferischen Qualitäten und die sieben Naturgeister (2,6) aus. Wichtig ist für Böhme, daß sie – etwa analog zu der unteren Siebenheit im kabbalistischen Sefirot-Baum – nicht aus irdischer Materie gewoben sind, sondern »aus Gottes Essenz«, als Emanationen oder »Ausflüsse« der Gottheit selbst. Hier sei vermerkt, wie dieser Aspekt in der christlichen Kabbala, namentlich bei dem großen schwäbischen Böhme-Schüler des 18. Jahrhunderts, Friedrich Christoph Oetinger[1] eine wichtige Rolle spielt.

Weitere Erwägungen sind dem tragischen Fall gewidmet, der gemäß Böhmes Überzeugung vor dem menschlichen Sündenfall auf der übersinnlichen Ebene stattfand, als sich der Lichtengel »König Luzifer« dem »Licht der Majestät« widersetzte und damit eine »feindliche Anzündung« (2,8) erzeugte, deren Folgen in den Kreaturreichen abzulesen sind. Die Antwort Gottes auf das so eingetretene Unheil, das Böhme in seinen Schriften mehrfach beklagt, ist eine Bewegung des Herzens Gottes: Christus wird Mensch. Dieser Akt

---

1 Gerhard Wehr: Die deutsche Mystik, O. W. Barth Verlag, München 1988, S. 287 ff.

der göttlichen Zuwendung bedeutet einerseits die Heimholung des gefallenen Menschenbildes in seinen ursprünglichen Zustand. Andererseits gründet darin eine Erneuerung seines Erkenntnislebens und -vermögens (2,11 f.). Verborgenes wird offenbar, das Geheimnis erschließt sich.

Böhme spricht von der »Einernte«. Es steht wohl vor ihm das Bild, wie er es vom bäuerlichen Elternhaus in Altseidenberg her aus unmittelbarer Anschauung kennt: Was unter Sonne und Regen gereift ist, das wird endlich heimgeholt. Der Bauer sammelt den Ertrag seines Mühens, aber auch das Geschenk seines Schöpfers mit der Ernte ein. Und eben dieses Bild ist für den Görlitzer Meister eschatologisch-endzeitlich gefüllt. Ihm wird der große Ernst der Stunde bewußt. »Die Tenne soll gefegt werden«, eine biblische Metapher, besagt, daß der Prozeß in ein zweites Stadium tritt, wenn – nämlich beim Dreschen – die Spreu vom Weizen gesondert wird. Prophetisches Bewußtsein artikuliert sich: »Der Tag bricht an!« (2,12). Es ist der Tag, dessen »Morgenröte« emporsteigt!

Und angesichts dieses Tages überblickt Böhme (2,13 f.) den Schicksalsgang des Menschen, seinen Weg vom Urstand im Licht zur Aufspaltung in die Zweiheit der Geschlechter. Freilich, und daran hält Böhme konsequent fest: »die edle Seele« ist dem Menschen trotz Trennung und Sündenfall geblieben. Um dieser Tatsache willen war die Menschwerdung Christi gerechtfertigt. Der Mensch ist mehr, als er erscheint. Darüber läßt Böhme keinen Zweifel aufkommen.

3. Kapitel
Die Pforte der Schöpfung des Menschen

Sich »mit Gott zu ergötzen« (zu erfreuen), das ist ein bewegendes Motiv für Böhmes Schreiben und Publizieren (3,1). Aus diesem Bewegtwerden heraus setzt er zu einer Darstellung des Prozesses der Selbstoffenbarung und der Schöpfung an:

Der in allen drei Prinzipien erschaffene Mensch nimmt seinen Ausgang aus diesem Vorgang der Selbstoffenbarung Gottes. Was nun die göttliche Welt hervorgebracht hat und was bis in die »finstere Qual(ität)« herabgestiegen ist, das bedurfte jener endlichen Heimholung (Kap. 2), dank der Menschwerdung Christi.

Stehen am Anfang der Betätigung des »begehrenden Willens« nur die beiden einander polar entgegengesetzten Prinzipien von Feuer und Wasser, so ist es Luzifer (3,11), dessen Aktivität den Verfestigungs- und Materialisationsprozeß der Schöpfung mitbewirkt. Damit tritt das dritte Prinzip in Erscheinung, nämlich in der Entfaltung der irdischen Welt als einer »Leiblichkeit«. Dahin tendiert der Selbstoffenbarungswille Gottes. Oetinger bringt diese Einsicht in seinem 1776 veröffentlichten Spätwerk *Biblisches und Emblematisches Wörterbuch* auf den klassischen Nenner: »Leiblichkeit ist das Ende der Werke Gottes.« Der schwäbische Theosoph bezieht sich dabei nicht allein auf Böhme, sondern, wie er ausdrücklich vermerkt, auf das 20. Kapitel der Johannes-Offenbarung, wo von der Stadt des himmlischen Jerusalem die Rede ist.

Eine wesentliche Aussage ist zweifellos die (3,12), daß der Mensch die Stelle Luzifers eingenommen habe, Grund genug, den Angriffen des Widergöttlichen ausgesetzt zu sein. Das Widergöttliche enthüllt sich darin als ein Widermenschliches. Der Mensch selbst – Böhme leitet das Wort von »Mesch« und von »mischen« ab (3,13) – wird zu einem Mischwesen, zu einem Bürger zweier Welten, der inneren und der äußeren Welt. Von daher also leitet er das Werden des Menschenwesens ab (3,14f.), wobei er daran festhält, daß auch die menschliche Leiblichkeit paradiesischer Abkunft sei und nicht etwa das Mängelprodukt eines bösen Weltschöpfers. Durch Vermittlung der drei Prinzipien ist der Mensch sowohl mit dem trinitarischen Gott als auch mit der dreigliedrigen Schöpfung verwoben.

Eine Sonderstellung nimmt die Seele ein. Ihretwegen wurde Gott Mensch, weil sie »ein Feuerauge oder ein Feuerspiegel« (3,21) Gottes ist. Deshalb kann und darf sie nicht verlorengehen.

Schließlich ist der Mensch als Träger des Geistes dieser Welt (3,23) dazu ersehen, die Schöpfung erkennend und handelnd, verwandelnd zu ergreifen. An vielen Stellen, so auch hier, spielt Böhme auf die androgyne, männlich-weibliche Urgestalt an. Sie ist Ausdruck seiner ursprünglichen Ganzheit und Majestät. Innere und äußere, die spirituelle und die materielle Wesensseite gehören aufs innigste zusammen. Böhme ist damit weit entfernt von einer dualistischen Aufspaltung der anthropologischen Wirklichkeit. Und das ist auch der Grund, weshalb ihm soviel daran liegt, dieses zerstörte Urbild wiederhergestellt zu sehen.

4. Kapitel
Von dem paradeisischen Wesen

Wie ist es denn möglich, den Zugang zum verlorenen Paradeis aufs neue zu eröffnen? Mit dieser Frage, die Böhme in der Solidarität mit den »armen Evas-Kindern« stellt, setzt er im 4. Kapitel seine Betrachtungen fort. Dabei ist ihm von vornherein klar, daß es nicht um einen Akt der Selbstbefreiung des Menschen gehen kann, sondern um den des »rechten Türhüters«, der den Schlüssel hat, »aufzuschließen« (4,2).

Das bedeutet freilich nicht Verzicht auf das eigene Tun. Es ist vielmehr die Voraussetzung des Menschen, seine alte Seinsweise und Bewußtseinsart aufzugeben (4,3). Sie ist ihrerseits Voraussetzung der Wiedergeburt. Im gleichen Zusammenhang ist es Böhme darum zu tun, eine Menschenkunde zu begründen, die dem Geistursprung und der Bestimmung des Menschen gerecht wird (4,6).

Und weil Böhme eine innere Beziehung zwischen Mensch und Materie, namentlich mit der »metallischen Tinktur«, das heißt der Wesenheit des Metallischen, sieht, deshalb ist sein knapper Hinweis auf die Voraussetzung der »neuen Wiedergeburt in Christo« auch für das alchymistische Laborieren von großer Bedeutung. Wiedergeburt und Naturerkennen korrespondieren demnach miteinander (4,10 f.). Es ist nicht gleichgültig, in welcher Gesinnung, vor allem in welcher geistig-seelischen Verfassung und Reife, der Mensch an die Natur herantritt – in deutlichem Unterschied zur »voraussetzungslosen« Naturwissenschaft. Alchymie erschöpft sich demnach nicht im Hantieren mit Stoffen und Apparaturen. Stoffesumwandlung und Selbstverwandlung gehören zusammen.

Entsprechendes gilt von dem Wesen der Nahrung (4,12 f.), die einerseits einen natürlichen, andererseits einen übernatürlichen Aspekt an sich hat, zumal Gott und Welt, Zeit und Ewigkeit »in sich wie verschlungen« scheinen (4,14). Hier taucht der Begriff des »himmlischen Kraftleibes« (4,15) als einer Substantialität auf, die als Wesensausdruck der überzeitlichen Abkunft des Menschen zu gelten hat. Diese Substantialität hängt aufs engste mit einer Moralität zusammen, die Abkehr vom Alten Adam und neues »Geborenwerden« in sich schließt.

5. Kapitel
Vom Fall des Menschen

Wer sich in die Böhme-Lektüre vertieft, der findet bald heraus, daß es der Eigenart seines Denkens und Darstellens entspricht, nicht etwa einen geradlinigen Gedankenfortschritt anzustreben. Sein Denken vollzieht sich in Kreisen und in der Art von Spiralen. Er kehrt daher zu bereits Gesagtem zurück, umkreist das Gemeinte, formuliert neu und regt dadurch den Leser zu einem tieferen Erfassen an.

Das 5. Kapitel, in dem der Autor die Gründe der Menschwerdung nochmals aufzudecken sucht, folgt dieser Zirkelstruktur. Bereits Bekanntes wird neu in Worte und Gleichnisse gekleidet. Eine innere Notwendigkeit besteht darin, daß der zu schildernde Werdeprozeß selbst einem Zirkel folgt, wie es in dem großen Abschnitt 5,4 auf die treffende Formel gebracht ist: »Wenn der Anfang das Ende erreichet, daß das Letzte das Erste tritt, so ist alles vollbracht und ganz.« Der Kreis schließt sich – dies ist eine kosmologische, eine anthropologische und selbst eine literarisch-kompositionelle Tatsache. Inhalt und Aussageform bilden eine Einheit. Auf diese Kreisbewegung hat sich der Leser einzustellen.

Böhme arbeitet vielfach mit Entsprechungen. Ein Beispiel dafür ist der Abschnitt 5,6, in dem die innere Korrespondenz zwischen Altem und Neuem Testament hervorgehoben ist, manchmal – z. B. bei der Versuchung Adams – sogar in der Weise, daß der Autor vom neutestamentlichen Bericht ins Alte Testament zurückprojiziert. In unserem Zusammenhang geht es darum, zu zeigen, wie das Schicksal des menschlichen Falles mit der Beziehung des Menschen zu sich selbst, zur Welt und zu Gott zu tun hat (5,7 ff.). Das Essen und das Zeugen des Menschen sind in gleicher Weise davon betroffen. Der Abstieg besteht darin, daß der Mensch den Bereich des göttlichen Geistes verläßt und in den eintritt, der durch den »Sternen- und Elementen-Geist« (5,9) beherrscht wird.

Dann nimmt das Geschehen seinen Lauf, das Menschengeschick (Zweiheit der Geschlechter) und Heilsgeschehen (Christus als der »Schlangentreter«) aufeinander bezieht.

Böhme hat hin und wieder das Bedürfnis, auf den Einspruch der »Vernunft« – gemeint ist jedoch der irdisch-rationale Verstand! – zu antworten – sei es, weil er den Widerspruch seiner Kritiker nicht wortlos hinnehmen will, sei es, weil er eigener Skepsis zu begegnen sucht (5,11 ff.). So läßt er den Leser an dem Spruch und Widerspruch teilhaben, der in ihm laut wird. Dieses Ringen zielt darauf hin, die »tote Vernunft« zu beleben, ihr die angeborene Blindheit zu nehmen, damit sie »recht mit magischen Augen« (5,13) zu sehen vermöge, nämlich als ein »liebes suchendes Gemüte«, das den Lichtspuren Gottes nachdenkt (5,15) und das dabei der Dynamik des Feuer-Prinzips gewahr wird, das allem Sein zugrundeliegt. Und in diesem seinem eigenen Suchen sieht sich der Schauende mit dem »Magisch-Ungründlichen« – Inbegriff des »begehrenden Willens« – konfrontiert (5,17). Dieser Wille ist es, der alles Seiende ins Werden und Wesen ruft.

Das größte Ereignis, zugleich das »größte Geheimnis« der Taten Gottes, ist der Mensch, insofern Urstand, Fall und Wiederbringung (durch den »Wiedergebärer« Christus) die wichtigsten Stadien seines Weges darstellen (5,23). Und was in seinem Buch *Von der Gnadenwahl*[2] mit großer Eindringlichkeit gesagt ist, gilt auch hier: Gott will, daß allen Menschen zu ewigem Heil geholfen werde; der Mensch ist seinerseits frei, dieses Heil zu ergreifen; – »bist du doch dein selbst eigener Macher« (5,25). Daraus resultiert der Appell zu einer ziel- und zuchtvollen Lebensführung: »Es ist ein jeder Mensch sein eigener Gott und auch sein eigener Teufel...« (5,26).

2 Jakob Böhme: *Von der Gnadenwahl*. Kommentierte Neuausgabe. Insel Verlag, Frankfurt 1995 (it 1738).

6. Kapitel
Von Adams Schlafe

Die von Böhme immer wieder mit Erschütterung und Trauer festgestellte Tatsache ist die des tragischen Falles, den der biblische Mythos als den Sündenfall des Menschen so eindrücklich ins Bild gesetzt hat. Der Mensch kommt eigentlich erst dadurch auf dem irdischen Plan an, auf der Ebene des »dritten Prinzips«, und damit im Bereich der vier Elemente. Mit ihnen ist er jedoch nicht identisch (6,2). Sein wahres Wesen ist verborgen. Eine wichtige anthropologisch-christosophische Aussage ist zweifellos die, daß »der teure Name Jesu« Wesensbestandteil Adams war, herausgeboren aus der »Jungfrau der Weisheit Gottes« (6,2).

Wieder begegnen wir einer typologischen Entsprechung, die bereits vom paulinischen Römerbrief her bekannt ist: Christus ist der zweite Adam. Daher entspricht für Böhme dem Schlaf Adams der dreitägige Todesschlaf Christi, wodurch die innere Korrespondenz erneut unterstrichen werden soll. Auf diese Tatsache mag sich stützen, der sich mit der Lebensmacht Christi verbindet (6,3).

Diese Lebensmacht Christi ist dem Menschen »eingebildet«, das heißt mit dem Wesenskern des Menschen verschmolzen. (Böhme sagt »Jesus«, wenn er den gegenwärtigen Christusgeist meint.) Sie verbürgt die Wiederherstellung der verlorenen Ganzheit. Damit ist im besonderen jene Ganzheit gemeint, die verloren ging, die im Schlafe Adams zur Ausgestaltung Evas und damit zur Aufspaltung des einen Menschen in die Zweiheit der Geschlechter geführt hat (6,6f.). Damit ist das für Böhme wichtige Thema des Androgyn-Problems aufgeworfen. Aus dem Zusammenhang wird deutlich, wie eben diese Wiederherstellung der männlich-weiblichen Ganzheit (Androgynie) die »Menschwerdung Jesu Christi« zur Voraussetzung hat. Anthropologie und Christologie sind somit aufs engste miteinander verwoben.[3]

Das Hervorgehen der Eva aus der Seite des schlafenden Adam und die Seitenwunde des gekreuzigten Jesus entsprechen einander; Adam wurde dadurch wieder »heil« (6,8). Damit ist das Mysterium der menschlichen Geschlechtlichkeit berührt. Böhme ist sich der die Einzelperson transzendierenden Triebkraft wohl bewußt. Gleichzeitig weiß er auch um das Unvermögen der Sexualität, den Geschlechterzwiespalt auf Dauer zu überbrücken (6,10 f.). Dennoch ist »die Tinktur (des Geschlechtlichen) ein ewig Wesen« (6,12). Und eben darin gründet der qualitative Unterschied menschlicher und tierischer Sexualität.

Ein anderer, bei Böhme immer wieder behandelter Aspekt ist schließlich der der Jungfräulichkeit (6,14 ff.). Dabei ist sein Blick primär auf das Mysterium der Jungfräulichkeit gerichtet, die durch die Jungfrau Sophia, die »Weisheit Gottes«, repräsentiert wird. Jungfräulich ist derjenige, der an dieser Gottesweisheit teilhat oder der sie – durch die Christuseinwohnung – wieder erlangt. Sie ist die kostbare »Perle«, von der das Evangelium im Gleichnis spricht.

7. Kapitel
Vom verheißenen Weibessamen und Schlangentreter

Böhme setzt in den folgenden Kapiteln seine typologische Deutung fort, indem er das alttestamentliche Bild vom Verlust der ursprünglichen Gottebenbildlichkeit des Menschen durch

3 Gerhard Wehr: Der Urmensch und der Mensch der Zukunft. Das Androgynproblem im Lichte der Anthroposophie Rudolf Steiners. Verlag Die Kommenden, Freiburg. 2. erg. Aufl. 1979, ders.: Heilige Hochzeit. Kösel Verlag München 1986.

das des Heiles, das Christus gebracht hat, ergänzt (7,1 ff.). Nochmals greift Böhme das Thema der Geschlechtlichkeit auf, wenn er (7,5 ff.) der verlorenen inneren Weiblichkeit die äußere der »bösen widerwärtigen irdischen Frau« gegenüberstellt. Dabei kommt es ihm, wie wir im 6. Kapitel gesehen haben, weniger darauf an, die menschliche Geschlechtlichkeit als solche zu diffamieren, als die Tragweite des Verlustes sichtbar zu machen. Böhme will – im deutlichen Gegensatz zu manchen seiner Epigonen – die Freude der geschlechtlichen Erfüllung offensichtlich nicht in Frage stellen, »da doch ja etwas vom Paradeis (darin) ist« (7,6).

Und so wie Mose als Repräsentant des alttestamentlichen Opferwesens auftrat, so erfüllte Christus diese Verheißung durch die Hinopferung seines eigenen Lebens – Böhme mag dabei an die Kultustheologie gedacht haben, die der neutestamentliche Hebräerbrief entfaltet hat.

Was im 6. Kapitel zur Geschlechter-Metaphysik gesagt ist, findet 7,13 ff. seine Ergänzung. Man wird das zum Verhältnis von Mann und Frau Gesagte nicht als Ausfluß eines verengt-patriarchalischen Denkens ansehen sollen, da Böhme das Urbild der männlich-weiblichen Ganzheit im Blick behält: »Das Weib gehöret in den Mann«, und nur der Mensch als »männliche Jungfrau«, also nicht als Mann oder als Frau, erlangt das Reich Gottes. Das Gebot, der Mann möge sein Weib lieben als seinen »Rosengarten«, mag über manches Zeitbedingte in der Einschätzung der Frau bei Böhme hinwegsehen lassen . . .

8. und 9. Kapitel
Von der Jungfrauen Maria

Auf den ersten Blick mag es verwundern, daß der Protestant auch und gerade die »Jungfrau Maria« zum Gegenstand seiner Betrachtung macht. Andererseits liegt Böhmes Bedeutung darin, daß er eben solchen traditionellen Vorbehalten zum Trotz die Bedeutung Mariens und des Weiblichen im Heilsgeschehen viel stärker zur Geltung bringt, als es aus dem Protestantismus heraus zu erwarten ist. Dabei ist Maria nicht etwa mit der Jungfrau Sophia identisch.

Maria ist eher das menschliche Instrument, durch das Jesus als Träger »beider Tinkturen« der Menschheit zum Heil geschenkt werden kann, und zwar mit der Wirkung, daß er »vollkommen wie Adam« sei (8,3 ff.). So gesehen wird »der erste Mensch« (Adam) wieder lebendig. Dieser Vermittlertätigkeit wegen stuft Böhme Maria »hoch« ein (8,5), jedoch ohne sie zur »Göttin« zu machen oder einem hypertrophen Marienkultus das Wort zu reden.

Vor einem derartigen Mißverständnis ist Böhme geschützt, weil er die alles umgreifende »Bewegung« des Wortes, die aus den Tiefen der Gottheit kommt, im Blick behält. In dieser Bewegung wendet sich Gott der erlösungsbedürftigen Menschheit zu: »Die Gottheit hat gelüstert, Fleisch und Blut zu werden.« Auch dieses sich Herabneigen – die Theologie spricht von der Kondeszendenz Gottes – bedarf einer Absicherung. Für Böhme ist klar, daß der sich manifestierende Gott, obwohl er sich ganz und nicht etwa nur partiell gibt, Geist bleibt (8,8). Böhme ist demnach nicht bereit, einem nivellierenden Pantheismus (deus sive natura) zu folgen.

Für Böhme ist alles Fragen nach Gott immer auch mit dem Mysterium des Menschen verknüpft. Seine Theosophie mündet ein in Anthroposophie (Weisheit vom Menschen) gemäß 9,1. Das Zeitliche, Leibliche »hängt« am Ewigen, Geistigen (9,7). Dahin, zur völligen Integration mit seinem Urstand, soll der Mensch gelangen. Anthropologisch-spirituell gesehen ist es die Wiederherstellung der »Jungfrauschaft« (9,9). Nun kommt es immer auch entscheidend, mitentscheidend, darauf an, daß der »Seelengeist«, bisweilen auch »Willengeist« genannt, bereit ist, sich in das neue Sein »hineinzubegeben« (9,12). Daß der Mensch auf Christus hin angelegt sei, »ehe der Welt Grund gelegt ward« (9,13), wird mehrfach hervorgehoben. Daher ist die Freude für den überschwenglich groß, der in, mit und durch Christus das verlorene Wesensbild als seine innere Weiblichkeit empfängt und sich mit ihr zu neuer Vollmenschlichkeit vermählt (9,25). Böhme zögert nicht, seine Freude darüber mitschwingen zu lassen.

10. Kapitel
Von der Geburt Jesu Christi

Was Adam auf dem Wege einer magischen Selbstschwängerung und -zeugung hervorbringen sollte, jedoch nicht vermochte (10,1-5), das wurde der Jungfrau Maria aufgetragen und von ihr erfüllt. Dabei war es »die himmlische, göttliche Wesenheit« Christi, die zur Arznei der »irdischen, halbertöteten« Wesenheit des Menschen wurde.

Das unausdeutbare Mysterium aber liegt darin, daß einerseits ein »vollkommener Mensch« Gestalt annahm, andererseits Christi Gottheit davon unangetastet blieb (10,9). Und dieser Christus – gemäß Luthers Kleinem Katechismus »wahrhaftiger Gott vom Vater in Ewigkeit geboren und auch wahrhaftiger Mensch von der Jungfrau Maria geboren« – ging den Weg der totalen Menschwerdung, um den Menschen auf eben diese Weise einer natürlichen Abkunft und Geburt aus dem Bereich des Irdisch-Vergänglichen herauszuführen.

Man sieht, wie sehr Böhme in zentralen, christologischen Aussagen an den Inhalten des kirchlichen Dogmas festhält. Besondere Beachtung verdient zweifellos jene Deutung, in der er (10,12) die irdisch-kosmische Tatsache der Christuserscheinung zu verdeutlichen sucht: »Also hat die Erde Christi Blut empfangen« – eine Kommunion planetarischen Ausmaßes, ein alchymistisch-sakramentaler Akt, der einer spirituellen Kraftmitteilung gleichkommt! Des Todes Tod wird Ereignis, Ereignis wird der Lebensimpuls des kosmischen Christus. Es war im besonderen Rudolf Steiner, der im Rahmen seiner esoterischen Lehrmitteilungen diesen Aspekt des Christusimpulses zu Geltung gebracht hat.[4]

11. Kapitel
Von der Nutzbarkeit

Das ist das unauslöschbare Siegel menschlicher Existenz: in Adam erstorben, dem Tode verfallen zu sein (11,1). Doch es ist nur der eine Anfang einer Tatsachenkette. Der andere beginnt mit der Menschwerdung Jesu Christi.

Zwei Elemente bestimmen auch die menschliche Seele: einmal als Ausgeburt aus der »ewigen Essenz des Geistes Gottes« und als Träger des Lebens (11,3), zum andern als Objekt des sie infizierenden Teufels (11,4). Sie ist das Schlachtfeld, auf dem die »zwei Reiche« miteinander im Streit liegen (11,6). Sie ist aber auch die Stätte, an der sich Gott und Mensch vereinigen. Wenn Böhme in diesem Zusammenhang (11,8) darauf hinweist, Glaube sei »nicht historisch«, so will er damit hervorheben, daß es beim christlichen Glauben nicht etwa um eine belanglose Historie, um das Für-wahr-Halten einer alten Geschichte gehe, sondern vielmehr um eine geistkonkrete Teilhabe des Menschen an dem Wesen Gottes:

»Die schöne Blume und Bildnis (unseres Urstandes) soll aus dem verderbten Acker wachsen . . .« (11,9).

---

4 Vgl. hierzu Gerhard Wehr: *Rudolf Steiner.* 2. erw. Auflage 1987. Kösel Verlag München.

12. Kapitel
Von der reinen Jungfrauschaft

Immer wieder umkreist Jakob Böhme das Ideenbild des Jungfräulichen. Es ist für ihn Urbild, Sehnsucht und Zielbild auf dem Wege der menschlich-menschheitlichen Ganzwerdung. Dabei stellt sich der »äußeren Vernunft« die Frage nach dem Wie dieses Integrationsvorgangs. Und hier ist von Belang, daß Böhme nicht etwa einer rigorosen, geschlechtlichen Enthaltsamkeit das Wort redet, wie wir es bei seinen geistigen Nachfahren Gichtel, Wirz und anderen antreffen. Eher geht es ihm darum, die Fixierung auf die nur sexuell gefärbte Liebe um der Ganzwerdung »in dem einigen Bilde« (12,3) willen zu überwinden.

Böhme rechnet mit der Wiederherstellung der »reinen Liebe aus dem Hl. Geist«, die durch die »Entzündung« Luzifers an die »irdische, verderbte Sucht« gekettet wurde, »eingeschlossen in die verderbte Irdigkeit« (12,7). Dieser Tatbestand ist für Böhme Anlaß genug, ein weiteres Mal die Notwendigkeit der Reaktivierung der »im Tod eingeschlossenen Jungfrauschaft« zu erläutern (12,10 ff.), ausgehend von der Bewegung der Gottheit bis hin zur Einführung des »neuen Bildnisses«, damit »Gott und Mensch ewig eine Person« seien (12,13). Alles liegt nun daran, daß diese Menschwerdung Christi nicht allein in Maria, sondern in jedem einzelnen geschehe (12,14 ff.). In seinem berühmten *Cherubinischen Wandersmann* hat Böhmes schlesischer Landsmann, der »Angelus Silesius« Johann Scheffler dieser Einsicht und Forderung Ausdruck verliehen, als er dort (I,61 f.) die klassischen Zweizeiler formte:

Wird Christus tausendmal zu Bethlehem geboren
Und nicht in dir, du bleibst noch ewiglich verloren.

Das Kreuz von Golgatha kann dich nicht von dem Bösen,
Wo es nicht auch in dir wird aufgericht', erlösen.[5]

Glaube und Wiedergeburt hat Böhme an vielen Stellen durch
Vergleiche und Metaphern veranschaulicht, die dem Bereich
des Wachstümlichen entnommen sind: Da ist die Rede vom
Ausgrünen, Aufblühen, Emporwachsen: ». . . so wächset die
schöne Lilie aus, nicht allein ein Geist, sondern das jungfräuliche Bild wird aus dem Tode ins Leben geboren« (12,20). Dieses Bild von der Lilien, die »über Berg und Tal« in allen Lan-
den blüht, wird schließlich zum Symbol erhoben, stellt doch
Böhme der gleichzeitigen rosenkreuzerischen Generalrefor-
mation im Zeichen von Kreuz und Rose diese seine herbeige-
sehnte Reformation im Zeichen der Lilie gegenüber: »Das
neue Leben sollte aus dem Tode grünen« – das ist Medita-
tionsbild und Programm in einem. Von daher gewinnt
Böhme ein neues Existenzverständnis, »denn in Christi Geist
werden wir wiedergeboren« (12,21). Bemerkenswert, daß der
alte Adam »nicht so ganz und gar« weggeworfen werden
müsse (12,22). Auch darin walten Gesetzmäßigkeiten des or-
ganischen Werdens, die freilich über sich hinausweisen und
eben dadurch symbolischen Rang erreichen.

Ins Zentrum der Christusmystik lenken schließlich die Abschnitte (12,22 f.) ein, wo das Werk und der Weg Christi als
ein Wirken und als ein Gehen mit Christus und in Christus
gedeutet wird.

5 Angelus Silesius: Der Himmel ist in dir. (Klassiker der Meditation).
   Ausgewählt und eingeleitet von Gerhard Wehr. Benziger Verlag Zü-
   rich-Solothurn 1982 (Neuauflage).

13. Kapitel
Vom zweifachen Menschen

Böhme läßt keinen Zweifel darüber aufkommen, daß das Christusereignis – Christus als der andere, der neue Adam – die Basis einer neuen Erkenntnis und einer neuen Wertordnung darstellt. Es macht daher auf den seiner Sendung durchaus bewußten Görlitzer Meister derjenige keinerlei Eindruck, der zwar über »Kunst und Forschen« verfügt, das theologisch-wissenschaftliche Rüstzeug beherrscht, ohne jedoch selbst von der Lebenstatsache des Christus ergriffen und verändert zu sein (13,1 ff.). Deshalb Böhmes leidenschaftliches Plädoyer für die Geistesträger und wider die beamteten »Geistbinder«. Der »Steinhaufe« kirchlicher Institution vermag den Tempel, der allein der Christus ist, nicht zu ersetzen (13,3).

Aus eigener leidvoller Erfahrung spricht der Autor dort (13,7 und 13,11), wo er von dem »Streit« berichtet, der in dem Augenblick beginnt, in dem der Prozeß des »Ausgrünens« anfängt. Ungeachtet dessen, ja gerade mitten im Streit und unter »Stürmen« (13,11), wächst »der edle Lilienzweig« des inneren Menschen (13,8), vor ihm ist der »Tag der Wiederbringung«, das heißt der Wiederherstellung des gestürzten Menschenbildes. »Menschwerdung« (13,9) ist für Böhme demnach nicht allein ein christologischer Tatbestand, sondern ein spirituell-anthropologischer, ein auf den Menschen selbst bezogener. Der Christusprozeß ist sein Prozeß.

Hat sich das Bild vom Menschen als eines Bürgers zweier Welten eingeprägt, so weist der trinitarische Denker Böhme darauf hin, daß der Mensch im Grunde ein Bürger *dreier* Welten sei, insofern er teilhat an den Wirkfeldern der drei göttlichen Prinzipien (13,12). Noch wichtiger ist für unseren Autor die Fähigkeit des Menschen, sich frei zu entscheiden, für das Zorn-Feuer oder für das Liebe-Licht (13,13). Diese vor allem in dem Buch *Von der Gnadenwahl* vertretene Ansicht muß Böhme mit solcher Entschiedenheit verfechten, weil er den Menschen auf die »Pilgrimsstraße« eines spirituellen Weges gestellt sieht. Da sind Entscheidungen nötig, die keinem abgenommen werden können. Schon das Betreten dieser Straße bedeutet eine derartige Entscheidung, ganz zu schweigen von der bewußten Übernahme der Prüfungen, die die Christusnachfolge mit sich bringt (13,14).

14. Kapitel
Von der neuen Wiedergeburt

Im Grunde gipfelt der Weg des Menschen darin. Dieses Ziel, die Sehnsucht nach dem »rechten Vaterland«, stellt somit die unablässige Antriebskraft für den »Pilgrim« dar (14,1). Und als einer, der die Bahn selbst durchlaufen hat, kennt Böhme die Zweifel und Unsicherheiten, zumal das erhoffte Ergebnis dieses Mühens ungewiß bleibt.

Ein eindrucksvolles Bild: »Wir gebären also mit großem Sehnen in Ängsten« (14,2 f.). Deshalb sieht Böhme die Notwendigkeit, sich und seinen spirituellen Schülern immer wieder einzuprägen, daß das erstrebte Gold im »groben Stein« verborgen und daß der eine des andern Behälter sei (14,4), so unähnlich die beiden einander auch sein mögen. Wenn an dieser Stelle gesagt wird, das im Gewand alchymistischer Vorstellungen Angedeutete sei »in anderen Schriften genug erkläret worden«, so dürfte Böhme nicht nur an seine eigenen denken, sondern vor allem an alchymistisches Schrifttum seiner Zeit. Namentlich den wichtigen *Wasserstein der Weisen* empfiehlt Böhme in seinen »Theosophischen Sendbriefen« (vom 6. Juli 1622).[6]

6 Eine Faksimile-Ausgabe des Druckes von 1661 legte der Aurum Verlag
   Freiburg 1977 vor.

Wie gut Böhme mit alchymistischen Vorstellungen vertraut ist, zeigt schließlich die Art, wie er deren Symbolik auf den Werdeprozeß des Menschen anwendet. Und weil echte Symbolik die Verbindung eines Geistigen mit einem Irdisch-Konkreten darstellt, deshalb bemüht sich Böhme darum, die Leiblichkeit des neuen Menschen eigens hervorzuheben (14,6). Letztlich geht es ihm darum, den Realitätscharakter des durch die Wiedergeburt zu erlangenden neuen Seins zu erweisen. Und dieses neue Sein steht bereits im Licht einer Weltenwende. Deshalb der prophetisch-eschatologische Ton, mit dem der Autor den ersten Teil seines Buches schließt, nämlich daß »die Zeit nahe ist und der Tag anbreche«. Das ist die Stimme eines prophetischen Mahners, der als Schriftsteller und als Seelenführer die Botschaft vom Anbruch der Morgenröte zu verkünden hat.

ZWEITER UND DRITTER TEIL

Werfen wir noch einen Blick auf einige Abschnitte aus den beiden kürzeren Teilen II und III des Buches *Von der Menschwerdung Jesu Christi,* dann dürfen an erster Stelle jene genannt werden, wo II, 1,8 ff. nochmals ein Ideenbild vom göttlichen Ungrund (vor aller Schöpfung), von dem in allen Wesen sich manifestierenden Willen und von der göttlichen Sophia (Weisheit) gesprochen wird, die als »Spiegel aller Wesen« diese Wesen zur Offenbarung und zum Bewußtsein bringt.

Nicht immer erreicht Böhme in seinen Darstellungen einen solchen Grad an Klarheit wie hier. Dabei muß sich der Leser vor Augen halten, daß hier der Theosoph redet, das heißt jener Jakob Böhme, dessen schauendes Auge in die Tiefen der Gotteswelt eindringt, während noch nicht von Schöpfung und Menschheit gesprochen werden kann. Es ist, als ob allein das wahrnehmende Auge des Schauenden da sei, in dem sich das Geschaute spiegelt. Und wie unangemessen jegliches Subjekt-Objekt-Denken ist, deutet der Autor dadurch an, daß er dem Willen vor dem Sehen (II, 1,10) eine allem übergeordnete Rolle zuweist. Von diesem begehrenden Willen in Gott nimmt der gesamte theogonische Prozeß des aus dem Ungrund heraustretenden Gottes seinen Anfang (II, 2).

Böhme muß immer wieder, so auch hier, das Wagnis eingehen, das Unvergleichliche, das vor aller Schöpfung und Geschichte sich »Abspielende« durch geschöpfliche Bilder und Vergleiche zu veranschaulichen. Damit stellt er den betrachtenden Leser vor große Probleme, die am ehesten durch eine meditative Bewußtseinseinstellung »gelöst« werden können. Es ist ja Gott selber, der begehrt, »sich zu offenbaren, sich zu ergründen« (II, 3,3). Wie und unter welchen dramatischen Begleitumständen diese Offenbarung geschieht, das darzustellen ist Böhmes Bemühen, wenn er die Erscheinungsweise des Willens als die Manifestation eines »Blitzes«, eines »Schracks« schildert, um das jähe stoßartige Auftreffen des Willens auf den Bereich der Erscheinungswelt – »als schlüge man Stahl und Stein aneinander« – sinnlich wahrnehmbar abzubilden (II, 4,13). Eine ungeheure, jeglichen Vergleich übersteigende Dialektik wird Ereignis. Offenbar liegt ihm daran, daß der nach Grund, Wesen und Ziel der Menschwerdung Fragende auch diese theogonischen Vorgänge im Bewußtsein habe, um aus einer größtmöglichen Totalität heraus das Heilsgeschehen von Menschheit und Einzelmensch zu begreifen und – was noch wichtiger ist – zu ergreifen. Und gerade durch dieses Bemühen erweist sich Jakob Böhme als ein universalistischer Denker.

Aber wird er auch rezipiert, werden die Gleichnisbilder mit ihren Tiefen und Untiefen auch aufgenommen und verarbeitet? Sehen wir einmal von der tatsächlich erfolgten Böhme-Rezeption ab, so schätzt der seiner Sendung durchaus Bewußte seine Chancen nüchtern und realistisch ein: »Meine Schriften wird nicht ein jeder nach meinem Sinn verstehen, ja auch wohl nicht einer. Aber ein jeder empfähet nach seiner Gabe zu seiner Besserung, einer mehr als der andere, nachdem der Geist seine Eigenschaft in ihm hat« (II, 7,5).

Praktisch heißt das doch: Nicht darauf kommt es an, daß Böhme in allen Punkten verstanden und die Ergebnisse seiner Erfahrung übernommen werden. Darin unterscheidet sich ja gerade ein Seelenführer von einem Agitator, der für eine bestimmte Weltanschauung oder Überzeugung wirbt. Böhme will nicht zu sich und zu seinem Denken bekehren; er will »bessern«, fördern, einen spirituellen Prozeß in Gang bringen, und zwar je nach der individuellen Prägung jedes einzelnen. Diese Menschen hat Böhme auf der »Pilgrim-Straße aus dem Tode ins Leben« zu führen (II, 8). Deshalb zielt Böhmes Schreiben und Lehren allein dahin, »wie wir uns müssen selber suchen, machen und endlich finden, wie wir müssen gebären, daß wir ein Geist mit Gott sind, daß Gott in uns sei und wir in Gott . . .« (II, 10,7).

Ohne einen energischen, opfervollen Streit »um das edle Ritterkränzlein des Bildnisses Gottes zu fechten« (III, 7,5) geht es nicht ab. Darauf weisen nicht zuletzt die christosophischen Schriften hin, in denen Böhme den zu durchlaufenden Prozeß der Wiedergeburt näher zu beschreiben sucht.[7]

Aber auch dort, wo der Görlitzer Meister die Stationen des Innenwegs bezeichnet, versäumt er nicht, Mal um Mal den Auftrag an die Erde in Erinnerung zu rufen. Das spirituelle Exerzitium, zu dem er rät, darf niemals den Menschen seinem Erdenauftrag entfremden, denn es ist nicht so, »daß diese Welt vor Gott nichts taugte oder nütze wäre: sie ist das große Mysterium« (III, 6,6). Und dieses *Mysterium Ma-*

---

7 Vgl. Jakob Böhme: *Christosophia*. Ein christlicher Einweihungsweg. Insel Verlag, Frankfurt 1991 (it 1412).

gnum – so lautet der Titel von Böhmes umfangreichstem Werk zum Buche Genesis – gilt es mehr und mehr zu entdek-ken und erkennend, gestaltend zu durchdringen. Denn: »Der Mensch ist zu dem Ende darein erschaffen worden, daß er dasselbe Mysterium offenbare und die Wunder ans Licht und in Formen nach der ewigen Weisheit bringe« (III, 7,4).

Der Mensch wird damit zu einem Mitarbeiter seines Got-tes. Ja selbst Christi Vollendungsweg wird, so betrachtet, zum Weg des Menschen (III, 8,1). Die Menschwerdung Jesu Chri-sti ist die wahre Menschwerdung des Menschen. Und eben darum geht es in diesem Buch Jakob Böhmes.

Erster Teil
Wie das ewige Wort sei Mensch worden

Daß die Person Christi wie auch seine Menschwerdung aus
natürlicher Witze[8] oder dem Buchstaben der Hl. Schrift
ohne göttliche Erleuchtung nicht könne erkannt werden. –
Item: Vom Urstande des ewigen göttlichen Wesens.

Als Christus seine Jünger fragte: Wer sagen die Leute, daß
des Menschsohn sei? – antworteten sie ihm: Etliche sagen,
du seiest Elias, etliche du seiest Johannes der Täufer oder der
Propheten einer. – Er fragte sie und sprach: Wer saget denn
ihr, daß ich sei? – Da antwortete Petrus ihm: Du bist Christus, des lebendigen Gottes Sohn. – Und er antwortete ihm
und sprach: Wahrlich, Fleisch und Blut hat dir das nicht offenbaret, sondern mein Vater im Himmel; – und verkündigte
ihnen auf dieses sein Leiden, Sterben, Tod und Auferstehen
(Matth. 16,21), anzuzeigen, daß die eigene Vernunft in dieser
Welt-Witze und Weisheit die Person, welche Gott und
Mensch war, nicht könnte in ihrer Vernunft erkennen noch
begreifen, sondern er würde meistenteils nur von denen recht
erkannt werden, welche sich würden ihm gänzlich einergeben
und um seines Namens willen Kreuz, Trübsal und Verfolgung
leiden, welche ihm mit Ernst anhangen würden. Als denn
solches auch geschehen ist, daß er auch, weil er noch sichtlich
bei uns in dieser Welt wandelte, von den Vernunftwitzigen
wenigstenteils erkannt ward. Und obgleich er in göttlichen
Wundern einherging, so war doch die äußerliche Vernunft
also blind und unverständig, daß solche großen göttlichen
Wunder von den Klügsten der Vernunftkunst dem Teufel zu-

8 Klugheit

geschrieben worden. Und wie er zu der Zeit, als er in dieser Welt sichtbarlich wandelte, ist von eigner Vernunft und Witz unerkannt blieben, also ist und bleibet er nochmals der äußern Vernunft unbekannt und unerkannt.

2. Aus diesem ist so viel Zank und Streit um seine Person worden, daß je die äußerliche Vernunft vermeinte zu ergründen, was Gott und Mensch sei, wie Gott und Mensch können eine Person sein, welcher Streit den Erdkreis erfüllet hat, da die eigene Vernunft je gemeinet, sie habe das Perllein[9] ergriffen, und nicht dabei bedacht, daß Gottes Reich nicht von dieser Welt sei und daß es Fleisch und Blut nicht könne erkennen oder begreifen, viel weniger ergründen.

3. So stehet nun einem jeden zu, der von göttlichen Geheimnissen will reden oder lehren, daß er auch Gottes Geist habe, und sein Ding, das er für wahr will ausgeben, in göttlichem Licht erkenne und nicht aus eigner Vernunft sauge; sich ohne göttliche Erkenntnis also auf den bloßen Buchstaben in seiner Meinung steure und die Schrift bei den Haaren herzuziehe[10], wie von der Vernunft geschieht, aus welchem also trefflich viel Irrtum entstanden ist, daß man die göttliche Erkenntnis in eigenem Witz und Kunst gesuchet hat, und ist also von der Wahrheit Gottes in eigene Vernunft geraten, und hat die Menschwerdung Christi für ein fremdes und fernes Ding gehalten. Da wir doch alle müssen in derselben Menschwerdung wieder aus Gott geboren werden, wollen wir aber dem Grimm der ewigen Natur entweichen.

4. Weil es denn den Kindern Gottes ein nahes und einheimisches[11] Werk ist, damit sie täglich und stündlich sollen umgehen und immer in die Menschwerdung Christi eingehen, aus der irdischen Vernunft ausgehen und also in diesem Jammerleben in der Geburt und Menschwerdung Christi müssen geboren werden, wollen sie anders Gottes Kinder in Christo

9 das Wesentliche   10 Bibel willkürlich zitieren   11 vertrautes

sein, so habe ich mir fürgenommen, dieses hohe Geheimnis nach meiner Erkenntnis und Gaben zu einem Memorial zu schreiben, auf daß ich also Ursache habe, mich auch herzlich mit meinem Immanuel[12] zu ergötzen und zu erquicken, weil ich auch neben anderen Kindern Christi in dieser Geburt stehe, auf daß ich ein Denkmal und Aufrichtung hätte, so mich ja das finstere und irdische Fleisch und Blut mit des Teufels Gift wollte überziehen und mir mein Bildnis verdunkeln. So habe ich mirs für eine Übung des Glaubens fürgenommen, damit sich meine Seele möge also als ein Ästlein an ihrem Baume Jesu Christo seines Saftes und Kraftes erquicken, und solches nicht mit klugen und hohen Reden der Kunst oder aus der Vernunft dieser Welt, sondern nach der Erkenntnis, so ich von meinem Baume Christo habe, auf daß mein Zweiglein auch neben andern im Baume und Leben Gottes grüne und wachse. Und ob ich zwar hoch und tief gründe und es ganz helle[13] werde darstellen, so soll doch dem Leser dieses gesaget sein, daß es ihm ohne Gottes Geist wird ein Mysterium und unergriffen sein. Darum sehe ein jeder zu, was er richte, daß er nicht in Gottes Gericht falle und von seiner eigenen Turba[14] gefangen werde und ihn seine eigene Vernunft stürze, sage ich wohlmeinend und gebe es dem Leser zu erwägen.

5. Wenn wir wollen von der Menschwerdung und Geburt Jesu Christi, des Sohns Gottes, schreiben und davon recht reden, so müssen wir die Ursachen erwägen, was Gott bewogen habe, daß er sei Mensch worden. Sintemal[15] er solches zu seinem Wesen nicht ist bedürfend gewesen, und können auch mit nichten sagen, daß sich sein eigen Wesen habe in der Menschwerdung verändert, denn Gott ist unveränderlich, und ist doch worden, was er nicht war. Aber seine Eigenschaft ist hiemit[16] unveränderlich geblieben. Es war nur um des ge-

12 Christus 13 verständlich 14 Negativität, Verwirrung
15 Zumal 16 hierbei

fallenen Menschen Heil zu tun, daß er den wieder ins Paradeis brächte, und ist uns allhie der erste Mensch zu betrachten, wie der vor seinem Falle sei gewesen, um welches willen sich die Gottheit beweget hat, welches uns Menschen hoch zu betrachten ist.

6. Wir wissen, was Moses saget, daß Gott habe den Menschen nach seinem Gleichnis in ein Bildnis nach ihm[17] geschaffen (Gen. 1,27). Verstehe also, daß sich Gott, der ein Geist ist, in einem Bildnis sähe als in einem Gleichnis. Nicht weniger hat er auch diese Welt geschaffen, daß er also die ewige Natur in Wesenheit offenbare, auch in lebendigen Kreaturen und Figuren, daß dieses alles sei ein Gleichnis und Ausgeburt aus der ewigen Natur des ersten Principii, welches Gleichnis vor den Zeiten der Welt ist in Gottes Weisheit als eine verborgene Magia[18] gestanden und vom Geiste Gottes in der Weisheit ist ersehen worden, der in Zeit des Anfangs dieser Welt die ewige Natur beweget und der verborgenen göttlichen Welt Gleichnis hervorgebracht und eröffnet hat. Denn die feurige Welt ist im Licht Gottes gleich als verschlungen und verborgen gestanden, indem alleine das Licht der Majestät in sich selber regieret hat. Und ist und doch nicht zu denken, daß die feurige Welt nicht gewesen sei. Sie ist gewesen, aber sie hat sich in ihr eigen Principium geschieden und ist im Lichte der Majestät Gottes nicht offenbar gewesen, als uns solches am Feuer und Licht zu ersinnen ist, daß das Feuer zwar eine Ursache des Lichts ist und wohnet doch das Licht im Feuer, dem Feuer unergriffen, und führet eine andere Qual[19] als das Feuer. Denn das Feuer ist Grimmigkeit und verzehrend, und das Licht ist Sanftmut, und aus seiner Kraft wird Wesenheit als Wasser oder Sulphur[20] eines Dinges, welches das Feuer in sich zeucht[21] und zu

17 sich selbst   18 Urbild   19 Qualität
20 Stoff   21 zieht

40

seiner Stärke und Leben braucht, und ist also ein ewig Band.

7. Dieses Feuer und göttliche Licht ist zwar von Ewigkeit in sich selber stillegestanden, da ein jedes in seiner Ordnung in seinem Principio ist gestanden, und hat weder Grund noch Anfang, denn das Feuer hat in sich seine eigene Gestalt zu seiner Qual als das Begehren, aus welchem und in welchem alle Gestalten der Natur erboren werden, da je eine Ursache der andern ist, wie in den andern Schriften ausführlich gemeldet worden. Und finden wir im Lichte der Natur, wie das Feuer in seiner eigenen Essenz sei, gleichwie im herben begehrenden Qual in sich selber eine Finsternis gewesen, welches in der Sanftmut Gottes gleich als verschlungen gestanden, da es nicht qualitätisch, sondern essentialisch in sich selber gewesen, nicht anzündlich. Und ob es gleich gebrannt hat, so ist es doch als ein eigen Principium in sich selber nur empfindlich gewesen; denn es sind von Ewigkeit nur zwei Principia gewesen, als eines in sich selber die feuernde Welt und das ander auch in sich selber die Licht-flammende Welt, da sie doch auch nicht getrennt waren, als das Feuer und Licht nicht getrennt sind und das Licht im Feuer wohnet, dem Feuer unergriffen.

8. Und ist uns also zweierlei Geist ineinander zu verstehen, als ein feuriger nach der Essenz der herben und strengen Natur, aus dem hitzigen und auch kalten, strengen, essentialischen Feuer, welcher für Gottes Zorn-Geist und Qual erkannt wird, und gehöret zu des Vaters Eigenschaft, nach welchem er sich einen zornigen eiferigen Gott und ein verzehrend Feuer nennet, in welchem das erste Principium verstanden wird. Und dann ein sanfter Licht-flammender Geist, welcher von Ewigkeit im Centro des Lichts seine Verwandelung empfähet, denn er ist im ersten Principio in des Vaters Eigenschaft ein feuernder Geist und im andern Principio im Licht ein Licht-flammender Geist, welcher von Ewigkeit sich so gebieret,

und ist nur der eine und nicht zwei, wird aber in zweierlei Qual[22] verstanden als in Feuer und Licht nach jeder Qual Eigenschaft, wie uns solches an jedem äußerlichen Feuer genug zu verstehen ist, da des Feuers Qual einen grimmigen Geist gibt, der verzehrend ist, und des Lichtes Qual einen sanften lieblichen Luft-Geist, und ist urständlich doch nur *ein* Geist.

9. Also imgleichen ist uns nachzusinnen dem Wesen der Ewigkeit als der Hl. Dreifaltigkeit, welche wir im Lichte der Majestät für die Gottheit erkennen und im Feuer für die ewige Natur, wie solches in den andern Schriften genug erkläret worden. Denn der allmächtige Geist Gottes mit beiden Prinzipien ist von Ewigkeit selber alles gewesen. Es ist nichts von ihm. Er ist selber der Grund und Ungrund, und wird doch das hl. göttliche Wesen vornehmlich als ein einiges Wesen in sich selber erkannt, und wohnet außer der feuernden Natur und Eigenschaft in des Lichtes Eigenschaft und wird Gott genannt. Nicht von des Feuers Eigenschaft, sondern von des Lichts Eigenschaft, wiewohl die beiden Eigenschaften ungetrennt sind. Als wir solches an dieser Welt verstehen, da ein verborgen Feuer in der Tiefe der Natur und in allem Wesen verborgen lieget, sonst möchte kein äußerlich Feuer hervorgebracht werden, und sehen, wie die Sanftmut des Wassers dasselbe verborgene Feuer in sich gefangen hält, daß es sich nicht könne eröffnen, denn es ist gleichwie verschlungen im Wasser, und ist doch, aber nicht substantialisch, sondern essentialisch, und wird im Erwecken erkannt und qualifizierend gemacht; und wäre alles Nichts und Ungrund ohne Feuer.

10. Also verstehen wir auch, daß das dritte Principium als die Qual und der Geist dieser Welt sei von Ewigkeit in der ewigen Natur des Vaters Eigenschaft verborgen gestanden und vom Licht-flammenden Geist in der heiligen Magia als in

22 Qualität

Gottes Weisheit in der göttlichen Tinktur erkannt worden; um welches willen sich die Gottheit nach der Natur der Gebärerin beweget und das große Mysterium erboren, darinnen dann alles gelegen, was die ewige Natur vermag. Und ist nur ein Mysterium gewesen und hat keinem Geschöpf gleich gesehen, sondern ist als ein Gestübe[23] untereinander gewesen, da die grimmige Natur hat (ein) finster Gestübe geboren und die Licht-flammende Natur in seiner Eigenschaft Flammen in der Majestät und Sanftmut, welches der Wasserquell und Ursache der göttlichen Wesenheit ist von Ewigkeit gewesen. Und ist nur Kraft und Geist, welches keinem gleich gewesen ist, und ist auch darinnen nichts gespüret worden als der Geist Gottes in zweierlei Qual und Gestalt, als hitzige und kalte strenge Feuersqual und dann der sänftliche Liebesqual nach der Art des Feuers und Lichtes.

11. Dieses ist als ein Mysterium ineinandergegangen und hat doch eines das andere nicht ergriffen, sondern ist gleichwohl in zwei Prinzipien gestanden, da dann die Herbigkeit als der Vater der Natur immer die Wesenheit im Mysterio ergriffen, da sich es denn gleich als in einem Bildnis hat formieret, und ist doch kein Bildnis gewesen, sondern gleich einem Schatten eines Bildes. Solches als im Mysterio hat zwar wohl also einen ewigen Anfang immer gehabt, da man nicht sagen kann, es sei etwas worden, das nicht seine Figur als einen Schatten in der großen ewigen Magia gehabt hätte. Aber es ist kein Wesen gewesen, sondern ein geistlich Spiel ineinander, und ist die Magia der großen Wunder Gottes, da immer worden ist, da nichts war als nur ein Ungrund. Das ist in des Feuers und Lichtes Natur in Grund kommen, und ist doch aus nichts als aus dem Geiste der Qual, welcher auch kein Wesen ist, sondern eine Qual, welches sich in sich selber in zweien Eigenschaften gebieret, auch selber in zwei Principia scheidet.

23 Sturm, Wirbel

Sie hat keinen Scheider noch Macher, auch keine Ursache zu seinem Selbstmachen, sondern ist selbst die Ursach, als solches ausführlich in andern Schriften gemeldet worden, wie der Ungrund sich selber in Grund führe und gebäre.

12. Also ist uns nun erkenntlich die Schöpfung dieser Welt, sowohl die Schöpfung der Engel und auch des Menschen und aller Kreaturen. Es ist alles aus dem großen Mysterio geschaffen worden, denn das dritte Principium ist vor Gott als eine Magia gestanden und ist nicht ganz offenbar gewesen. So hat Gott auch kein Gleichnis gehabt, da er hätte mögen sein eigen Wesen erblicken als nur die Weisheit. Das ist seine Lust gewesen und ist in seinem Willen mit seinem Geiste als ein groß Wunder in der Licht-flammenden göttlichen Magia vom Geiste Gottes dagestanden. Denn es ist des Geistes Gottes Wohnhaus gewesen und sie ist keine Gebärerin gewesen, sondern die Offenbarung Gottes, eine Jungfrau und eine Ursache der göttlichen Wesenheit, denn in ihr ist die Licht-flammende göttliche Tinktur zum Herzen Gottes gestanden als zum Worte des Lebens der Gottheit, und ist die Offenbarung der hl. Dreifaltigkeit gewesen. Nicht daß sie aus ihrem Vermögen und Gebären Gott offenbarete, sondern das göttliche Centrum als Gottes Herz oder Wesen offenbaret sich in ihr. Sie ist als ein Spiegel der Gottheit, denn ein jeder hält stille, und gebieret kein Bildnis, sondern er fähet[24] das Bildnis. Also ist diese Jungfrau der Weisheit ein Spiegel der Gottheit, darin der Geist Gottes sich selber siehet, sowohl alle Wunder der Magiae, welche mit der Schöpfung des dritten Principii sind ins Wesen kommen und ist alles aus dem großen Mysterio geschaffen worden. Und diese Jungfrau der Weisheit Gottes ist im Mysterio gestanden und in ihr hat der Geist Gottes die Formungen der Kreaturen erblicket. Denn sie ist das Ausgesprochene, was Gott der Vater aus seinem Centro der Licht-

24 empfängt

flammenden göttlichen Eigenschaft aus seines Herzens Centro, aus dem Worte der Gottheit, mit dem Hl. Geiste ausspricht. Sie stehet vor der Gottheit als ein Glast[25] oder Spiegel der Gottheit, da sich die Gottheit inne siehet, und in ihr stehen die göttlichen Freudenreiche des göttlichen Willens als die großen Wunder der Ewigkeit, welche weder Anfang noch Ende noch Zahl haben. Sondern es ist alles ein ewiger Anfang und ein ewiges Ende, und gleichet zusammen einem Auge, das da siehet, da doch im Sehen nichts ist und das Sehen doch aus des Feuers und Lichts Essenz urständet.

13. Also versteht in des Feuers Essenz des Vaters Eigenschaft und das erste Principium und (in) des Lichts Qual und Eigenschaft des Sohns Natur als das ander Principium, und den führenden Geist aus beiden Eigenschaften verstehet für den Geist Gottes, welcher im ersten Principium grimmig, streng, herbe, bitter, kalt und feurig ist, und ist der treibende Geist im Zorne. Und darum suchet er nicht im Zorne und im Grimme, sondern ist ausgehend und das essentialische Feuer aufblasend, indem er sich in die Essenz des Feuers wieder eineignet. Denn die grimmigen Essentien ziehen ihn wieder in sich, denn er ist ihre Qual und Leben und gehet aber im angezündeten Feuer im Lichte vom Vater und Sohne aus, und eröffnet die feurigen Essentien in des Lichtes Qual, da denn die feurigen Essentien in großer Begierde der Liebe brennen und die ernste strenge Qual in des Lichts Qual nicht erkannt wird, sondern die Feuers-Strengheit ist nur also eine Ursache der Licht-flammenden Majestät und der begehrenden Liebe.

14. Und also ist uns zu verstehen das Wesen der Gottheit und dann der ewigen Natur, und verstehen allewege das göttliche Wesen im Lichte der Majestät. Denn das sanfte Licht machet des Vaters strenge Natur sanft, lieblich und barmherzig, und wird ein Vater der Barmherzigkeit nach seinem Her-

25 Glanz

zen oder Sohne genannt. Denn des Vaters Eigenschaft steht im Feuer und im Lichte und ist selber das Wesen aller Wesen. Er ist der Ungrund und Grund und teilet sich in der ewigen Geburt in drei Eigenschaften als in drei Personen, auch in drei Principia, da ihr doch in der Ewigkeit nur zwei im Wesen sind und das dritte als ein Spiegel der ersten beiden ist, aus welchem diese Welt als ein greiflich Wesen in Anfang und Ende geschaffen ist.

DAS 2. KAPITEL
Offenbarung der Gottheit durch die Schöpfung der Engel und Menschen aus göttlicher Essenz

So denn also ein Mysterium ist von Ewigkeit gewesen, so ist uns jetzt seine Offenbarung zu betrachten; denn wir können von der Ewigkeit anders nicht reden als von einem Geist, denn es ist alles nur Geist gewesen und hat sich doch von Ewigkeit im Wesen geboren, und solches durch Begehren und Lust; und können durchaus nicht sagen, daß in der Ewigkeit nicht sei Wesen gewesen, denn kein Feuer bestehet ohne Wesen. So ist keine Sanftmut ohne Gebären des Wesens, denn die Sänfte gebieret Wasser, und das Feuer schlinget das in sich und machts in sich seinesteils zum Himmel und Firmament und das andere Teil zu Sulphur[26], in welchem der Feuergeist mit seinem essentialischen Rade einen Mercurium machet und fort den Vulcanum erwecket – das ist: das Feuer aufschläget – daß der dritte Spiritus als Luft geboren wird, da dann die edle Tinktur im Mittel[27] stehet als ein Glast mit den Farben, und urständet von der Weisheit Gottes, denn die Farben urständen von der Qual. Eine jede Farbe stehet mit ihrer Wesenheit in der Sanftmut des Wasserquelles, ausgenommen

26 hier: feuertragende Substanz   27 Gleichgewicht

die Schwarze nicht; die hat ihren Urstand aus der herben Grimmigkeit. Sie empfahen alle ihre Farben von der Qual.

2. So lüstert[28] nun je eine Gestalt nach der andern. Und von der begehrenden Lust wird eine Gestalt von der andern schwanger und bringet eine die andere zum Wesen, daß also die Ewigkeit in einer immerwährenden Magia stehet, da die Natur im Wachsen und Ringen stehet, und das Feuer verzehret das und gibts auch. Und ist also ein ewig Band, allein das Licht der Majestät und Dreiheit Gottes ist unwandelbar, denn das Feuer mag das nicht ergreifen, und wohnet frei in sich.

3. Und ist uns doch erkenntlich und findlich, daß das Licht der Liebe begehrend sei, als nämlich der Wunder und Figuren in der Weisheit, in welchem Begehren diese Welt als sein Model[29] ist von Ewigkeit in der Weisheit in der tiefen verborgenen Magia[30] Gottes erkannt worden, denn das Begehren der Liebe forscht im Grund und Ungrund. Allda hat sich auch von Ewigkeit mit eingemischet das Begehren des Grimmes und herben strengen Quals in des Vaters Natur und Eigenschaft, und ist also das Bildnis der Engel und Menschen von Ewigkeit in der göttlichen Eigenschaft in Gottes Weisheit erblicket worden, sowohl auch in des Grimmes Eigenschaft die Teufel – aber nicht in der heiligen lichtflammenden Eigenschaft – aber in keinem Bilde noch Wesen, sondern nach Art, als sich im tiefen Sinn ein Gedanke entspinnet und vor seinen eigenen Spiegel des Gemüts führet, da in das Gemüt oft ein Ding scheinet, das nicht im Wesen ist.

4. Also haben die zwei Gebärerinnen als des Grimmes im Feuer und dann die Liebe im Licht ihr Model in die Weisheit gestellet, da dann das Herze Gottes in der Liebe gelüstet, dieses Model in ein englisches Bildnis zu schaffen aus göttlicher Wesenheit, daß sie wären ein Gleichnis und Bild der Gott-

28 tendiert   29 Form   30 Geheimniszustand

heit und wohneten in der Weisheit Gottes, zu erfüllen die Lust der Gottheit und zur ewigen Freude der göttlichen Freudenreich.

5. Und ist uns jetzt also zu vernehmen und zu entsinnen das Verbum Fiat,[31] das sie gefasset und eine Substanz und körperlich Wesen gebracht hat, denn der Wille zu diesem Bildnis ist aus dem Vater, aus des Vaters Eigenschaft im Worte oder Herzen Gottes von Ewigkeit entstanden als ein begehrender Wille zur Kreatur und zur Offenbarung der Gottheit. Weil er sich aber von Ewigkeit nicht beweget hat bis auf die Schöpfung der Engel, so ist auch keine Schöpfung geschehen bis zur Engel-Schöpfung; dazu wir dann den Grund und Ursachen nicht sollen wissen und es Gott seiner Macht vorbehalten hat, wie es gewesen sei, daß sich Gott eines[32] beweget hat, sintemal[33] er doch ein unwandelbarer Gott ist, sollen auch allhier weiter nicht gründen, denn dies turbieret[34] uns.

6. Allein von der Schöpfung haben wir Macht zu reden, denn sie ist ein Werk im Wesen Gottes, und verstehen, daß des Worts oder Herzens Gottes Wille habe das herbe Fiat im Centro des Vaters Natur mit seinen sieben Geistern und Gestalten der ewigen Natur ergriffen und solches in des Thrones Gestalt; da denn das herbe Fiat nicht als ein Macher, sondern als ein Schaffer in jeder Essentien Eigenschaft gestanden als in den großen Wundern der Weisheit. Wie die Figuren waren von Ewigkeit in der Weisheit erblicket worden, also wurden sie auch jetzt mit dem Fiat im Willen-Geiste Gottes ergriffen, nicht aus fremder Materia, sondern aus Gottes Essenz, aus des Vaters Natur. Und wurden mit Gottes Willen-Geist ins Licht der Majestät Gottes eingeführet, da sie denn Kinder Gottes und nicht fremde Gäste waren, erboren und erschaffen aus der Vaters Natur und Eigenschaft. Und ihr Willen-Geist

31 das Wort ›Es Werde‹ 32 einst 33 zumal 34 verwirrt

ward gerichtet in des Sohnes Natur und Eigenschaft. Sie sollten und konnten essen von Gottes Liebe-Wesenheit im Lichte der Majestät, da dann ihre grimme Eigenschaft aus des Vaters Natur in Liebe und Freude verwandelt war. Welches sie auch alle taten, bis auf einen Thron und Königreich, das wandte sich vom Lichte der Liebe und wollte in der strengen Feuers-Natur über Gottes Sanftmut und Liebe herrschen; und ward darum aus des Vaters Eigenschaft aus seinem kreatürlichen eigenen Loco[35] getrieben in die ewige Finsternis, in den Abgrund des strengen Fiat. Da muß es in seiner Ewigkeit stehen, und ist also der Grimm der ewigen Natur auch allhier erfüllet worden.

7. Ist uns aber nicht also zu gedenken, daß König Luzifer nicht hätte können bestehen, er hätte das Licht der Majestät sowohl vor sich als die anderen Thronengel. So er hätte darein imaginieret[36], wäre er ein Engel blieben, aber er zog sich selber aus Gottes Liebe in Zorn. Also ist er nun ein Feind der Liebe Gottes und aller heiligen Engel.

8. Weiter ist uns allhier zu betrachten die feindliche Anzündung der verstoßenen Geister, als sie noch in des Vaters Eigenschaft waren, wie sie in ihrer Imagination[37] haben die Natur der Wesenheit entzündet, daß aus der himmlischen Wesenheit sind Erde und Steine worden und des Wassers sanfter Geist im Feuers-Qual zum brennenden Firmament, darauf dann die Schöpfung dieser Welt als des dritten Principii ist erfolget. Und ward dem Loco dieser Welt ein ander Licht erwecket, als[38] die Sonne, daß also dem Teufel seine Pracht entzogen ward. Und er ward als ein Gefangener zwischen Gottes und dieser Welt Reich in die Finsternis eingeschlossen, da er dann in dieser Welt nicht weiter zu herrschen hat, als nur in der Turba, im Grimm und Zorn Gottes, wo er

35 Ort   36 Wenn er sich darauf konzentriert hätte...
37 Bestreben   38 nämlich

erwecket wird. Da ist er Scharfrichter und ist ein steter Lügner, Verleumder und Betrüger der Kreaturen. Er wendet alles Gute in Böses, soweit ihm nur Raum gelassen wird. Was schrecklich und prächtig ist, da erzeiget er seine Macht und will stets über Gott sein. Aber der Himmel, der aus dem Mittel des Wassers ist erschaffen als ein sanftes Firmament, leget ihm die Pracht, daß er nicht Großfürst in dieser Welt ist, sondern Zornfürst.

9. Weil dann der Teufel aus seinem Loco ausgestoßen ward, so stund dieser Locus oder Thron ohne sein Engelsheer in großem Begehren nach seinem Fürsten, aber er war ausgestoßen. Jetzt schuf ihm Gott einen andern Fürsten, den Adam und ersten Menschen, welcher auch ein Thronfürst vor Gott war, und ist uns allhier seine Schöpfung recht zu betrachten, sowohl auch sein Fall, um welches willen sich das Herze Gottes[39] bewegte und Mensch ward.

10. Es ist nicht also ein schlecht Ding oder Wesen mit der Schöpfung des Menschen, um welches Falls willen Gott Mensch ward, daß er ihm wieder hülfe. So ist sein Fall auch nicht ein bloßer Apfelbiß. Auch ist seine Schöpfung nicht dermaßen getan, wie die äußere Vernunft meinet, daß sie den ersten Adam in seiner Schöpfung nur für einen bloßen Erdenkloß verstehet. Nein, mein liebes Gemüte, Gott ist nicht um eines Erdenkloßes willen Mensch worden. Auch so war es nicht bloß um einen Ungehorsam zu tun, darüber Gott also zürne, daß sein Zorn nicht hätte mögen versöhnet werden, er rächte sich denn an Gottes Sohne und mordete den.

11. Uns Menschen nach Verlierung unserer paradeisischen Bildnis ist dieses zwar ein Mysterium und verborgen blieben, ausgenommen etlichen, welche das himmlische Mysterium wieder erreichet haben, denen ist etwa nach dem innern Menschen davon eröffnet worden. Denn wir sind dem Para-

39 Christus

deis in Adam abgestorben und müssen durch den Tod und Verwesung des Leibes im Paradeis als in einer andern Welt, im Leben Gottes in der himmlischen Wesenheit und Leiblichkeit wieder ausgrünen.[40] Und ob es gleich etlichen ist, daß sie haben Gottes Wesenheit als Christi Leib wieder an die Seele bekommen, so hat doch der verderbte irdische Adam das heilige und reine Mysterium verdecket, daß also die große Heimlichkeit ist der Vernunft verborgen blieben. Denn Gott wohnet nicht in dieser Welt im äußern Principio, sondern im innern. Wohl wohnet er im Loco dieser Welt, aber diese Welt ergreifet ihn nicht. Wie wollte denn der irdische Mensch Gottes Geheimnisse ergreifen? Und ob es ein Mensch ergriffe, so ergreift ers nach dem innern Menschen, welcher wieder aus Gott geboren ist.

12. Weil aber das göttliche Mysterium sich auch nunmehr will also gar entblößen und dem Menschen also ganz begreiflich gegeben wird, daß er die Verborgenheit ganz helle begreift, so ist dem wohl nachzusinnen, was das bedeute, – anders nichts als die Einernte dieser Welt. Denn der Anfang hat das Ende funden und das Mittel wird in die Scheidung gestellet. Lasset euch gesaget sein, ihr Kinder, die ihr wollet Gottes Reich erben. Es ist eine Zeit großes Ernsts vorhanden. Die Tenne soll gefeget werden. Bös und Gut soll voneinander geschieden werden; der Tag bricht an, es wird hoch erkannt!

13. Wenn wir wollen vom Menschen reden und den recht verstehen, woraus er gemacht ist worden, so müssen wir ja die Gottheit mit dem Wesen aller Wesen betrachten, denn der Mensch ward nach Gottes Gleichnis aus allen drei Prinzipien erschaffen, ein ganzes Bild und Gleichnis nach allem Wesen. Nicht sollte er allein ein Bildnis dieser Welt sein, denn dieser Welt Bildnis ist tierisch, und um keiner tierischen Bildnis willen ist Gott Mensch. Denn Gott schuf auch den Menschen

40 d. h. erneuert werden

nicht also in tierischer Eigenschaft zu leben als wir jetzt nach dem Fall leben, sondern ins Paradeis, ins ewige Leben. Der Mensch hatte kein solch tierisch Fleisch, sondern himmlisch Fleisch. Aber im Fall ward es irdisch und tierisch, und auch nicht (in) der Meinung zu verstehen, daß er nichts von dieser Welt hätte an sich gehabt. Er hat dieser Welt Reich und Regiment an sich gehabt, aber in ihm regierten nicht die vier Elementa, sondern die vier Elementa waren in einem, und lag das irdische Regiment in ihm verborgen. Er sollte in himmlischer Qual[41] leben. Und ob gleich alles rege in ihm war, sollte er doch mit der himmlischen Qual des andern Principii über die irdische herrschen und das Reich und die Qual der Sternen und Elementen sollte unter der paradeisischen Qual sein. Keine Hitze noch Frost, keine Krankheit noch Unfall, auch keine Furcht sollte ihn rühren noch schrecken. Sein Leib konnte durch Erden und Steine gehen, unzerbrochen derer eines[42]; denn das wäre kein ewiger Mensch, den die Irdigkeit könnte bändigen, der zerbrechlich wäre.

14. Darum sollen wir den Menschen recht betrachten; es heißet nicht sophistizieren oder wähnen, sondern im Geiste Gottes erkennen und wissen. Es heißet: Ihr müsset wieder neugeboren werden, wollt ihr wieder das Reich Gottes schauen, daraus ihr gegangen seid. Nicht tuts Kunst, sondern Gottes Geist, der dem Menschenbilde die Himmelstür aufschleußt, daß er mit dreien Augen sehe. Denn der Mensch stehet in einem dreifachen Leben, ist er aber[43] Gottes Kind; wo nicht, so stehet er nur in einem zweifachen. Und ist uns genug erkenntlich, daß Adam ist mit dem rechten hl. Bildnis, welches das Gleichnis nach der Hl. Dreifaltigkeit war, aus dem göttlichen Wesen ausgegangen und in die Irdigkeit imaginieret[44] und das irdische Reich in das göttliche Bildnis eingeführet, die verderbet und finster gemacht hat. Darum wir

41 Qualität   42 ohne eines zu zerbrechen   43 doch   44 abgelenkt

denn auch unser paradeisisches Sehen verloren. Auch hat uns Gott das Paradeis entzogen, da wir dann matt, schwach und ohnmächtig worden und uns zuhand[45] die vier Elementa mit dem Gestirne in uns mächtig worden, also daß wir denselben sind mit Adam heimgefallen. Welches auch die Ursache des Weibs ist, daß Gott den Adam zerteilte, als er nicht bestehen konnte und in zwei Tinkturen[46] stellte, als nach dem Feuer und Wasser, wie hernach soll gemeldet werden, da eine gibt Seele und die andere Geist. Und ist nach dem Fall ein tierisch Wesen mit dem Menschen worden, der sich nach tierischer Eigenschaft fortpflanzen muß, da ihm der Himmel und Paradeis wohl die Gottheit ein Mysterium ward, und da doch das Ewige im Menschen blieb als die edle Seele, aber mit einem irdischen Kleide verdecket, verfinstert und mit irdischer Qual infiziert, durch falsche Imagination vergiftet, daß sie nicht mehr für Gottes Kind erkannt ward, um welcher willen Gott Mensch ward, daß er sie von der finstern Irdigkeit wieder erlösete und wieder in himmlische Wesenheit in Christi Fleisch und Blut, welches den Himmel erfüllet, einführete.

DAS 3. KAPITEL
Die Pforte der Schöpfung des Menschen

Wiewohl wir dieses in den andern Büchern fast genug erkläret, so hat sie doch nicht ein jeder in der Hand. So tut not eine kurze, runde Beschreibung von der Schöpfung des Menschen, damit die Menschwerdung Christi hernach möchte besser verstanden werden, auch um der Person willen, die dem Menschen in seinem Suchen noch immer mehr zufallen, gegeben und eröffnet werden, welches mir denn eine besondere Freude gibt, mich also mit Gott zu ergötzen.

45 gleichzeitig   46 Prinzipien, Geschlechter

2. Die Schöpfung des Menchen ist in allen drei Prinzipien geschehen als in des Vaters ewiger Natur und Eigenschaft und in des Sohnes ewiger Natur und Eigenschaft und in dieser Welt Natur und Eigenschaft. Und ist dem Menschen, welchen das Verbum Fiat schuf, der dreifache Geist zu seinem Leben aus drei Prinzipien und Quellen eingeblasen worden als von einem dreifachen Fiat ist er geschaffen, versteht: die Leiblichkeit und Wesenheit. Und der Wille des Herzens Gottes hat ihm den Geist nach allen drei Prinzipien eingeführet. Das verstehet also:

3. Der Mensch war ganz zu Gottes Gleichnis geschaffen. Gott offenbarte sich in der Menschheit in einem Bilde, das sollte sein wie er selber. Denn Gott ist alles und von ihm ist alles herkommen, und wird darum nicht alles Gott genannt, wegen des, daß nicht alles gut ist. Denn was die pure Gottheit antrifft, so ist Gott ein Licht-flammender Geist und wohnet in nichts als nur in sich selber; sein ist nichts gleich. Was aber antrifft des Feuers Eigenschaft, daraus das Licht erboren wird, erkennen wir des Feuers Eigenschaft für Natur, welche eine Ursache des Lebens, Bewegens und Geistes ist, sonst wäre kein Geist, kein Licht, auch kein Wesen, sondern eine ewige Stille, weder Farben noch Tugend, sondern wäre ein Ungrund ohne Wesen.

4. Und wiewohl das Licht der Majestät im Ungrunde wohnet und von der feuernden Natur und Eigenschaft nicht ergriffen ist, denn es ist uns mit dem Feuer und Lichte also zu ersinnen: Das Feuer hat und machet erschreckliche und verzehrende Qual. Nun ist in der Qual ein Ersinken gleich einem Sterben und sich Frei-Ergeben, und dasselbe Frei-Ergeben fället in die Freiheit außer der Qual als in Tod, und ist doch kein Tod, sondern es gehet also einen Grad tiefer in sich hinein und wird von der Qual des Feuers angstfrei, und hat doch die Schärfe des Feuers, aber nicht in der Angst, sondern in der Freiheit.

5. Jetzt ist die Freiheit und der Ungrund ein Leben, und wird in sich ein Licht, denn sie kriegt den Blitz der Angstqual und wird begehrend, als[47] der Wesenheit. Und das Begehren schwängert sich selber mit Wesenheit aus der Freiheit und Sanftmut. Denn was der Angstqual ersinket oder entwird[48], das freuet sich, daß es von der Angst frei ist, und zeucht die Freude in sich und gehet mit seinem Willen aus sich, welches der Freuden Geist und Leben ist, dazu wir allhie eine englische Zunge bedürften, aber dem Gott-liebenden Leser hiermit eine kurze Andeutung nachzusinnen geben wollen, die himmlische Wesenheit zu verstehen.

6. Denn in Gott ist alles Kraft, Geist und Leben. Was aber Wesen ist, das ist nicht Geist, sondern was vom Feuer ersinket als in Ohnmacht, das ist Wesen. Denn der Geist urständet im Feuer, und scheidet sich aber in zwo Qualen[48a], als eine im Ersinken in die Freiheit, im Lichte. Diese heißt Gott, denn sie ist sanft und lieblich und hat in sich die Freudenreich, und wird die englische Welt in der ersunkenen Freiheit der Wesenheit verstanden.

7. Darum, da wir waren aus der Freiheit der englischen Welt ausgegangen in die finstere Qual, welcher Abgrund das Feuer war, so war uns kein Rat, es würde denn des Lichts Kraft und Wort als ein Wort des göttlichen Lebens ein Mensch und führete uns aus der Finsternis durch des Feuers Qual durch den Tod im Feuer in die Freiheit des göttlichen Lebens in die göttliche Wesenheit wieder ein. Darum mußte Christus sterben und mit dem Seelen-Geiste durchs Feuer der ewigen Natur als durch die Hölle und Grimm der ewigen Natur in die göttliche Wesenheit eingehen und unserer Seelen eine Bahn durch den Tod und Zorn brechen, darauf wir mit und in ihm könnten durch den Tod ins ewige göttliche Leben eingehen.

47 nämlich 48 loswird 48a Qualitäten

8. Aber von der göttlichen Wesenheit als von der göttlichen Leiblichkeit ist uns also zu verstehen: Das Licht gibt Sanftmut als eine Liebe. Nun begehret des Feuers Angst Sanftmut, daß es seinen großen Durst möge stillen, denn das Feuer ist begehrend und die Sanftmut ist gebend, denn sie gibt sich selber. Also wird im Begehren der Sanftmut Wesen als eine substantialische Wesenheit, welche dem Grimm entsunken[49] ist, die ihr eigen Leben freigibt; das ist Leiblichkeit. Denn sie wird aus der Kraft in der Sanftmut substantialisch und wird von der Herbigkeit als vom ewigen Fiat angezogen und gehalten; und wird darum Wesenheit oder Leiblichkeit genannt, daß es dem Feuer-Qual und Geiste ersunken ist, und ist gegen den Geist als stumm, tot und ohnmächtig, da sie doch ein essentialisch Leben ist.

9. Also sollet ihr uns recht verstehen: Als Gott die Engel schuf, waren nur zwei Principia offenbar und im Wesen, als das im Feuer und Licht, als mit grimmiger Wesenheit im strengen, herben Fiat mit den Gestalten der Feuers-Natur und dann mit himmlischer Wesenheit aus heiliger Kraft mit dem Wasser-Quall der Sanftmut des Freudenlebens, in welchem göttlicher Sulphur[50] als in der Liebe und Sanftmut erboren war. Sein Fiat war Gottes begehrender Wille.

10. Aus dieser göttlichen Wesenheit als aus Gottes Natur wurden die Engel als Kreaturen erschaffen; und ihr Geist oder Lebens-Qual urständet im Feuer, denn ohne Feuer bestehet kein Geist. Er ging aber aus dem Feuer ins Licht. Allda kriegte er der Liebe Qual und war das Feuer nur eine Ursache seines Lebens, aber des Feuers Grimm ward mit der Liebe im Lichte gelöschet.

11. Dieses verachtete Luzifer und blieb ein Feuergeist. Also erhub er sich auch und zündete in seinem Loco[51] die Wesenheit an, daraus ist Erde und Steine worden, und ward

49 entflohen 50 hier: göttliche Wesenhaftigkeit 51 Ort

ausgestoßen, und ging also jetzt die dritte Leiblichkeit und das dritte Principium an mit dem Reiche dieser Welt.

12. So dann der Teufel daraus in die Finsternis gestoßen ward, so schuf Gott ein ander Bild nach seinem Gleichnis in diesen Locum. Sollte es aber Gottes Gleichnis nach allen dreien Prinzipien sein, so mußte es auch aus allen dreien genommen sein. Und aus allem Wesen dieses Orts oder dieser Tiefe, also weit sich das Fiat mit Luzifers Fürstenthron hatte in den Äther zur Schöpfung eingegeben. Denn der Mensch kam an Luzifers Stelle, und daher urständet auch der große Neid der Teufel, daß sie dem Menschen nicht die Ehre gönnen, sondern führen ihn immer den bösen verderbten Weg, damit sie nur ihr Reich mehren, und tun solches der Sanftmut als Gottes Liebe zum Trotze, vermeinen noch, weil[52] sie im Grimm der starken Macht leben, sie sind höher als Gottes Geist in der Liebe und Sanftmut.

13. Also, verstehet, hat Gottes Willen-Geist als der Hl. Geist das zweifache Fiat gefasset in zweien Principiis als in der englischen Welt das Innere und dann in dieser äußern Welt das Äußere und den Mesch oder Menschen geschaffen als eine vermischete Person, denn er sollte sein ein Bild nach der innern und äußern Welt, sollte aber mit der innern Qual über die äußere herrschen, also wäre er Gottes Gleichnis gewesen. Denn die äußere Wesenheit hing an der innern und grünete das Paradeis durch die Erde und war der Mensch in dieser Welt auf dem Erdboden im Paradeis. Denn es wuchs ihm auch paradeisische Frucht bis auf den Fall, da der Herr die Erde verfluchete, so trat das Paradeis ins Mysterium und ward dem Menschen ein Mysterium oder Geheimnis, da er zwar, so er aus Gott wiedergeboren wird nach dem innern Menschen, im Paradeis wohnet, aber nach dem äußern in dieser Welt.

52 während

14. Also ist uns ferner zu betrachten des Menschen Ankunft und Urstand: Gott hat seinen Leib geschaffen aus der Erden Matrice[53], daraus die Erde geschaffen ward. Es war alles untereinander und teilete sich doch in drei Principia dreierlei Wesenheit, und ward doch die im Grimme nicht erkannt. Wäre nur Adam in der Unschuld blieben, er hätte die ganze Zeit dieser Welt in zweien Prinzipien nur gelebet und hätte mit einem geherrschet über alles, und wäre das grimme Reich an ihm nie erkannt noch offenbar worden, ob er das gleich an sich hatte.

15. Und ist uns weiter zu verstehen, daß Adams Leib ist aus dem innern Element, da das innere Firmament und Himmel mit den himmlischen Essentien inne lieget, auf einem Teil mit dem innern Fiat geschaffen worden. Denn in der Erden Matrice stund das untereinander. Das Paradeis war darinnen und der Leib war auch ins Paradeis geschaffen. Verstehets recht, er hatte göttliche und auch irdische Wesenheit an sich. Aber die irdische war in der göttlichen gleich als verschlungen oder ohnmächtig. Das Wesen oder Materia, daraus der Leib gemachet oder geschaffen ward, war eine Massa, ein Wasser und Feuer mit der Essenz beider Prinzipien, wiewohl das erste auch darinnen lag, aber nicht rege.[54] Es sollte ein jedes Principium in seinem Sitze bleiben, und sollten sich nicht mischen, als in Gott geschiehet, so wäre der Mensch ein ganzes Gleichnis nach Gottes Wesen gewest.

53 Mutterschoß   54 nicht aktiv

16. Der Leib ist ein Gleichnis nach Gottes Wesenheit, und die Seele und Geist ein Gleichnis nach der Hl. Dreifaltigkeit. Gott gab dem Körper seine Wesenheit aus drei Prinzipien und den Geist mit der Seelen aus dem Quellbrunn des dreifachen Geists der allwesenden Gottheit. Und ist uns auch also zu verstehen, daß die Seele mit ihrem Bildnis und mit ihrem äußern Geiste aus drei Prinzipien ist herkommen und dem Leibe eingeblasen und eingeführet worden, wie solches auch Moses bezeuget: Gott blies dem Menschen ein den lebendigen Odem in seine Nasen; da ward der Mensch eine lebendige Seele, Gen. 2,7.

17. Nun ist aber der Odem und Geist Gottes dreierlei Qual: Im ersten Principio ist er ein Feuerodem oder Geist, welcher die rechte Ursach des Lebens ist und stehet in des Vaters Qual als im Centro der grimmigen Natur. Im andern Principio ist Gottes Odem oder Geist der Licht-flammende Liebe-Geist als der rechte Geist der wahren Gottheit, der Gott Hl. Geist heißet. Und im dritten Principio als im Gleichnis Gottes ist Gottes Odem der Luft-Geist, auf welchem der Hl. Geist fähret, wie David saget: Der Herr fähret auf den Fittigen des Windes (Psalm 104,3). Und Moses saget: Der Geist Gottes schwebet auf dem Wasser, auf der Capsula[55], da die Luft urständet, Gen. 1,2.

18. Nun diesen dreifachen Geist hat der ganze Gott aus allen drei Prinzipien in das geschaffene Bildnis eingeblasen und eingeführet, als erstlich den Feuer-Geist. Den hat er ihm von innen eingeführet und nicht zur Nase, sondern ins Herze, in die zweifache Tinktur des innern und äußern Bluts, wiewohl das äußere nicht erkannt war, sondern war Mysterium. Aber das innere war rege und hatte zwei Tinkturen, die erste aus dem Feuer, die ander aus dem Lichte. Dieser Feuer-

55 Behälter

Geist ist die rechte essentialische Seele, denn sie hat Centrum naturae[56] mit seinen vier Gestalten zur Feuersmacht. Sie schläget ihr selber das Feuer auf und machet selbst das Rad der Essentien, wie im andern und dritten Buche nach der Länge gemeldet worden.[57]

19. Und sollt wissen, daß das essentialische Seelenfeuer nicht das rechte Bildnis nach der Gottheit ist. Es ist kein Bildnis, sondern ein magisch ewigwährend Feuer. Es hat nie keinen Anfang gehabt, wird auch kein Ende haben. Und verstehet, daß Gott das ewige unanfängliche Feuer, welches von Ewigkeit in sich selber in der ewigen Magia als in Gottes Willen im Begehren der ewigen Natur als ein ewig Centrum der Gebärerin ist gewesen, eingeführet hat. Denn dies Bildnis sollte ein Gleichnis nach ihm sein.

20. Zum andern hat ihm zugleich mit dem essentialischen Seelenfeuer der Hl. Geist den Licht-flammenden Liebe-Geist aus sich selber eingeführet, auch eben nur im andern Principio, darinnen die Gottheit verstanden wird, nicht zur Nase ein, sondern wie Feuer und Licht aneinanderhanget und eines ist, aber in zwei Quellen, also ward ihm der gute Liebe-Geist mit dem essentialischen Feuer-Geiste eingeführet in sein Herz, und brachte jede Qual seine eigene Tinktur mit als ein eigen Leben; und wird in der Liebe-Tinktur der rechte Geist verstanden, der das Bildnis Gottes ist, der ein Gleichnis ist nach der klaren, wahren Gottheit und dem ganzen Menschen ähnlich siehet, auch den ganzen Menschen erfüllet, aber in seinem Principio.

21. Die Seele, was sie pur alleine antrifft, ist ein Feuerauge oder ein Feuerspiegel, darin sich die Gottheit hat geoffenbaret nach dem ersten Principio als nach der Natur. Denn sie ist

---

56 Mitte der Natur
57 Jakob Böhme: De tribus principiis (1619); Vom dreifachen Leben des Menschen (1620).

eine Kreatur, doch in kein Bildnis geschaffen. Aber ihr Bildnis, welches sie aus ihrem Feuerauge im Licht erbieret, das ist die rechte Kreatur, um welcher willen Gott Mensch ward und sie wieder aus dem Grimm der ewigen Natur in Ternarium Sanctum[58] einführete.

22. Und ist uns ferner also zu verstehen mit der Seelen und ihrem Bildnis: Es ist wohl ein Geist zusammen, aber die Seele ist ein hungerig Feuer und muß Wesenheit haben, sonst wird sie ein hungerig finster Tal, als die Teufel solche worden sind. So machet die Seele Feuer und Leben, und die Sanftmut des Bildnisses machet Liebe und himmlische Wesenheit. Also wird das Seelen-Feuer gesänftiget und mit Liebe erfüllet, denn das Bildnis hat Wasser aus Gottes Brunn, der da quillet ins ewige Leben. Dasselbe ist Liebe und Sanftmut und nimmt es aus Gottes Majestät, als dies im angezündeten Feuer zu sehen, wie das Feuer in sich einen grimmigen Quall hat und das Licht einen sanften lieblichen Quall, und wie in dieser Tiefe dieser Welt aus Licht und Luft Wasser wird, also ist dies imgleichen auch.

23. Zum dritten hat Gott den Geist dieser Welt mit der Sternen- und Elementen-Qual als die Luft und auch zugleich auf einmal dem Menschen in seine Nase eingeblasen. Der sollte ein Regierer im äußeren Reiche sein und die Wunder der äußern Welt eröffnen, zu welchem Ende Gott den Menschen auch ins äußere Leben schuf. Aber der äußere Geist sollte nicht in das Bildnis Gottes greifen. Auch sollte das Bildnis Gottes nicht den äußern Geist in sich zur Herberge einführen und über sich herrschen lassen, denn ihre Speise war von Gottes Wort und Kraft. Und der äußere Leib hatte paradeisische Speise, nicht im Madensack[59], denn er hatte den nicht. Auch hatte er weder männliche noch weibliche Gestalt

---

58 Hl. Dreifaltigkeit, bzw. dessen Spiegelbild
59 vergänglicher physischer Leib

oder Form, denn er war beide und hatte beide Tinkturen als der Seelen und des Seelen-Geists, des Feuers und Lichts, und sollte einen andern Menschen aus sich gebären nach seinem Gleichnis. Er war eine züchtige Jungfrau in reiner Liebe. Er liebete und schwängerte sich selber mit Imagination.[60] Also war auch seine Fortpflanzung. Er war ein Herr über Sternen und Elementen, ein Gleichnis nach Gott, wie Gott in Sternen und Elementen wohnet, und ihn ergreift nichts, er herrschet über alles. Also war auch der Mensch geschaffen; die irdische Qual war nicht ganz rege in ihm. Er hatte wohl den Geist-Luft, aber die Hitze und Kälte sollte ihn nicht rühren, denn Gottes Wesenheit drang durch alles. Gleichwie das Paradeis durch die Erde drang und grünete, also grünete die himmlische Wesenheit im äußern Wesen seines Leibes und äußeren Geistes. In Gott ists wohl möglich, was uns im irdischen Leben fremd ansiehet.

24. Zum vierten hatte Adam mit der Einführung seines schönen Himmelsbildnisses in dem Geiste Gottes das lebendige Wort Gottes mit empfangen; das war seiner Seelen und Bildnis Speise. Dasselbe lebendige Wort war umgeben mit der göttlichen Jungfrau, der Weisheit. Und sollet wissen, daß der Seelen Bildnis ist in dem jungfräulichen Bilde gestanden, welches in der Gottheit von Ewigkeit erblicket war worden. Und des Adams reines Bildnis war aus Gottes Weisheit. Denn Gott wollte sich also in einem Bilde sehen und offenbaren, und das war das Gleichnis nach Gott, verstehe: nach Gottes Geist, nach der Dreizahl, ein ganz züchtig Bild gleich den Engeln Gottes. In demselben Bildnis war Adam Gottes Kind, nicht allein ein Gleichnis, sondern ein Kind, sage ich, geboren aus Gott, aus dem Wesen aller Wesen.

25. Also ist kurz gemeldet worden, was Adam für ein Bild war vor seinem Fall und wie ihn Gott hat geschaffen zu bes-

60 in urbildlicher Form

serm Verstande, warum Gottes Wort sei ein Mensch worden, wie das sei zugegangen und was das habe geursachet.

DAS 4. KAPITEL
Von dem paradeisischen Wesen und Regiment,
wie es hätte mögen sein, so der Mensch wäre in der
Unschuld blieben

Viel Einwürfe hat der Teufel, damit er sich will entschuldigen, Gott habe ihn also geschaffen, da ihn doch seine gehabte englische Gestalt, Qual[61] und Bildnis immer überzeuget, daß er ein Lügner ist. Also tut er auch dem armen gefallenen Menschen, führet ihm immer das irdische Reich mit seiner Kraft und Vermögenheit ein, daß er also einen steten Spiegel vor sich habe, daß er also auch Gott schuldige, als habe er ihn irdisch und bös geschaffen. Er lässet aber das Beste außen als das Paradeis, in welches der Mensch geschaffen war und dann Gottes Allmacht, daß der Mensch nicht alleine vom Brot lebe, sondern auch von Gottes Kraft und Wort, und daß das Paradeis mit seiner Qual habe über die Irdigkeit geregieret. Er zeiget dem Menschen nur seine harte, elende, fleischerne, nackende Gestalt. Aber die Gestalt in der Unschuld, da Adam nicht wußte, daß er nackend war, decket er zu, den Menschen zu betrügen.

2. Und so uns armen Evas-Kindern dieses dann ja so sehr verdecket sein will und es auch wohl der irdische Balg nicht wert ist zu wissen, aber unserem Gemüte sehr nötig, so tut uns hoch not, daß wir zu dem rechten Türhüter, der den Schlüssel hat aufzuschließen, fliehen und ihn bitten und uns ihm ganz einergeben, daß er uns doch wolle die paradeisische Pforte im innern Centro unseres Bildnisses aufschließen, daß

61 Qualität, Dynamik

uns doch möchte das paradeisische Licht in unserm Gemüte anblicken und wir doch also möchten lüstern werden, mit unserem Immanuel wieder nach dem innern und neuen Menschen im Paradeis zu wohnen. Denn ohne dieselbe Aufschließung verstehen wir nichts vom Paradeis und unserem gehabten Bildnis in der Unschuld.

3. Weil uns aber Christus, Gottes Sohn, hat wieder zum Paradeis-Bildnis erboren, sollen wir ja nicht so laß[62] sein, uns auf Kunst und irdische Vernunft zu verlassen. Wir finden das Paradeis und Christum, der in uns muß Mensch geboren werden, wollen wir anders Gott schauen, nicht in unserer Vernunft. Es ist alles tot und blind. Wir müssen aus der Vernunft ausgehen und in die Menschwerdung Christi eingehen, so werden wir von Gott gelehret. Alsdann haben wir Macht, von Gott, Paradeis und Himmelreich zu reden. Und in der irdischen Vernunft, die nur vom Gestirne herrühret, sind wir vor Gott Narren, so wir wollen vom Mysterio himmlisch reden, denn wir reden von einem Dinge, das wir nie erkannt noch gesehen haben. Aber ein Kind kennet ja die Mutter. Als auch ein jeder, der aus Gott wiedergeboren wird, kennet ja seine Mutter, wohl nicht mit irdischen Augen, aber mit göttlichen und der Mutter Augen, von der er geboren ist. Geben wir dem Leser treuherzig nachzusinnen, was ihm zu tun sei und aus welchem Sinn und Begriff wir schreiben wollen.

4. Der Vernunft der äußern Welt will schlechts erhalten[63], Gott habe den Menschen ins äußere Regiment geschaffen, in die Qual der Sternen und vier Elementen. So das wäre, so wäre er ja in die Angst und Tod geschaffen, denn der gestirnte Himmel hat sein Ziel. Wenn er das erreichet, so verlässet er die Kreatur, derer er ein Führer war. Alsdann zergehet ja das Regiment und Wesen der Kreatur, welche dem äußern Himmel unterworfen ist; und sehen wir ja wohl, wie wir hinfallen

62 lässig, gleichgültig   63 will weismachen

und sterben, wenn uns der äußere Himmel mit den Elementen verläßt, daß auch ein Kind im Mutterleibe schon alt genug ist zum Sterben, auch oft verdirbt, weil es noch ohne Leben und im Fiat des äußern Regiments ist, in der Leibwerdung, ehe das Centrum Naturae das Seelenfeuer aufschläget. Und erkennen wir freilich den Tod und das Sterben mit Adams Fall, daß Adam sei, alsbald er ist irdisch worden, dem Paradeis abgestorben, und sei an Gottes Reich tot worden, darum uns dann die Wiedergeburt not war. Anders möchten wir nicht wieder lebendig werden.

5. Dieweil aber Gott dem Adam die irdische Frucht, so vermischet war, verbot, die nicht anzurühren, und auch nur einen Menschen schuf mit männlicher und weiblicher Eigenschaft mit beiden Tinkturen als des Feuers und des Lichts in der Lieb, ihn auch alsobald ins Paradeis brachte. Ja im Paradeis ward er geschaffen, so können wir der Vernunft nicht stattgeben, welche mit des Teufels Infizieren[64] saget, der Mensch sei irdisch geschaffen. Denn alles was vom irdischen Leben oder von irdischer Qual einig und allein geschaffen ist, das ist tierisch und hat Anfang und Ende und erreichet nicht die Ewigkeit, denn es ist nicht aus der Ewigkeit. Was nun nicht aus dem Ewigen ist, das ist zergänglich und nur ein Spiegel, darin sich die ewige Weisheit als in einer Figur und Gleichnis geschauet hat. Es bleibet von ihm nichts mehr als ein Wind, der sich erhoben hat und dann wieder leget. Um einer solchen Kreatur willen ist Gottes Wort nicht Mensch worden. Das Ewige ist nicht um der Vergänglichkeit willen in die vergängliche Wesenheit eingegangen. So ist es auch nicht darum in das Irdische eingegangen, daß es will das Irdische, Vergängliche in die Kraft der Majestät erheben und einführen, sondern um des willen, das aus der Kraft der Majestät war herkommen, war aber bös und irdisch worden und gleich

64 unter Einfluß des Teufels

als im Tode verblichen, daß es das wollte wieder lebendig machen, auferwecken und in die Kraft der Majestät erhöhen, in den Sitz, als es war, ehe es eine Kreatur war.

6. Und sollen den Menschen anders erkennen als wir bisher getan haben, indem wir ihn tierisch geschätzet. Er ist ja tierisch worden nach der Eigenschaft dieser Welt, indem er in Adam starb, so lebet er hernach dieser Welt und nicht Gotte. So er aber mit seinem Willen-Geist in Gott einging, so erlangete er den Willen-Geist das edle Bildnis wieder und lebete nach dem Bildnis in Gott und nach der tierischen Eigenschaft in dieser Welt. Also war er im Tode und war doch lebendig. Und darum ward Gottes Wort ein Mensch, daß er ihn wieder in Gott einigte, daß er wieder ganz in Gott geboren würde und das Paradeis in ihm empfindlich wäre.

7. Also ist uns das paradeisische Bild zu betrachten: Wir sagen und erkennen, daß Adam gut, rein und ohne Makel war geschaffen sowohl als Luzifer mit seinem Heer. Er hatte reine Augen, und das doppelt oder zweifach, denn er hatte beide Reiche an sich, als Gottes und dieser Welt Reich. Aber gleichwie Gott ein Herr über alles ist, also sollte auch der Mensch in Gottes Kraft ein Herr über diese Welt sein. Gleichwie Gott in allem herrschet und alles durchgehet, dem Dinge unempfindlich, also konnte der verborgene göttliche Mensch in alles gehen und schauen. Zwar der äußere Mensch war im Äußern, aber ein Herr über das Äußere und war unter ihm, es zähmete ihn nicht. Er hätte können Felsen zerbrechen ohne Not.[65] Die Tinktur der Erden war ihm ganz erkenntlich, er hätte alle Wunder der Erden erfunden. Denn zu dem Ende war er auch ins Äußere geschaffen, daß er sollte in Figuren offenbaren und ins Werk führen, was in der ewigen Weisheit war ersehen worden; denn er hatte die jungfräuliche Weisheit in ihm.[66]

8. Gold, Silber und das köstliche Metall ist wohl auch aus

65 Mühe   66 sich

der himmlischen Magia mit der Entzündung also eingeschlossen worden. Es ist ein anders als die Erde. Der Mensch liebet es wohl und brauchts zu seiner Nahrung, aber er kennet nicht seinen Grund und Urstand. Es wird nicht vergebens vom Gemüte geliebet. Es hat einen hohen Urstand, so wir dem nachsinnen. Aber wir geschweigen des billig allhier, weil es der Mensch ohne das zuviel liebet und sich damit vom Geiste Gottes entzeucht. Es soll einer den Leib nicht mehr lieben als den Geist, denn der Geist ist das Leben. Also geben wir euch ein Gleichnis zu verstehen und geschweigen dieser Materie mit ihrem Grund und Urstande.

9. Aber das wisset: Es war dem Menschen zu seinem Spiel und Zierheit gegeben. Er hatte es aus Naturrecht.[67] Es war sein, verstehe dem äußern Leibe (nach), denn der äußere Leib mit seiner Tinktur und die metallische Tinktur sind einander nahe verwandt. Als des äußern Leibes Tinktur verderbet war mit des Teufels böser Sucht, so verbarg sich auch die metallische Tinktur vor der menschlichen und feindet den an, denn sie ist reiner als die verderbte im äußern Menschen.

10. Und lasset euch das, ihr Sucher der metallischen Tinktur offenbar sein: Wollt ihr den Lapidem Philosophorum[68] finden, so schicket euch zur neuen Wiedergeburt in Christo, sonst wird sie euch schwer sein zu erkennen; denn sie hat eine große Gemeinschaft mit der himmlischen Wesenheit, welche, so sie vom Grimm aufgelöset würde, man wohl sehen würde. Sein Glast[69] bedeut etwas, daß, so wir paradeisische Augen hätten, wohl erkennen würden. Das Gemüte zeiget uns das wohl an, aber der Verstand und volle Erkenntnis ist am Paradeis tot. Und darum, weil wir das Edele zu Gottes Unehre und zu unser selber[70] Verderbnis brauchen und nicht dadurch Gott ehren und mit unserm Geiste in Gottes Geist

67 gemäß der Schöpfungsordnung   68 Stein der Weisen
69 Glanz   70 eigene

eingehen, sondern lassen den Geist und hangen an der Wesenheit[71], so ist uns die metallische Tinktur Mysterium worden, denn wir sind ihr fremd worden.

11. Der Mensch war geschaffen, daß er sollte ein Herr der Tinktur sein, und sie war ihm untertan; er aber ward ihr Knecht, dazu fremd. Also suchet er nur Gold und findet Erde; darum daß er den Geist verließ und ging mit seinem Geist in die Wesenheit, hat ihn die Wesenheit gefangen und in Tod geschlossen, daß, wie die Tinktur der Erden im Grimm verschlossen lieget, bis ins Gerichte Gottes. Also auch lieget des Menschen Geist mit im Zorne verschlossen, er gehe denn aus und werde in Gott geboren. Denn der Teufel wollte Großfürst mit seinem Grimm in der himmlischen Wesenheit sein, darum ward sie ihm verschlossen und ward zu Erden und Steinen, daß er also nicht Fürst, sondern ein Gefangener im Zorne ist, und nutzet ihm die Wesenheit nichts; denn er ist Geist und verachtete die himmlische Wesenheit und entzündete die Mutter der Natur, welche alsobald hat alles begreiflich und körperlich gemacht, welches Gottes Geist zusammen schuf; und war aber dem Menschen gut kenntlich, er konnte die Tinktur wohl auflösen und das edele Perllein hervorbringen zu seinem Spiel und Freuden, auch zu Gottes Ehre und Wundertat, so er in der Unschuld blieben wäre.

12. Anlangend des Menschen Essen und Trinken, damit er seinem Feuer Nahrung und Wesenheit sollte geben, war also getan. Er hatte zweierlei Feuer in sich, als das Seelenfeuer und das äußere Feuer von der Sonnen und Gestirnen. Nun muß ein jedes Feuer Sulphur[72] oder Wesen haben, oder es bestehet nicht, das ist: es brennet nicht. So haben wir dessen genug zum Verstande am göttlichen Wesen, welches des Menschen Nahrung wäre gewesen, denn – wie oben gemeldet – so wir das Seelenfeuer mit Gottes Liebe, Sanftmut und We-

71 Vergänglichkeit   72 hier: Stofflichkeit

senheit gespeiset mit allem dem, was das Wort als das göttliche Zentrum erbieret.[73] Denn die Seele ist aus dem ewigen magischen[74] Feuer; die muß auch magische Speise haben, als mit Imagination. So sie Gottes Bildnis hat, so imaginieret sie in göttliche Liebe in die göttliche Wesenheit und isset von Gottes Speise, von der Engel Speise. Wo aber nicht, so isset sie von dem, darein ihre Imagination[75] gehet, als von irdischer oder höllischer Qual. Und in dieselbe Matricem[76] fället sie auch, wohl nicht mit ihrer Substanz, aber sie wird mit derselben erfüllet und dieselbe hebet in ihr an zu qualifizieren als ein Gift im Fleische tut.

13. Also ist uns auch des äußern Leibes Speisung genug erkenntlich. Der äußere Mensch war ja, aber er war gleich wie halb verschlungen von dem innern. Der innere herrschete durch und durch, wie das Feuer im glühenden Eisen, und nahm also ein jedes Leben von dem Seinen Speise. Also: das Bildnis Gottes oder der Seelen Geist und Bildnis aß von himmlischer göttlicher Wesenheit; und der äußere Leib aß Paradeisfrucht im Munde und nicht in Leib; denn wie der äußere Leib im Innern als halb verschlungen stund, also war auch die Frucht des Paradeises. Die göttliche Wesenheit grünete durch die irdische und hatte die irdische in der Paradeisfrucht wie halb verschlungen, also daß die Frucht nicht irdisch erkannt ward. Und darum hieß es Paradeis als ein Grünen durch den Zorn, da die Liebe Gottes im Zorne grünete und Frucht trug, wie es die Natursprache klar verstehet, ohne einigerlei Deutelei oder Meinung.

14. Und ist uns ferner also zu verstehen, wie Gott in dieser Welt wohnet, und die Welt ist in ihm wie verschlungen. Sie ist in ihm ohnmächtig und er allmächtig. Also war auch der Mensch und also aß er auch. Sein irdisch Essen war himm-

73 hervorbringt 74 übernatürlichen
75 ihr Streben 76 Mutterschoß

lisch. Als wir wissen, daß wir müssen wiedergeboren werden, also war die Paradeisfrucht aus dem Zorne wieder in himmlische Wesenheit geboren. Oder wie wir sehen, daß ein gut, süß Kraut aus der bittern Erde wächset, welches die Sonne anders qualifizieret[77] als es die Erde hat qualifizieret, also qualifizierete der hl. Mensch die Paradeisfrucht in seinem Munde, daß also die Irdigkeit verschlungen ward als ein Nichts und den Menschen nicht regete. Oder als wir erkennen, daß die Erde wird am Ende verschlungen werden und nicht mehr ein greiflich Corpus sein.

15. Also war auch das äußerliche Essen des Menschen. Er aß die Frucht im Mund und bedurfte dazu keine(r) Zähne, denn allda war die Scheidung der Macht. Es waren zwei Centra der Kraft in Adams Munde. Ein jedes nahm das Seine; das Irdische war in himmlische Qual verwandelt, als wir erkennen, daß wir nach unserem Leibe sollen verwandelt und in einen himmlischen Kraftleib gesetzt werden. Also auch war die Verwandlung im Mund, und der Leib empfing die Kraft, denn das Reich Gottes stehet in Kraft. So stund ja der Mensch im Reiche Gottes, denn er war unsterblich und ein Kind Gottes. Hätte er aber sollen also in die Därme essen und einen solchen Stank im Leibe haben, als wir jetzt haben, so will ich die Vernunft fragen, ob dies Paradeis sei und ob Gottes Geist in dem wohne? Da doch Gottes Geist in Adam sollte wohnen als in Gottes Kreatur.

16. Seine Arbeit im Paradeis auf Erden war kindisch[78], aber mit himmlischem Witze. Er mochte Bäume pflanzen, auch andere Kräuter, alles nach seiner Lust. Es wuchs ihm in allem paradeisische Frucht und war ihm alles reine. Er tat, was er wollte, so tat er recht. Er hatte kein Gesetze als nur das Gesetze von der Imagination oder Lust. Die sollte er mit seinem Geiste in Gott setzen, so wäre er ewig blieben. Und ob gleich

77 durchdringt   78 kindhaft

Gott hätte die Erde verändert, so wäre er doch blieben ohne Not und Tod. Es wäre ihm nur alles in himmlische Wesenheit verwandelt worden.

17. Also verstehet auch von seinem Trinken. Der innere Mensch trank das Wasser des ewigen Lebens aus Gottes Wesen, und der äußere trank Wasser auf Erden. Aber wie die Sonne und Luft das Wasser in sich schlinget und wird dessen doch nicht voll, also wars auch ins[79] Menschen Munde. Es scheidete sich ins Mysterium, als wir denken und gewiß erkennen. Auch die ganze Wahrheit ist, daß Gott hat alles aus Nichts gemacht, nur aus seiner Kraft. Aber sollte alles, was irdisch war, ins Menschen Mund wieder in das gehen, als es war vor der Welt Schöpfung. Dem Menschen gehöret der Geist und die Kraft davon und nicht ein irdischer Leib, denn Gott hatte ihm einmal einen Leib geschaffen, der da ewig war. Er durfte keines Schaffens mehr, er war ein fürstlicher Thron – verstehe: der Adam –, gemacht aus Himmel, Erde, Sternen und Elementen, sowohl aus Gottes Wesen, ein Herr der Welt und ein Kind Gottes.

18. Merkets, ihr Philosophi, es ist der wahre Grund und hocherkannt: Mischet keinen Schultand[80] darein, es ist helle gnug. Meinung tuts nicht, aber der wahre Geist aus Gott geboren erkennet das recht. Alle Meinung ohne Erkenntnis ist ein irdischer Narr und verstehet Erde und vier Elementa, aber Gottes Geist verstehet nur ein Element, da ihrer vier darinnen verborgen liegen. Nicht vier sollten in Adam regieren, sondern eines über vier, das himmlische Element über die vier Elementen dieser Welt. Und also müssen wir wieder werden, wollen wir das Paradeis besitzen, um welches willen Gott ist Mensch worden.

19. Lassets euch gesagt sein, ihr Schulzänker: Ihr gehet um den Zirkel und gehet nicht hinein, als eine Katze um den

79 in des   80 äußere Gelehrsamkeit

heißen Brei, welche der Hitze fürchtet. Also fürchtet und schämet ihr euch vor Gottes Feuer. Und sowenig die Katze des heißen Breis geneußt[81], indem sie nur um den Rand gehet riechen, so wenig geneußt auch der Mensch der Paradeisfrucht, er gehe denn aus Adams Pelze, den der Teufel besudelt hat, aus und trete in Christi Wiedergeburt ein. Er muß in (den) Zirkel eingehen und den Vernunftpelz wegwerfen, so krieget er menschlichen Witz und göttliche Erkenntnis; es tuts kein Lernen sondern Geborenwerden.

DAS 5. KAPITEL
Vom kläglichen, elenden Fall der Menschen

So wir wollen die Menschwerdung Jesu Christi recht beschreiben, so tut not, daß wir euch die Ursachen darstellen, warum Gott ist Mensch worden. Es ist nicht ein Geringes oder ein Nichts, als es die Juden und Türken[82] ansehen und auch wohl bei den Christen. Es muß ja eine große Ursache sein, darum sich der unwandelbare Gott hat beweget. So merket nun dies; wir wollen euch die Ursachen darstellen:

2. Adam war ein Mensch und ein Bilde Gottes, ein ganz Gleichnis nach Gott. Wiewohl Gott kein Bild ist; er ist das Reich und die Kraft und auch die Herrlichkeit und Ewigkeit, alles in allem. Aber die Tiefe ohne Grund lüsterte sich in Gleichnissen zu offenbaren, als denn von Ewigkeit solche Offenbarung in der Weisheit Gottes ist geschehen als in einer jungfräulichen Figur, welche doch keine Gebärerin war, sondern ein Spiegel der Gottheit und Ewigkeit in Grund und Ungrund, ein Auge der Herrlichkeit Gottes. Und nach demselben Auge und in demselben Auge wurden die Throne der Fürsten geschaffen, als der Engel, und endlich der Mensch. Der hatte

81 genießt   82 Moslems

wieder den Thron in sich, gleichwie er war aus der ewigen Magia aus Gottes Wesen erschaffen worden, aus dem Nichts in Etwas, aus dem Geiste in Leib. Und wie ihn die ewige Magia aus sich gebar im Auge der Wunder und Weisheit Gottes, also auch sollte und konnte er einen andern Menschen auf magische Art aus sich gebären, ohne Zerreißung seines Leibes, denn er war in Gottes Lust empfangen und das Begehren Gottes hatte ihn geboren und dargestellet. Also hatte er auch dieselbe Lust in sich zu seiner selbst-eignen Schwängerung, denn Veneris Tinktur[83] ist die Matrix[84], die da schwanger wird der Wesenheit als des Sulphuris im Feuer, welcher doch in Veneris Wasser zum Wesen kommt. Des Feuers Tinktur gibt Seele und des Lichts Tinktur gibt Geist. Und das Wasser als die Wesenheit Leib, und Mercurius als das Centrum naturae[85] gibt das Rad der Essentien und das große Leben im Feuer und Wasser, himmlisch und irdisch, und Sal himmlich und irdisch erhälts im Wesen, denn es ist das Fiat.[86]

3. Denn gleichwie der Mensch das äußere Gestirn in sich hat, welches ist sein Rad der äußern Welt, Essentien und Ursache des Gemüts, also auch das innere Gestirne des Centri der feurigen Essentien, sowohl im andern Principio der lichtflammenden göttlichen Essentien. Er hatte die ganze Magiam des Wesens aller Wesen in sich. Es war die Möglichkeit in ihm, er konnte magisch gebären, denn er liebte sich selber und begehrte aus seinem Centro wieder das Gleichnis[87], als er von Gottes Begehren war empfangen und mit der Gebärerin im Fiat dargestellet worden, also sollte er auch sein englisch oder menschlich Heer darstellen.

4. Ob sie aber sollten alle aus einem als aus dem fürstlichen Thron erboren werden oder an allen, je einer aus dem andern, ist nicht not zu wissen, denn das Ziel ist zerbrochen. Wir

83 Wesenart der Venus   84 Mutterschoß   85 Mitte der Natur
86 des Schöpferischen   87 Ebenbild Gottes

haben gnug an der Erkenntnis, daß wir wissen, was wir sind und was unser Reich ist. Ich befinde zwar in der Tiefe im Centro, daß je einer sollte aus dem andern gehen, denn das himmlische Centrum hat seine Minuten sowohl als das irdische, welche immer schlagen, da das Rad mit den Essentien in allen drei Prinzipien immer gehet und immer ein Wunder nach dem andern eröffnet. So war doch des Menschen Bild in Gottes Weisheit erfunden und erdacht, da die Wunder ohne Zahl inne liegen. Die sollten mit dem menschlichen Heer eröffnet werden, und würde freilich in der Zeit je ein größer Wunder in einem als im andern sein eröffnet worden, alles nach der himmlischen und irdischen Geburt wunderlichen Änderungen, als es denn noch heute also geschiehet, daß in einem mehr Kunst und Verstand der Wunder lieget als im andern ist. Darum schließe ich, daß je ein Mensch habe sollen aus dem andern gehen und geboren werden, um der großen Wunder und um des Menschen Lust und Freude willen, da ja ein Mensch würde haben seinesgleichen hervorbracht. Also wäre das menschliche Geschlecht gestanden in der Gebärung bis Gott das dritte Principium dieser Welt hätte wieder in sein Aether gesetzet, denn es ist eine Kugel mit Anfang und Ende. Wenn der Anfang das Ende erreichet, daß das Letzte in das Erste tritt, so ist es alles vollendet und ganz. Alsdann wird das Mittel wieder geläutert werden und gehet wieder in das, als es vorhin vor den Zeiten dieser Welt war, bis auf die Wunder. Die bleiben in Gottes Weisheit in der großen Magia als ein Schatten von dieser Welt stehen.

5. So denn Adam ein solch herrlich Bild war und dazu an des verstoßenen Luzifer Stelle, so mochte ihm solches der Teufel nicht gönnen, neidete den heftig und stellete seine Larvam und Imagination[88] immer vor Adam, und schloff[89] mit seiner Imagination in die Irdigkeit der Früchte und bildete

88 Maske und Vorstellung bzw. Begehren   89 schlich

74

dem Adam für, als wenn große Herrlichkeit in seiner entzündeten Irdigkeit steckte, wiewohl ihn Adam nicht kannte, denn er kam auch nicht in seiner eigenen Gestalt, sondern in der Schlangen als in einem künstlichen Tier. Er trieb das Affenspiel als ein Vogelsteller, der die Vögel betreugt[90] und fängt, also tat er auch. Auch hatte er das irdische Reich mit seiner Hoffartsucht infizieret und halb ermordet, wie an Erde und Steinen zu sehen ist, welches auch so ganz süchtig und eitel war, und wären doch gerne der Eitelkeit[91] los gewesen. Und so es dann empfand, daß Adam ein Kind Gottes war und hatte die Herrlichkeit und Kraft, so imaginierte[92] es auch heftig nach Adam; sowohl der entzündete Zorn Gottes imaginierte auch nach Adam, sich in diesem lebendigen Bilde zu ergötzen.

6. Also zog alles an Adam und wollte ihn haben. Das Himmelreich wollte ihn haben, denn er war dazu geschaffen. So wollte ihn auch das irdische Reich haben, denn es hatte einen Teil an ihm, es wollte sein Herr sein, dieweil es nur eine Kreatur war. So sperrete der Grimm auch seinen Rachen auf und wollte kreatürlich und wesentlich sein, seinen großen grimmigen Hunger zu ersättigen. Und stund Adam also in der Proba wohl 40 Tage, also lang Christus in der Wüsten versuchet war, und Israel am Berge Sinai, als ihnen Gott das Gesetz gab, obs möglich wäre, daß dies Volk könnte in des Vaters Qual im Gesetze vor Gott bestehen, ob der Mensch könnte im Gehorsam bleiben, daß er seine Imagination in Gott stellete, daß Gott nicht dürfte[93] Mensch werden, um welches willen Gott solche Wunder in Ägypten tat, daß doch der Mensch sollte sehen, daß ein Gott sei, und ihn lieben und fürchten. Aber der Teufel war ein Lügner und Schalk. Er verführete Israel, daß sie ein Kalb macheten und für Gott ehreten. Also

---

90 betrügt, täuscht   91 Vergänglichkeit
92 verlangte   93 brauchte

war es jetzt nicht möglich zu bestehen. Darum kam Moses mit der Tafel vom Berge, darauf das Gesetze geschrieben war, und zerbrach die und tötete die Kälberdiener. Also mußte Moses nicht dies Volk ins gelobte Land führen. Es konnte nicht sein, es mußte es Josua und endlich Jesus tun, der in der Versuchung vorm Teufel und Zorn Gottes bestund, der den Zorn überwand und den Tod zerbrach wie Moses die Tafel des Gesetzes. Der erste Adam konnte nun nicht bestehen, ob ihm gleich Gottes Reich unter Augen und er im Paradeis stund, so war doch Gottes Zorn also sehr entbrannt und zog Adam, denn er war in der Erden so sehr entzündet, durch des Teufels Imagination und starken Willen.

7. So spricht die Vernunft: Hatte denn der Teufel solche Macht? – Ja, lieber Mensch, hat sie doch der Mensch auch. Er kann Berge umstürzen, so er mit seiner Imagination eingehet. Der Teufel war aus der großen Magia Gottes und ein Fürst oder König dieses Thrones; und ging in die stärkste Feuersmacht ein, in willens[94], ein Herr über alles Himmelsheer zu sein. Also ward die Magia entzündet und die große Turba[95] geboren. Die hat mit Adam gerungen, ob er wollte stark genug sein, dem Teufel sein Reich zu besitzen und in anderer Qual[96] darin zu herrschen. Dieses verstund Adams Vernunftgeist wohl nicht, aber die magischen Essentien stritten widereinander, davon die ganze Lust und der Willen entstehet, bis Adam anhub und imaginierte nach der Irdigkeit und wollte irdische Frucht haben. So war es geschehen, denn sein edles Bildnis, welches alleine vom Verbo Domini[97] sollte essen, ward infiziert und verdunkelt. Alsbald zuhand wuchs der irdische Versuchbaum, denn Adams Lust hatte das begehret und zugelassen. Da mußte Adam versuchet werden, ob er könnte bestehen, denn es kam das strenge Gebot von Gott,

94 gewillt   95 Zorn Gottes (eigentlich: Verwirrung)
96 Qualität   97 Wort Gottes

und Gott sprach: Du sollst essen von allerlei Bäumen im Paradeis, aber von dem Baume des Erkenntnisses (des) Guten und Bösen sollst du nicht essen. Denn welches Tages du davon issest, sollst du des Todes sterben, das ist: am[98] Himmelreich sterben und irdisch werden (Gen. 2,16.17). Und Adam wußte das Gebot wohl, aß auch nicht davon. Aber er imaginierte darein und ward in seiner Imagination gefangen, ganz kraftlos, dazu matt und schwach, bis er überwunden ward; da fiel er nieder und schlief.

8. Also fiel er der Magiae[99] heim, und war geschehen um seine Herrlichkeit, denn der Schlaf deutet an den Tod und eine Überwindung.[100] Das irdische Reich hatte ihn überwunden. Es wollte über ihn herrschen. Das Sternenreich wollte Adam haben und seine Wunder mit ihm verbringen, denn es war sonst keine Kreatur, die so hoch wär gradieret[101] gewesen als der Mensch, welcher das Sternenreich konnte erreichen. Darum ward Adam gezogen und recht versuchet, ob er könnte ein Herr und König über Sternen und Elementen sein. Der Teufel war geschäftig. Er vermeinete, den Menschen auch zu stürzen und in seine Gewalt zu bringen, damit dieser Thron doch endlich sein Königreich bliebe. Denn er wußte wohl, wenn der Mensch aus Gottes Willen würde ausgehen, daß er irdisch sein würde. So wußte er auch wohl, daß der Höllen Abgrund im irdischen Reiche stünde. Darum war er jetzt geschäftig, denn so Adam hätte magisch geboren, so wäre das Paradeis auf Erden geblieben. Das war dem Teufel nicht eben. Er mochte das nicht. Es schmeckte nicht in seinem Reiche, denn es roch nicht nach Schwefel und Feuer, sondern nach Liebe und Süßigkeit. Da dachte der Teufel: Das Kraut issest du nicht, du bleibest sonst nicht ein Feuer-Herr.

9. Also steckte der Fall Adams ganz in der irdischen Es-

98 für das 99 hier etwa: Macht des Schicksals
100 Niederlage 101 von so hohem Rang

senz. Er verlor die himmliche Essenz, aus welcher göttliche Liebe quillet, und kriegte irdische Essenz, aus welcher Zorn, Bosheit, Gift, Krankheit und Elend quillet, und verlor die himmlischen Augen. Auch konnte er nicht mehr auf paradeisische Art essen, sondern imaginierte nach der verbotenen Frucht, da Bös und Gut vermischet war, als noch heut alle Frucht auf Erden ist. Und also wurden die vier Elementa in ihm rege und qualifizierend[102], denn sein Wille mit der Imagination nahm das irdische Reich in das Seelenfeuer zur Herberge ein. Also ging er von Gottes Geist aus in den Sternen- und Elementen-Geist. Die nahmen ihn an und freueten sich in ihm. Denn sie wurden jetzt in ihm lebendig und mächtig; zuvor mußten sie untertänig und im Zwange sein. Jetzt kriegten sie das Regiment.

10. Da wird der Teufel gelachet und Gottes gespottet haben. Aber er wußte noch nicht, was dahinten war; er wußte noch nichts vom Schlangentreter[103], welcher ihm sollte seinen Stuhl nehmen und sein Reich zerbrechen. Also ist Adam in den Schlaf niedergesunken in die Magiam, denn Gott sah, daß er nicht bestehen konnte. Darum sprach er: Es ist nicht gut, daß dieser Mensch allein sei; wir wollen ihm eine Gehilfin machen, die um ihn sei (Gen. 2,18), durch welche er sich könne bauen und fortpflanzen. Denn er sah den Fall und kam ihm auf einem andern Weg zu Hilfe, denn er wollte nicht, daß sein Bildnis sollte verderben.

11. Die Vernunft spricht: Warum ließ Gott den Baum wachsen, daran Adam versuchet war? Es muß ja sein Wille sein gewest, daß Adam versuchet ward. Also will sie auch den Fall in Gottes Willen schieben, und denket, Gott habe gewollt, daß Adam sollte fallen. Gott wollte etliche Menschen in Himmel und etliche in der Hölle haben, sonst hätte er ja dem Übel gewehret und Adam können erhalten, daß er wäre gut und im

102 wirksam   103 Christus; vgl. Gen. 3,15

Paradeis blieben. Also richtet[104] auch die jetzige Welt, denn, saget sie, hätte Gott nichts Böses gemacht, so wäre nichts Böses, sintemal[105] es alles von ihm herrühret und er alleine der Schöpfer ist, der alles gemacht hat, so hat er ja Böses und Guts gemacht, sonst wäre es nicht also. Und das will sie schlechts erhalten; auch denket sie, wäre je nichts gewesen, daran sich der Teufel und auch der Mensch vergaffet hätten und sind böse worden, so wäre der Teufel ein Engel blieben und der Mensch im Paradeis.

12. Antwort: Ja, liebe Vernunft, jetzt hast du das Ziel und den Zweck getroffen. Es mag dir also nicht fehlen, wo du nicht blind bist. Höre, warum sagst du auch nicht zum Lichte, warum leidest du das Feuer, wie gar wonnesam[106] wärest du, so du nicht im Feuer wohnest? Ich wollte meine Hütte zu dir bauen, aber du wohnest im Feuer, ich kann nicht. Sage nur zum Lichte: Gehe aus dem Feuer, so bist du gut und wonnesam. Und so dir das Licht folget, so findest du einen großen Schatz. Wie wirst du dich freuen, so du kannst im Lichte wohnen, daß dich das Feuer nicht brennet. – Also weit gehet die Vernunft.

13. Aber siehe recht mit magischen Augen, verstehe mit göttlichen und auch mit natürlichen, so soll dirs gezeiget werden. Bist du aber nicht gar blind und tot; – siehe, ich gebe dir im Gleichnis zu verstehen, weil sonst die Vernunft eine Närrin ist und nichts vom Geiste Gottes verstehet. Ich will also setzen[107], als hätte ich die Gewalt, daß ich könnte das Licht vom Feuer nehmen, welches doch nicht sein kann, und sehen, was doch danach sein würde. Siehe, wenn ich das Licht vom Feuer nehme, so verlieret (1) das Licht seine Essenz, daraus es scheinet; (2) es verlieret sein Leben und wird eine Ohnmacht; es wird (3) von der Finsternis gefangen und bewältigt und

104 urteilt   105 zumal
106 lieblich   107 annehmen

erlischet in sich selber und wird ein Nichts. Denn es ist die ewige Freiheit und ein Ungrund. Weils scheinet, so ist es gut, und wenns erlischet, so ists nichts.

14. Nun siehe weiter: Was bleibet mir aber am Feuer, wenn ich das Licht und Glanz vom Feuer nehme? Nichts, als nur ein dürrer Hunger und eine Finsternis. Es verlieret Essenz und Qual, verhungert und wird ein Nichts. Sein gewesener Sulphur ist ein Tod, verzehrt sich, weil die Essenz da ist. So sie nun nimmer ist, so ists ein Nichts, ein Ungrund, da keine Spur ist.

15. Also, liebes suchendes Gemüte, denke ihm doch also nach: Gott ist das ewige Licht, und seine Kraft und Qual wohnet im Lichte. Das Licht ursachet Sanftmut, und aus der Sanftmut wird Wesen. Dasselbe Wesen ist Gottes Wesen, und des Lichtes Qual ist Gottes Geist, der der Urstand ist. Es ist sonst kein anderer Ort als dieser. Im Lichte ist die Kraft, und die Kraft ist das Reich. Nun hat aber das Licht und die Kraft nur einen Liebewillen. Es begehret nichts Böses. Es begehret wohl Wesen, aber aus seiner eigenen Essenz, verstehe: aus der Liebe und Süßigkeit, denn dasselbe ist dem Lichte ähnlich. Nun urständet aber das Licht vom Feuer, und ohne das Feuer wäre es nichts. Es hätte keine Essenz ohne das Feuer. Das Feuer machet Leben und Beweglichkeit und ist die Natur, hat aber einen andern Willen als das Licht, denn es ist ein Geiz und will nur zehren. Es nimmt nur und steiget in Hoffart auf. Und das Licht nimmt nicht, sondern es gibt, daß das Feuer erhalten wird. Des Feuers Qual ist Grimm. Seine Essentien sind bitter. Sein Stachel ist feindig und unwonnesam. Es ist eine Feindschaft in sich selber. Es verzehret sich selber. Und so ihm das Licht nicht zu Hilfe kommt, so frisset sichs, daß ein Nichts aus ihm wird.

16. Also, mein liebes suchendes Gemüte, betrachte dies, so wirst du bald zur Ruhe und ans Ziel kommen: Gott ist von Ewigkeit die Kraft und das Licht, und wird Gott genannt

nach dem Lichte und nach der Kraft des Lichtes, nach dem Geiste des Lichts, nicht nach dem Feuergeiste. Denn der Feuergeist heißet sein Grimm, Zorn, und wird nicht Gott genannt, sondern ein verzehrend Feuer der Macht Gottes. Das Feuer heißet Natur, und das Licht heißet nicht Natur. Es hat wohl des Feuers Eigenschaft, aber verwandelt aus Grimm in Liebe, aus Fressen und Verzehren ein Gebären, aus Feindung und bitter Wehe ein sanftes Wohltun und lieblich Begehren und ein Immer-Erfüllen. Denn das Liebe-Begehren zeucht die Sanftmut des Lichts in sich und ist eine schwangere Jungfrau, nämlich der Witze und Weisheit der Kraft der Gottheit.

17. Also ist uns hoch erkenntlich, was Gott und Natur ist, dazu auch der Grund und Ungrund, auch die Tiefe der Ewigkeit. Und erkennen also, daß das ewige Feuer magisch sei und werde im begehrenden Willen erboren, wie solches im andern und dritten Teil der Bücher erkläret worden, ist nun das ewige Ungründliche magisch, so ist auch das magisch, das aus dem Ewigen erboren ist. Denn aus Begehren sind alle Dinge worden. Himmel und Erden sind magisch, auch das Gemüte mit den Sinnen, so wir doch (dies) wollten kennen.

18. Was mag nun dies das Licht, so das Feuer etwas ergreift und verschlinget, so doch das Ding, so vom Feuer ergriffen wird, auch magisch ist? So es dann ein Leben und des Lichts Kraft und Verstand hat, warum läuft es dann ins Feuer? Ist doch der Teufel ein Engel gewesen und Adam ein Bild Gottes; sie hatten beide das Feuer und das Licht, dazu göttlichen Witz[108] in ihnen. Warum imaginierte der Teufel nach dem Feuer und Adam nach der Erden, waren sie doch frei? Das Licht und Kraft Gottes zog den Teufel nicht ins Feuer, sondern der Grimm der Natur. Warum willigte der Geist? Was die Magia machte, das hatte sie. Der Teufel machte ihm[109] die

108 Weisheit   109 sich

Hölle, die hatte er. Adam machte sich irdisch, das ist er. Ist doch Gott keine Kreatur, auch kein Macher, sondern ein Geist und Eröffner. Als die Schöpfung geschah, so ist uns also davon zu ersinnen und zu erkennen. Es hat sich das Feuer und Licht zugleich in Lust erwecket und einen Spiegel oder Bildnis nach der Ewigkeit begehret. So ist uns doch in wahrer Erkenntnis, daß der Grimm als des Feuers Natur kein Macher ist. Er hat aus sich nicht gemacht, das wesentlich wäre, denn das kann auch nicht sein, sondern er hat Geist und Qual gemacht. So stehet aber keine Kreatur nur bloß in der Essenz. Soll eine Kreatur sein, so muß sie aus Wesen sein als aus Kraft oder Sulphur. Sie muß im geistlichen Sal bestehen, so wird alsdann aus dem Feuer-Qual ein Mercurius und ein recht essentialisch Leben. Dazu muß sie Glanz haben, soll aber ein Verstand und Erkenntnis innen sein.

19. Also wissen wir, daß alle Kreatur im geistlichen Sulphure, Mercurio und Sale[110] stehet, und tuts doch nicht allein (der) Geist. Es muß Sulphur sein, in dem das Fiat steht als die herbe Matrix zum Centro Naturae, darin der Geist erhalten wird; das ist: es muß Wesen sein. Denn wo kein Wesen ist, da ist kein Schaffen, da doch ein kreatürlicher Geist kein begreiflich Wesen ist. Aber er muß ihm Wesen in sich einziehen durch seine Imagination, sonst bestünde er nicht.

20. So ihm denn der Teufel Grimmigkeit in Geist zog und der Mensch Irdigkeit in Geist zog, was mochte das die Liebe der Wesenheit Gottes, ward doch dem Teufel die Liebe und Sanftmut Gottes mit dem göttlichen Wesen fürgestellet und dargeboten, sowohl auch dem Menschen. Wer will Gott (be-) schuldigen? Ist aber die grimme Essenz im Teufel zu stark gewesen, daß sie die Liebe-Essenz hat überwunden, was mag dessen Gott?[111] So ein guter Zweig gesetzet wird, verdirbet

---

110 die drei Grundprinzipien der Natur: Kraft, Bewegung, Erhaltung
111 Was kann Gott dafür

aber, was mag dessen die Erde, gibt sie ihm doch Saft und Kraft. Warum zeucht der Zweig nicht an sich? Sprichst du: Seine Essentien sind zu schwach; – was mag aber dessen die Erde und auch der, so den Zweig gesetzet hat. Sein Wille ist doch nur, daß er will einen guten Baum aufziehen zu seiner Lust, und will seiner Frucht genießen. Wüßte er aber, daß der Zweig sollte verderben, er setzte den nimmer.

21. Also ist uns zu erkennen: Nicht als einer, der einen Baum setzet, sind die Engel geschaffen, sondern mit der Bewegung Gottes mit beiden Prinzipien, als Licht und Finsternis, in welcher das Feuer verborgen lag. Brannte doch das Feuer nicht in der Schöpfung und in der Bewegung als es noch heute nicht brennet, denn es hat sein eigen Principium. Warum erweckte das Luzifer? Der Wille entstund aus seiner Kreatur und nicht außer ihm. Er wollte ein Herr über Feuer und Licht sein. Er wollte das Licht verlöschen und verachtete die Sanftmut und wollte ein Feuer-Herr sein. So er dann das Licht verachtete und seine Geburt in Sanftmut, so ward er billig ausgestoßen. Also verlor er Feuer und Licht und muß im Abgrunde in der Finsternis wohnen. Will er Feuer haben, so muß er ihm das aufschlagen und mit seiner Bosheit in der Imagination anzünden, welches ihm doch nicht recht brennet, sondern nur in essentialischer grimmiger Qual, als die vier Gestalten im Centro naturae in sich selber geben. Als herb, hart, rauh und kalt ist eine Gestalt, bitter, stachlicht, feindig ist die andere Gestalt am Centro und dann Angst, Wehe und Qual ist die dritte Gestalt. Und mit der Angst, als im Regen[112] und Leben schlägt er das Feuer in der harten Herbigkeit zwischen der Härte und bittern Stachel, auf daß es als ein Blitz erscheinet. Das ist die vierte Gestalt. Und so nun nicht Sanftmut oder Wesen der Sanftmut ist, so gibt es kein Licht, sondern nur einen Blitz, denn die Angst

112 Bewegen

will die Freiheit haben, ist aber zu scharf und erlanget sie nur einen Blitz. Das ist Feuer und hat doch keinen Bestand oder Grund. Also muß der Teufel in der Finsternis wohnen, und hat nur den grimmen Blitz in sich, ist auch die ganze Gestalt in der Wohnung nur als ein grimmiger Blitz, als obs Donnerschläge täte. Also stellet sich die höllische Eigenschaft in der Qual.

22. Also ist uns auch imgleichen zu verstehen von dem Versuchbaum[113], welchen Adam durch seine Imagination erweckt. Er begehrte, so stellete ihm die Matrix naturae das für, das er begehrte. Aber Gott verbot ihm das. Er sollte es nicht anrühren, Gott wollte es nicht haben. Aber die irdische Matrix wollte Adam haben, denn sie erkannte in Adam die göttliche Kraft. Weil sie war mit der Entzündung des Teufels irdisch worden, doch nicht gar erstorben, so sehnete sie sich nach dem, als sie zuvor war, als nach der Freiheit, der Eitelkeit los zu sein; und in Adam war die Freiheit.

23. Also zog sie Adam, daß Adam imaginiert; und also lüsterte[114] Adam wider Gottes Gebot und Willen. Das ists, das Paulus saget: Das Fleisch lüstert wider den Geist und den Geist wider das Fleisch (Gal. 5,17). Adams Fleisch war halb himmlisch und halb irdisch. Also hatte auch Adams Geist eine Macht mit der Imagination in die Erde gebracht, und also gab ihm die Matrix naturae[115] dasjenige, was er wollte. Er mußte versuchet werden, ob er auch an Luzifers Stelle ein Engel wollte bestehen. Darum schuf ihn Gott auch nicht bloß roh als einen Engel, daß – so er ja fiele und nicht bestünde – er ihm möchte helfen, daß er doch nicht also im Grimme verdürbe wie Luzifer. Darum ward er aus der Materia erschaffen und war ihm sein Geist in die Materiam eingeführet als in Sulphur vom Wasser und Feuer, daß ihm doch Gott könnte

113 Baum der Versuchung   114 begehrte auf
115 Mutter Natur

also ein neu Leben wieder ausgebären. Gleichwie eine schöne wohlriechende Blume aus der Erden wächst, also war auch Gottes Vorsatz, weil er erkannte, daß er nicht bestehen würde. Darum saget auch Paulus: Wir sind in Christo Jesu versehen[116], ehe der Welt Grund geleget ward, das ist: als Luzifer fiel. Da war der Welt Grund noch nicht geleget, und war aber der Mensch schon in Gottes Weisheit ersehen. So er aber sollte aus dreien Prinzipien gemachet werden, so war schon Gefahr wegen des entzündeten Sulphuris der Materien. Und ob er wohl über der Erden geschaffen war, so ward doch der Sulphur aus der Erden Matrice ausgezogen als eine schöne Blume aus der Erden, und war schon Gefahr. Und allda hat sich der holdselige Name Jesus mit eingebildet als ein Heiland und Wiedergebärer. Denn der Mensch ist das größeste Geheimnis, das Gott gewirket hat. Er hat die Figur, wie sich die Gottheit hat von Ewigkeit aus dem Grimm, aus dem Feuer durch das Ersinken, durch den Tod in ein ander Principium anderer Qual[117] und Kraft, da er der Irdigkeit ganz los wird.

24. Und ist uns sehr gut, daß wir der Erden mit dem irdischen Teil sind heimgefallen, sofern wir aber auch das göttliche Teil erhalten, denn wir werden also ganz rein und kommen ganz vollkommen, ohne einige Sucht des Teufels, wieder in Gottes Reich, und sind viel ein größer Geheimnis als die Engel. Wir werden auch nach der himmlischen Wesenheit sie übertreffen, denn sie sind Feuerflammen, mit dem Lichte durchleuchtet. Wir aber erlangen den großen Quell der Sanftmut und Liebe, so in Gottes heiliger Wesenheit quillet.

25. Darum tun die ganz falsch und unrecht, die da sagen, Gott wolle nicht alle Menschen in Himmel haben. Er will, daß allen geholfen werde. Es fehlet am Menschen selber, daß er ihm[118] nicht will helfen lassen. Und ob mancher böser An-

---

116 vorbestimmt   117 Qualität   118 sich

neiglichkeit[119] ist, das ist nicht von Gott, sondern von der Mutter der Natur. Willst du Gott schuldigen? Du lügst, Gottes Geist entzeucht sich niemandem. Wirf deine Bosheit weg und gehe in die Sanftmut ein. Tritt in die Wahrheit, in die Liebe und ergib dich Gott, so wird dir geholfen, denn darum ist Jesus geboren, daß er helfen will. Sagst du, ich werde gehalten, daß ich nicht kann. – Ja recht, du willsts haben, der Teufel wollt es auch haben. Bist du ein Ritter, warum streitest du nicht wider das Böse? Streitest du aber wider das Gute, so bist du ein Feind Gottes. Meinest du, Gott werde dem Teufel eine englische Krone aufsetzen? Bist du Feind, so bist du nicht Freund. Willst du Freund sein, so verlasse die Feindschaft und gehe zum Vater, so bist du Sohn. Darum, wer Gott schuldiget, der ist ein Lügner und Mörder als der Teufel auch. Bist doch dein selbst eigener Macher, warum machst du dich böse? Und ob du eine böse Materia bist, so hat dir Gott sein Herz und Geist geschenket. Nimm das zu deinem Machen, so machst du dich gut. Nimmst du aber Geiz und Hochmut, dazu Wollust des irdischen Lebens, was mag dessen Gott?[120] Soll dir auch noch Gott in deinem verächtlichen Hochmut sitzen? Nein, das ist nicht seine Qual.[121] Sprichst du aber: Ich bin ein böser Quall[122] und kann nicht, ich werde gehalten, – wohlan, laß die böse Qual sein! Gehe du aber mit deinem Willen-Geist in Gottes Liebe-Geist ein und ergib dich seiner Barmherzigkeit, du wirst der bösen Qual wohl einst los werden. Die böse Qual ist aus der Erden. So die Erde den Leib krieget, so mag sie ihre Bosheit hinnehmen; du aber bist und bleibst ein Geist in Gottes Willen, in seiner Liebe. Laß hinfahren den bösen Adam, es wird dir ein neuer und guter aus dem alten ausgrünen, als eine schöne Blume aus dem stinkenden Mist auswächset. Nur schaue zu, daß du den Geist in

119 von böser Neigung   120 was kann Gott dafür?
121 Art   122 Trieb

Gott erhältst; um den bösen Leib, der voll böser Affekte stek-
ket, ists nicht viel zu tun. Ist er bös geneigt, so tue ihm desto
weniger Gutes. Gib ihm nicht Ursache zur Geilheit. Im
Zwang zu halten ist ein gut Remedium[123]; aber toll und voll
sein, ist: den bösen Esel vollends in den Mistpfuhl werfen, da
er sich doch genug im Kot sudelt als eine Sau. Nüchtern sein,
ein mäßig Leben führen, ist eine gute Purganz[124] für den bösen Esel. Nicht geben, wonach ihm gelüstet, oft lassen fasten,
daß er das Gebet nicht hindert, ist ihm gut. Er will wohl nicht,
aber der Verstand soll Herr sein, denn er träget Gottes Bildnis.

26. Dieses Latein schmeckt zwar der Vernunft-Welt in
Fleischeslust nicht. Weil ihr aber dieses nicht schmecket, und
ziehet für dieses eitel böse irdische Wollust ein und saufet die
in sich, so ist der Zorn in ihr rege. Der zeucht sie immer mit
Adam aus dem Paradeis und mit Luzifer in Abgrund. Da wirst
du doch satt saufen und fressen, was du allhie hast willig in
dich gezogen. Aber Gott sollst du nicht schuldigen, sonst bist
du ein Lügner und Feind der Wahrheit. Gott will kein Böses,
ist auch kein böser Gedanke in ihm. Er hat nur eine Qual, das
ist Liebe und Freude. Aber sein Grimm als die Natur hat viel
Qualen[125], darum sehe ein jeder zu, was er tut. Es ist ein jeder
Mensch sein eigener Gott und auch sein eigener Teufel; zu
welcher Qual er sich neiget und einergibt, die treibet und führet ihn, derselben Werkmeister wird er.

27. Ein groß Elend ist das, daß der Mensch so blind wird,
daß er doch nicht mag erkennen, was Gott ist, da er doch in
Gott lebet; und sind noch Menschen, die solches verbieten,
man solle nicht forschen, was Gott sei, und wollen auch Lehrer Gottes sein; jawohl, Lehrer des Teufels sind solche, daß
der mit seinem falschgleißnerischem Reiche nicht offenbar
und erkannt werde.

123 Heilmittel   124 Reinigung   125 Eigenschaften

Von Adams Schlafe, wie Gott ein Weib habe aus ihm
gemacht und wie er vollends sei irdisch worden

Wenn der Mensch matt und müde wird, so fället er in einen
Schlaf als in die Magiam.[126] Ihm ist, als wäre er nicht in dieser
Welt, denn alle seine Sinnen hören auf. Das Rad der Essentien
tritt in eine Ruhe. Er ist, als wäre er essentialisch und nicht
substantialisch. Er gleichet sich bloß der Magiae, denn er
weiß nichts von seinem Leibe. Er lieget als tot und ist doch
nicht tot, sondern der Geist steht stille. So haben alsdann die
Essentien ihr Verbringen[127], und siehet alleine der Seelen-
Geist. Da wird alles in dem siderischen[128] Geist gemalet, was
der gestirnte Himmel verbringet, und stehet magisch als ein
Spiegel im Gemüte, in welchem sich der Geist der großen
Welt vergaffet, und führet das, was er im Spiegel siehet, in die
Essentien. Und die Essentien quallen darinnen, als verbrächten
sie das Werk in dem Geiste, malen das auch im Geist,
welches Träume und Vorbildungen sind.

2. Also ist uns zu erkennen: Als die Irdigkeit mit Adam
rang und er in dieselbe imaginierte, so ward er sobald davon
infizieret, ward in seinem Gemüte finster und strenge, denn
die Irdigkeit hub an zu qualifizieren als ein Wasser, welches
vom Feuer anhebt zu sieden. Der Sternen Qual ward rege
und war jetzt des Leibes Herr. So saget nun Moses gar recht:
Gott ließ ihn in einen tiefen Schlaf fallen, das ist: weil sein
Willen-Geist nach Irdigkeit imaginierte, so ließ ihn Gott hinfallen, denn er führte mit der Imagination Irdigkeit in die
himmlische Wesenheit. Und das wollte der Geist Gottes, welcher ein Geist des Lichts ist, nicht haben, denn Adams Geist
war eine Kreatur und ging aus Gottes Liebe-Geist aus. Also

126 Geheimniszustand des Unbewußten
127 sie sind passiv   128 gestirnten

ließ er ihn wohl nicht gerne, aber die Irdigkeit hatte ihn schon gefangen. Und da er ihn ließ, da sank er nieder in eine Ohnmacht und fiel dem dritten Principio (an)heim als dem Gestirne und den vier Elementen. Also lag er in der irdischen Magia und ward doch auch nicht ganz irdisch. Er lag im Mysterio zwischen Gottes und dieser Welt Reich verborgen, da beide Fiat[129], als das göttliche und irdische, in ihm rege waren. Und waren die zwei Reiche, als Gottes und der Höllen Reich, jetzt zum erstenmal im Streite um den Menschen. So nun jetzt nicht der teure Name Jesus in Adam eingebildet wäre gewesen, auch noch vor der Schöpfung als in die Wesenheit Gottes, darin die Jungfrau der Weisheit Gottes stund, daraus Adam geschaffen ward, so sollte er wohl noch schlafen und im irdischen Tode sein.

3. Und dieses ist, daß der andere Adam, Christus, mußte bis an (den) dritten Tag in der Erden in des ersten Adams Schlafe ruhen und den ersten Adam wieder aus der Irdigkeit auferwecken. Denn Christus hatte auch eine Seele und Geist aus Adam. Und das teure Wort der Gottheit mit Gottes Geist weckete die erstorbene Wesenheit des Sulphuris, als den Leib, welcher in Adam war erstorben, in Christi Fleisch wieder auf und setzte das wieder in die Kraft der Majestät Gottes ein, und damit uns alle.

4. Alle diejenigen, welche mit ihrem Glauben und Imagination in Christi Fleisch und Blut in seinen Tod und Ruhe in der Erden eingehen, die grünen alle mit ihrem Geiste und Willen in der göttlichen Wesenheit aus und sind eine schöne Blume in der Majestät Gottes. Und Gott, das ewige Wort und Kraft, will am Jüngsten Tage den erstorbenen Leib, welcher der Erden ist, mit Adam heimgefallen[130], in sich mit seinem Geiste aufwecken. Denn Christi Seele und Fleisch welches

129 beide Aspekte des Schöpferischen
130 im Sündenfall

auch unsere Seele ist – verstehe es recht: das Teil, welches Adam aus der göttlichen Wesenheit empfing – hat Gott geschieden durch und in dem Tode Christi von der irdischen Qual, und hats auferwecket und wieder in die göttliche Wesenheit eingeführet, als es war vor den Zeiten der Welt, und uns in und mit ihm. Und fehlet jetzt bei uns nur an der Einergebung, daß wir uns den Teufel lassen halten, denn unser Tod ist zerbrochen. Unser Schlaf ist ein Leben worden, und solches in Christo und durch Christum in Gott und durch Gott in die Ewigkeit, mit unsern Grund in Ungrund als in die Majestät außer der feuernden Natur.

5. Ach, Blindheit, daß wir uns nicht kennen! O du edler[131] Mensch! Wenn du dich kennetest, wer du bist, wie solltest du dich freuen! Wie solltest du dem finstern Teufel Urlaub[132] geben, welcher Tag und Nacht dahin trachtet, daß er unser Gemüte irdisch mache, daß wir nicht sollen unser rechtes Vaterland, daraus wir sind ausgegangen, erkennen. O elende, verderbte Vernunft, erkennetest du nur ein Fünklein von deiner ersten Herrlichkeit[133], wie solltest du dich danach sehnen! Wie gar holdselig ist doch der Anblick der göttlichen Wesenheit! Wie süße ist das Wasser des ewigen Lebens aus Gottes Majestät! O wertes Licht, hole uns wieder, wir sind jetzt mit Adam in der irdischen Qual eingeschlafen. O Komm, du wertes Wort, und wecke uns in Christo auf! O wertes Licht, bist du doch erschienen, zerbrich nur des Teufels Macht, der uns gefangen hält! Zerbrich des Widerchrists und des Geizes Macht und erlöse uns vom Übel! Wecke uns auf, Herr, denn wir haben lange in des Teufels Netz, in irdischer Qual geschlafen. Laß uns doch noch einst sehen dein Heil; bringe doch hervor das neue Jerusalem! Ists doch Tag, warum sollen wir dann am Tage schlafen? Komm doch, du Durchbrecher des Todes, du gewaltiger Held und Ritter, und zerbrich dem

131 elender? 132 Abschied 133 vor dem Fall

Teufel sein Reich auf Erden! Gib uns, deinem kranken Adam, doch noch einen Labetrunk aus Zion, auf daß wir uns erquikken und in unser rechtes Vaterland heimgehen. Siehe, alle Berge und Hügel mit den Tälern sind voll der Herrlichkeit des Herrn. Er scheußt[134] auf als ein Gewächs, wer will das wehren, Halleluja!

6. Als nun Adam eingeschlafen war, so lag er im Mysterio, als in Gottes Wundern. Was er mit ihm tat, das war getan. Also bewegete der eingebildete Name Jesus abermals das Fiat in zwo Gestalten als in beiden Tinkturen[135] des Feuers und Wassers. Denn dieses erste Bildnis war jetzt dem Namen Jesus im Worte des Lebens heimgefallen, und war jetzt das Wort des Lebens der andere Schöpfer, – verstehe: mit dem eingebildeten Namen Jesus, der da wollte Mensch werden. Der scheidete die zwo Tinkturen voneinander, als die Feuer- und Licht-Tinktur, jedoch nicht ganz in der Kraft, sondern in der Wesenheit. Denn in der Wesenheit der Licht-Tinktur war der Sulphur Veneris[136], der Liebe, in welcher sich Adam sollte und konnte selber schwängern. Die Feuer-Tinktur gab Seele und die Licht-Tinktur Geist, als ein Bildnis nach dem äußern Bildnis. Das Feuer-Leben imaginierte nach dem Licht-Leben und das Licht-Leben nach dem Feuer-Leben als nach der essentialischen Kraft, daraus das Licht scheinet. Dieses war in Adam eins, denn er war Mann und Weib. Und das Wort des Lebens nahm die Veneris Tinktur mit dem himmlischen und irdischen Fiat von Adam[137] und auch eine Rippe aus seiner Seiten von seinem Gebeine, sowohl das halbe Kreuz T im Kopfe, welches der Charakter der Hl. Dreifaltigkeit ist, bezeichnet mit dem Worte des Lebens als mit dem schweren Namen Gottes, welches einen solchen Charakter führet T, bedeutet das Kreuz Christi, daran er den Tod sollte leiden und Adam wieder neugebären und in dem Namen Jesu in Terna-

134 schießt   135 Wirkkräfte   136 Venuskraft   137 vgl. 6,2

rium Sanctum[138] einführen. Dieses alles nahm das Fiat in sich mit allen Essentien menschlicher Eigenschaft, wiewohl auch des Seelenfeuers Eigenschaft, aber in Veneris Tinktur, nicht nach der Macht des Centri; und scheidete sich in die ganze Form des Menschen.

7. Also ward das Weib erbauet mit allen Gliedern der weiblichen Eigenschaften, als sie noch haben, denn der Geist Majoris mundi[139] hatte jetzt das stärkeste Fiat und figurierte das Weib nach solcher Gestalt, als es in der Vermögenheit sein konnte. Denn die englische Form war weg, es mußte nun auf tierische Art geboren sein. Und also ward auch dem Adam, weil er war der irdischen Magiae heimgefallen, tierische Form und Gestalt der männlichen Glieder gegeben. Und war des Adams Gebären dem Fiat gegeben, das machte ein Gleichnis nach ihm, aus ihm. Wäre er himmlisch gesinnet geblieben, so hätte er selber himmlisch geboren. Also tats das irdische Fiat, und war sein äußerer Leib ein Tier, verlor auch himmlischen Witz und Kraft der Allvermögenheit.

8. Also, lieber Leser, sollst du wissen, daß sich der andere Adam Christus nicht vergebens hat lassen kreuzigen und mit einem Speer in seine Seite stechen, noch sein Blut vergebens vergossen. Allhie lieget der Schlüssel: Adam ward in seiner Seiten zerbrochen mit der Rippe zum Weibe. In dieselbe Seite mußte Longini Speer mit Gottes Grimme kommen, denn er war in Adam kommen und aus Marien Irdigkeit auch in die Seite Christi, und mußte das Blut Christi den Grimm ersäufen und von dem ersten Adam wegnehmen. Denn der andere Adam hatte auch himmlisch Blut. Das mußte die irdische Turbam[140] ersäufen, auf daß der erste Adam wieder heil würde.

9. Laßt es euch gesagt sein, ihr Menschenkinder, denn es

---

138 Hl. Dreifaltigkeit   139 der großen Welt
140 Grimm (vgl. Anmerkung 92)

ist in Ternario Sancto erkannt worden und nicht in Meinung oder Wähnen; es kostet euch Seele und Leib. Sehet zu, was ihr tut!

10. Also ist nun angegangen die menschliche Fortpflanzung auf tierische Art. Denn Adam behielt den Limbum[141] und seine Eva die Matricem Veneris[142], denn die Tinkturen waren geschieden. Nun ist jede Tinktur eine ganze Magia als eine begehrende Sucht, in welcher Centrum naturae erboren wird, und solches in Sulphur. So ist alsdann in dem Sulphure wieder die begehrende Magia mit der Tinktur, und mag doch nicht zum Leben kommen, es komme denn des Feuers Tinktur in Veneris Tinktur.[143] Und Veneris Tinktur kann kein Feuer erwecken, sie ist zu schwach. So das denn nicht in sich sein mag, und die beiden Tinkturen begehren gleichwohl auch des Lebens. Jetzt gehet die heftige Imagination des Mannes und Weibes an, daß sich eines begehret mit dem andern zu mischen, denn die Kraft der Essentien will lebendig sein, und die Tinktur treibet dazu und begehret das. Denn die Tinktur ist aus dem ewigen Leben und ist aber mit der Wesenheit eingeschlossen. Also will sie leben, als sie von Ewigkeit getan hat. Und darum sehnet sich der Mann nach des Weibes Matrice und das Weib nach des Mannes Limbo.

11. Das Weib hat eine wässerige Tinktur, und der Mann eine feurige. Der Mann säet Seele, und das Weib Geist, und beide säen Fleisch, als Sulphur. Darum ist Mann und Weib *ein* Leib und machen beide ein Kind, und darum sollen sie beide beieinander bleiben, so sie sich einmal mischen, denn sie sind *ein* Leib worden. Wer sich mit dem andern mischet oder trennet, der zerbricht die Ordnung der Natur, gleichet einem Vieh und besinnet sich nicht, daß in seinem Samen die ewige Tinktur lieget, darin die göttliche Wesenheit verschlos-

141 irdischen Leib   142 Schoß der Venus
143 hier: Geschlechtlichkeit; Verlangen nach Leben

sen liege und dermaleinst im Zorn-Teile wird erwecket werden. Auch ist das ein Werk, das dem Menschen im Schatten nachfolget und seine Qual wird im Gewissen dermaleinst rege gemacht werden. Denn die Tinktur im Samen urständet aus der Ewigkeit, sie ist unvergänglich, sie erscheinet in Geistesgestalt und tritt dem Menschen in seine Magiam, daraus sie der Mensch hat erboren und ausgeschüttet.

12. Merket dies, ihr Huren und Buben, was ihr im Winkel treibet oftmals mit großer Falschheit, das tritt euch ins Gewissen und wird euch ein böser Nagewurm. Die Tinktur ist ein ewig Wesen und wollte gerne in Gottes Liebe sein. So ihr sie aber im Trieb der Sternregion durch Infizierung des Teufels in ein falsch spühlicht[144] Faß, in Greuel und Unordnung eingießet, so wird sie schwerlich Gottes Liebe erreichen, sondern tritt mit der Imagination wieder in den ersten Ort als in euch. Ist sie falsch worden in einem falschen Gefäße, daß sie nicht kann ruhen, so wird sie euch wohl nagen[145] und auch im höllischen Abgrund ins Gewissen treten. Es ist weder Tand noch Scherz; seid nicht so ganz tierisch, denn ein Tier hat seine Tinktur nur bloß von dieser Welt. Ihr aber nicht also; ihr habt sie aus der Ewigkeit. Was ewig ist, stirbet nicht. Ob ihr gleich den Sulphur verderbet, so tritt doch der Willen-Geist im Sulphur mit der edlen Tinktur ins Mysterium und nimmt ein jedes Mysterium das Seine, und soll das Mysterium am Jüngsten Tage, wenn sich der Geist Gottes wird in allen dreien Prinzipien bewegen, offenbar werden. Da werdet ihr eure schönen Werke sehen.

13. Also ist uns hoch erkenntlich die große Barmherzigkeit Gottes über das menschliche Geschlechte, denn Gott wollte dem Menschen also helfen. Sonst wo Gott der tierischen Eigenschaft begehret hätte, so hätte er wohl bald im Anfang ein Männlein und ein Weiblein geschaffen. Er hätte nicht einen

144 unsauberes   145 beunruhigen

allein gemacht mit beiden Tinkturen. Aber Gott erkannte wohl den Fall des Menschen, dazu des Teufels Trug, welcher also mit der Eva zu Spott gemacht ward. Der Teufel dachte, als Adam niederfiel in Schlaf: Nun bin ich Herr und Fürst auf Erden. – Aber des Weibes Samen wehrete ihm das.

14. Uns ist zu erkennen das Aufwachen Adams aus seinem Schlafe. Er schlief ein der himmlischen Welt und wachte auf der irdischen Welt. Der Geist der großen Welt weckte ihn auf. Da sah er das Weib und kannte sie, daß sie sein Fleisch und Bein war, denn die Jungfrau der Weisheit Gottes war noch in ihm. Und er sah sie an und imaginierte in sie, denn sie hatte seine Matricem bekommen, dazu Veneris Tinktur[146], und fing alsobald eine Tinktur mit der Imagination die andere. Darum nahm sie Adam zu sich und sprach: Man wird sie Männin heißen, darum daß sie vom Manne genommen ist. Und ist Eva für keine reine Jungfrau zu erkennen, sowohl alle ihre Töchter. Die Turba hat die Jungfrauschaft zerstöret und die reine Liebe irdisch gemacht. Die irdische Imagination zerstöret die rechte Jungfrauschaft. Denn Gottes Weisheit ist eine reine Jungfrau, in welcher Christus empfangen und in einem rechten jungfräulichen Gefäße Mensch ward, wie hernach soll folgen.

15. Also konnte auch die irdische Jungfrau nicht im Paradeis bleiben, wiewohl sie noch beide im Paradeis waren, hatten auch noch beide paradeisische Qual, aber mit irdischer Sucht gemenget. Sie waren nackend und hatten ihre tierischen Glieder zur Fortpflanzung, und kannten die nicht, schämeten sich auch nicht, denn der Geist der großen Welt hatte noch nicht das Regiment über sie, bis sie von der irdischen Frucht aßen. Da wurden ihnen die Augen aufgetan, denn die himmlische Jungfrau der Weisheit Gottes wich von ihnen. Da wurden sie erst gewahr des Sternen- und Elementenreichs. Da

146 Vgl. 6,10

Gottes Geist auszog, so zog der irdische Geist in der Grimmen-Qual[147] ein. Da kriegte der Teufel einen Zutritt und infizierte sie und führete sie in Grimm und Bosheit, als es noch heute geschieht. Denn der Grimm Gottes aus der ewigen Natur, den der Teufel entzündet und erwecket hatte, steckte im irdischen Centro. Auch mag kein Leben geboren werden, das Centrum werde denn erwecket. Denn das Principium steht im Feuer, darinnen alles Leben stehet, und Centrum naturae hat in seinen Gestalten Grimmigkeit. Darum heißt es: bücke dich und gehe in die Sanftmut ein und laß dem Leben sein Recht. Denn das Leben ist Feuer und des Lebens Bildnis, welches Gottes Gleichnis ist, das ist im Lichte als im Liebe-Feuer, so gibt aber das Licht-Feuer nicht Centrum naturae. Darum denket der Teufel noch, er sei ein größerer Herr als die Kreatur im Liebe-Feuer. Ja, strenger ist er wohl, aber er lebet in der Finsternis und frisset strenge Wesenheit in sich, darum ist er auch ein Feind der Liebe.

16. Uns ist zu erkennen, daß der Teufel schuld daran ist, daß der Mensch in seine Stelle geschaffen ward. Und ist uns zu erkennen, daß er schuld an des Menschen Fall ist, wiewohl Adam und seine Eva, als Gott Adam zertrennt hatte, nicht bestehen konnten. Sie waren wohl im Paradeis und sollten Paradeisfrüchte auf englisch[148] essen, aber sie haben der[149] nicht genossen; denn der Baum der Erkenntnis Gutes und Böses war ihnen lieber, und hat die Eva, sobald die gemacht ward, in den Versuchbaum imaginieret. Und ob ihr gleich Adam das Gebot eröffnet, doch war die Lust nur nach dem Baume, denn die irdischen Essentien waren an Adam und Eva noch nicht offenbar. Sie waren noch gefangen, darum trieben sie also in Lust, denn sie wollten Herr sein. Das geschah durch des Teufels Infizieren, durch seine aszendentische[150] falsche

147 Qualität des Grimms   148 auf engelhafte Weise   149 dergleichen
150 sich erhebende

Imagination. Darum leget er sich in der Schlangen Gestalt an den Baum und lobete der Eva die Frucht, sie machte klug. Jawohl klug, Böses und Gutes zu erkennen, elend genug zweierlei Qual in einer Kreatur zu regieren. Nicht erkannt wäre besser! Er sagte ihr Lügen und Wahrheit untereinander, sie würde klug werden und ihre Augen würden ihr aufgetan werden. Jawohl genug, sie sah bald, daß sie mit der irdischen Qual war dem Geiste dieser Welt heimgefallen, daß sie nakkend war, und erkannte ihre tierischen Glieder, kriegte Därme im Leib und einen stinkenden Madensack[151] voll Jammer und Elende in Angst und Mühe, wie im Buche »De Tribus Principiis«[152] gemeldet worden und wir nun vor Augen sehen, was wir für Paradeis-Engel sein, wie wir uns müssen in Angst, Kummer und Elende gebären und nähren, welches sollte auf eine andere Weise geschehen.

17. Also ist uns genug erkenntlich der Fall Adams und warum er nicht konnte im Paradeis bleiben, was das Paradeis sei gewesen, welches noch auf heute ist. Es träget nun nicht paradeisische Frucht und wir haben nicht paradeisische Qual und Augen. Wir sehen das nicht, denn Gott hat die Erde verflucht um des Menschen willen, daß das Paradeis nicht mehr durch die Erde grünet, denn es ist uns Mysterium worden und ist doch noch immerdar. Und in dasselbe Mysterium scheiden die Seelen der Heiligen, wenn sich der irdische Leib von der Seelen scheidet. Es ist in dieser Welt und ist auch außer dieser Welt, denn dieser Welt Qual berühret das nicht. Die ganze Welt wäre paradeisisch, wenn Adam in der Unschuld blieben wäre. Als aber Gott den Fluch tat, so entwich das Paradeis, denn Gottes Fluchen ist Fliehen. Es ist sein Fliehen, nicht Weichen, sondern in ein ander Principium Einge-

151 sterblichen physischen Leib
152 Jakob Böhme: »Beschreibung der drei Prinzipien göttlichen Wesens«

hen, als in sich selber. Der Geist Gottes gehet von Gott aus in die Wesenheit. Als aber diese Wesenheit irdisch ward und der Teufel darin wohnete, welcher ein Feind Gottes war, so trat der Geist Gottes in sein eigen Principium, als in die Liebe ein und wich aus der Irdigkeit. Allda stehet er nun dem Menschen ins Lebens Licht entgegen. Wer nun in Gottes Liebe begehret einzugehen, der gehet mit seinem Willen-Geist ins Paradeis. Allda grünet das Paradeis wieder in seinem Willen-Geiste und empfähet an sein Bildnis wieder himmlische Wesenheit, in welcher der Hl. Geist regieret.

18. Lasset euch dies ein Perllein sein, ihr Menschenkinder, denn es ist der wahre Grund. Wers suchet und findet, der hat eitel Freude daran. Es ist die Perle, die im Acker lieget, da einer all sein Gut verkaufte und kaufte die Perle, davon Christus saget (Matth. 13,45.46).

19. Also ist uns auch zu erkennen der Cherub, der Adam und Eva aus dem Paradeis trieb, als der strenge Engel; bedeutet den Abscheider des irdischen Lebens vom Paradeis, da sich muß Leib und Seele scheiden.

20. Uns ist zwar erkenntlich, daß Adam und Eva waren von dem Ort, da der Versuchbaum stund, weggetrieben worden, denn es stund Paradeisfrucht da. Die sollten sie nicht mehr sehen noch essen, denn das Himmlische gehöret nicht in das Irdische. Auch wurden die Tiere weggetrieben des bösen Baumes halber, denn der Paradeisfrucht konnten sie sonst nicht genießen. Aber von diesem Baume konnte ein jedes Tier essen, denn er war irdisch. Also mußten sie das Paradeis verlassen, denn Gott hatte sie durch den Geist der großen Welt mit Tieresfellen gekleidet für[153] das himmlische Kleid der Klarheit, und hatte ihnen die Sentenz[154] gesprochen, was ihr Tun und Lassen in dieser Welt sein sollte, was sie nunmehr essen sollten und wie sie sich in Kummer und Elend

153 anstelle   154 den Satz, Befehl

sollten nähren, bis sie gar zur Erden würden, davon sie waren auf einem Teil ausgezogen.

DAS 7. KAPITEL
Vom verheißenen Weibessamen und Schlangentreter

Als nun Adam und Eva also wie Mann und Weib im Paradeis stunden und hatten noch himmlische Qual[155] und Freude, wiewohl vermischet, mochte das der Teufel nicht leiden, denn sein Neid war zu groß, weil er Adam gefället hatte und um seine englische Gestalt gebracht. So sah er jetzt die Eva als das Weib aus Adam und dachte, sie möchten Kinder ins Paradeis zeugen und im Paradeis bleiben: Du willst sie verführen, daß sie von der verbotenen Frucht isset, so wird sie irdisch, so kannst du ihr ins Herz greifen und deine Imagination[156] in sie führen, so kriegst du sie in dein Reich und bleibest noch Fürst im dritten Principio auf Erden; – welches er dann auch tat und sie zu der falschen Frucht beredete, daß sie an (den) Baum griff und einen Apfel abbrach und aß, und gab Adam auch. Und da Adam sah, daß Eva nicht zuhand[157] niederfiel und starb, aß er auch, denn die Lust war in beiden.

2. Dieses ist der Bissen, davon der Himmel und das Paradeis entwich, da der Cherub als der Abschneider[158] mit dem bloß(en) hauenden Schwert vor des Paradeises Tür trat und ließ sie nicht mehr ins Paradeis. Sein Schwert war der Würgengel, das den Menschen nun mit Hitze, Kälte, Krankheit, Not und Tod wohl schneidet und endlich das irdische Leben von der Seelen scheidet.

3. Als dieses Schwert im Tode Christi sollte wieder zerbrochen werden, so erzitterte die Erde und verlor die Sonne ihren Schein; die Felsen zerstoben vor der starken Macht Gottes,

155 Qualität   156 Begierde   157 sofort   158 vgl. 6,19

der also den Tod wieder zerbrach. Also taten sich auf zuhand die Gräber der Heiligen, und gingen ihre Leiber wieder aus dem Tode, denn das Schwert war zerbrochen und der Engel, der des Paradeises hütete, (war) weggetan. Und gingen die Leiber der Heiligen wieder ins Paradeis.

4. Allhie, als Adam und Eva von der irdischen Frucht aßen, fielen sie unter die Mörder, welche sie schlugen und auszogen und halbtot liegen ließen. Ihr Ausgang aus dem Paradeis ist der Gang aus Jerusalem gen Jericho, denn sie gingen aus dem Himmel in diese böse verderbte Welt, in das Sündenhaus, da alsobald in ihrem Gemüte im Centro naturae das Rad der Sinnen anhub zu qualifizieren in irdischer Qual, da je ein Sinn dem andern widerwärtig war, da Neid, Hoffart, Geiz, Zorn und Widerwille genug und mit Haufen quallete. Denn das edele Licht der Liebe war erloschen, welches den grimmen Quall lieblich, freundlich und sanft machete, in welchem der Geist Gottes wirkete und die schöne Jungfrau der Weisheit Gottes ruhete. Sie gingen von der schönen Weisheit aus.

5. Gott hatte Adam in die züchtige Jungfrau seiner Weisheit geschaffen, aber er kriegte eine böse widerwärtige irdische Frau dafür, mit welcher er in tierischer Gestalt leben mußte in eitel Kummer, Angst und Not. Und ward ihm aus seinem schönen Lustgarten, den er in sich hatte, ein widerwärtiger Dorn- und Distelgarten, da er doch etwa der jungfräulichen Frucht suchte. Aber es ging ihm als einem Dieb, der in einem schönen Lustgarten gewesen ist, den zu verwahren, ist aber um Diebstahls willen daraus gestoßen worden und wollte doch gerne derselben Frucht essen, kann aber nicht hinein, sondern gehet von außen herum, langet mit einer Hand hinein nach der Frucht, welche ihm der Gärtner doch aus der Hand reißet, und er muß unmuts davon gehen und kann seine Lust nicht büßen. [159] Also gehets ihm auch mit dem Weibe.

159 befriedigen

6. Als er in Gottes Liebe war und das Weib in ihm eine züchtige Jungfrau war, in Gottes Süßigkeit und Weisheit, so aß er ihre Früchte und konnte sich mit seiner eigenen Liebe in Veneris Matrice[160] gar wohl ergötzen, denn des Feuers Tinktur hat eine große freudenreiche Ergötzung in des Lichts Tinktur. Das hatte er in sich, er war Mann und Weib. Nun muß er von außen um denselben Garten gehen und Veneris Tinktur nur mit einem Gliede anrühren, da denn die inneren Tinkturen im Samen einander empfahen und zu einem Leben arbeiten. Aber der äußere Leib ist dessen nicht wert, daß er sollte des inneren Freudenreichs Inqualierens[161] darinnen das Seelenleben gesäet wird, genießen. Die inneren Essentien genießen das nur, denn sie sind aus dem Ewigen, aber der äußere Tier-Esel verbringet nur eine tierische Sucht. Er weiß nicht von der Freude der Essentien, als wenn eine Tinktur in die andere kommt, was allda geschieht, da doch ja etwas vom Paradeis ist. Aber die irdische Essenz mischet sich bald mit ein und ist nur als ein freudenreicher Anblick, da der Wille zum Leben erboren wird, welcher hernach forttreibet und sich mit Sulphur schwängert, bis er mag das Principium erreichen und im Centro Feuer aufschlagen, da es denn ein recht Leben ist und wieder eine Seele erboren ist.

7. Als nun das schöne Bild also von Gottes Liebe wich, so erkannte sichs, daß es war in andere Qual gekommen. Da ging an Furcht und Schrecken vor Gottes Grimm. Denn er hub in ihnen an zu qualifizieren; (sie) sahen einander an und wurden gewahr ihrer tierischen Gestalt und daß sie nackend waren. Da wird der Teufel getanzet haben und Gottes gespottet, denn sie fürchteten sich und krochen hinter die Bäume; und nahmen Blätter von Feigenbäumen, flochten die und hielten sie vor ihre Scham, denn die himmlische Jungfrau war weg. Sie erkannten den Fall und schämeten sich; das ist: die

160 Schoß der Venus   161 Einwirkens

Seele, welche aus dem Ewigen ist, schämete sich vor der tierischen Art, als es noch heute geschieht, daß wir uns der tierischen Glieder schämen. Und daher kommts, daß sich das Weib mit einem weißen Tuche vor ihrer Scham bekleidet, daß der Seelengeist, welcher aus den Augen blicket, nicht turbieret[162] wird, denn er kennet Veneris Matricem, welcher auch alsobald ein Männlein davon anhebet zu imaginieren, welches, so sich das Weib schwarz bekleidete und ihre Augen verdeckte, nicht leichtlich geschähe als nur durch Einbildung. Aber also fangen[163] die beiden Tinkturen des Mannes und Weibes einander alsobald in die Augen, da der Geist blicket.

8. Als nun Adam und Eva also im Schrecken stunden vor dem Zorn Gottes, rief Gott dem Adam und sprach: Adam, wo bist du? Und er sprach: Hier bin ich, ich fürchte mich, denn ich bin nackend. – Und er sprach: Wer hat dirs gesagt, daß du nackend bist? Hast du nicht von dem Baum gegessen, den ich dir verbot? – Und er sprach: Das Weib gab mir und ich aß. – Und er sprach zum Weibe: Warum tatest du das? – Sie sprach: Die Schlange betrog mich, daß ich aß.

9. Hier verstehen wir die große Liebe Gottes, daß Gott dem Adam wieder rief, daß er sich sollte erkennen, suchen und finden und wieder zu Gott kehren. Denn Adam war in Gott gewesen, war aber ausgangen aus Gottes Liebe aus dem andern Principio, aus dem heiligen Paradeis Gottes in das äußere irdische Reich dieser Welt der Sternen und Elementen ins dritte Principium. Darum sprach Gott: Wo bist du Adam? Siehest du nicht, daß du nicht mehr im Himmel bist? – Er wandte an seinem Teil sein freundlich Angesichte wieder in Adam, verstehe: in das Teil, das er hatte aus der himmlischen Wesenheit empfangen, und blickte das mit seinem Geiste wieder an und sprach zu der Schlangen, zu dem alten Teufel: Weil du das getan hast, verfluchet seist du! – Und zu der krea-

162 verwirrt   163 fallen

türlichen Schlangen, welche nun mußte eine Kreatur sein (denn der Teufel hatte sich in Schlangengestalt verwandelt, darum mußte die Schlange auch bleiben): Du sollst auf dem Bauche gehen und Erden essen. – Weil sie hat den Menschen verführet, daß er war irdisch worden, so sollte auch des Teufels Bild irdisch sein und grimmige irdische Qual, als Gift fressen, das sollte nun ihre Qual sein.

10. Und ist uns allhier zu erkennen, daß ihm habe der Teufel der Schlangen Bildnis von dem Gestirne und Elementen figurieret durch seine Imagination, denn er hatte große Gewalt, bis ihn der Herr ganz verfluchte und den teuren Namen Jesus zum Scheideziel setzte. Da lag seine große Macht, denn er sprach zu Adam und Eva: Des Weibes Samen soll der Schlange den Kopf zertreten und du, als die Schlange, wirst ihm in die Fersen stechen (Gen. 3,15), das ist: in Gottes Grimm wirst du den töten. Aber er wird aus dem Tode ausgrünen und dir den Kopf zertreten, das ist: deine Macht nehmen und den Grimm mit Liebe überwinden. Und allhie an diesem Orte hat sich das Wort der Verheißung vom Weibessamen, das ist gewesen der hochteure Name Jesus, mit seinem Charakter ins Lebenslicht eingebildet und in demselben Charakter die hochteure Jungfrau der Weisheit Gottes, in welcher sollte Christus als der Zerbrecher des Todes ein wahrer Mensch werden und dem Tode seine Macht nehmen und dem Teufel seinen Stachel zerbrechen, der da sollte die Kelter des Grimmes und Zorns treten und in den Zorn als ins Zentrum des Feuers eingehen und das Feuer mit seinem himmlischen Blute und mit dem Wasser der Sanftmut aus dem Brunnquell des Geistes Gottes löschen.

11. Und wisset gewiß, daß so sich nicht hätte das Wort der Verheißung ins Lebenslicht eingebildet, als Adam und Eva in die irdische Qual einfielen, so wäre der Seelengeist ein grimmiger Teufel worden und der Leib ein böses Tier, als er noch wohl ist. So das elementische Wasser dem Grimme nicht die

Pracht legete[164], sollte man wohl sehen, wie mancher ein rei-ßender Teufel wäre.

12. Also ist uns jetzt zu betrachten, daß die Welt vor Christi Menschwerdung ist in diesem eingebildeten Worte und Namen Jesu selig worden. Welche ihren Willen haben in Gott gerichtet, die haben das Wort der Verheißung empfangen, denn die Seele ward darein eingenommen, denn des Moses ganzes Gesetze vom Opfer ist durchaus nichts anderes als ein Vorbild der Menschheit Christi. Was Christus in seiner Menschheit tat mit seinem Opfer, indem er mit seinem Blute und mit seiner Liebe den Zorn Gottes ersäufte, das tat Moses mit seinem Opfer und Tierblut. Denn das Wort der Verheißung war im Bunde und Gott stellte ihm[165] dieweil eine Figur vor und ließ sich im Bunde mit einem Gleichnisse versöhnen, denn der Name Jesus war im Bunde. Der versöhnete durch die Imagination den Zorn und Grimm des Vaters Natur. Die Juden verstunden das wohl nicht, aber der Bund verstund das wohl, denn der tierische Mensch war das nicht wert, daß er sollte wissen, bis daß Christus geboren ward. So ging der Schall aus, welcher doch nach kurzer Zeit wieder mit dem Antichrist in Babel verdeckt ward, denn der tierische Mensch der Bosheit ist des teuren Namen Jesu nicht wert. Er gehöret auch nicht dem tierischen Teil, sondern dem göttlichen Teil. Das Tier soll in der wilden Erden bleiben und am Jüngsten Tage durchs Feuer Gottes verzehret werden. Aber das himmlische Teil soll in die göttliche Kraft eingeführet werden. Darum ist es ein Ekel vor Gott, daß der Mensch mit dem Tier also stolzierete.[166] Das Tier ist nicht das Bildnis, wie auch Moses Opfer nicht die Versöhnung war, sondern der Bund der Gnaden und das Wort des Lebens im Bunde.

13. Die Beschneidung der Juden, indem sie nur die Knaben mußten beschneiden, hielt dies Recht in sich wie folget:

164 den Grimm brechen   165 sich   166 sich dem Tier anglich

Adam war der einige Mensch, den Gott schuf, und in ihm war Gottes Bildnis. Die Eva als sein Weib wollte Gott nicht schaffen, sie sollte nur aus einem geboren werden. Weil er aber fiel und daß ihm Gott mußte das Weib machen, so kam der Bund wieder mit der Verheißung überein, daß sie sollten aus einem alle wieder anders und neugeboren werden, als aus dem andern Adam, nicht aus der Frauen Maria, sondern aus Christo, dem himmlischen Adam. Denn des ersten Mannes als Adams erstes Blut, welches er aus Gottes Wesenheit empfing, soll gelten und nicht des Weibes irdisches Blut, in dem Adam irdisch war und ihm mußte ein Weib erdacht werden. Also ward auch nur die männliche Art beschnitten, und eben an dem Gliede, welches vor Gott ein Ekel ist und ein Schämen der Seelen, denn die Schwängerung sollte nicht viehisch sein. Darum war die Beschneidung ein Zeichen und Vorbild, daß dieses Glied wieder vom Menschen abgeschnitten werden und nicht mit in der Ewigkeit erscheinen sollte. Und mußte Christus Mannesgestalt an sich nehmen, da er doch von innen in einem jungfräulichen Bilde stund, daß der Fürsatz Gottes bestünde. Denn des Mannes, als des Feuers Eigenschaft, soll regieren; und des Weibes, als die Lichtes Eigenschaft, soll sein Feuer sänftigen und in das sanfte Bildnis Gottes bringen.

14. Des Weibes Blut hätte den Zorn Gottes nicht versöhnet. Es mußte es nur des Mannes Blut tun, denn das Weib gehöret in (den) Mann und wird im Reiche Gottes eine männliche Jungfrau sein als Adam war, kein Weib. Das Weib wird in des Mannes Bunde selig, denn der Bund ward um des Mannes, als um der männlichen Jungfrau willen gemacht, daß die wieder versöhnet würde. Darum sagt Paulus: Das Weib wird durch Kinderzeugen selig, so sie bleibet im Glauben und in der Liebe und in der Heiligung samt der Zucht (I. Tim. 2,15). Und nicht allein das, sondern auch in des Mannes Bunde, denn sie ist ein Teil aus Adam. Darum soll ein jedes Weib

unter dem Mann sein, und er soll Herr sein. Gott gibt auch dem Manne die jungfräuliche Weisheit. Er soll das Weib regieren, nicht als ein Tyrann, sondern als sein eigen Leben. Er soll sein Weib lieben als seinen eigenen Leib, denn sie ist sein Fleisch und Leib, ein Bild aus ihm, sein Gehilfe, sein Rosengarten. Obwohl irdisch und schwach, soll er doch wissen, daß er selber Ursache daran ist und mit ihr Geduld tragen, auch seinem Grimme nicht Gewalt lassen, sie zu verderben.

15. Auch soll das Weib wissen, daß sie in des Mannes Bunde und Blute selig wird, und daß sie Adams und des Mannes Rippe und Tinktur ist, und dem Mann eigen. Sie soll demütig sein, als ein Glied dem Leibe dienet. Also soll das Weib dem Manne dienen und ihn lieben als sich selber. Ihre Liebe soll in ihn geworfen sein, denn also erlanget sie die himmlische Jungfrau mit göttlichem Witze[167] und den Geist des Bundes.

16. Aber den ledigen Jungfrauen und Mannen ohne Frauen wird gesagt, sowohl den Witwen, daß sie den Bund Christi zum Gemahl haben. Vor dem sollen sie züchtig und demütig sein. Denn Christus ist des Mannes Braut, seine züchtige Jungfrau, die Adam verlor; und ist auch der ledigen Jungfrauen und Witwen ihr Bräutigam. Denn seine Mannheit ist ihre Mannheit, daß sie also vor Gott als eine männliche Jungfrau erscheinen. Denn unser Bildnis wird jetzt im Willen und Glauben geboren. Wo nun unser Herz und Wille ist, allda ist auch unser Schatz und Bildnis.

17. Darum hütet euch vor Hurerei und falscher Liebe, denn das rechte Bildnis wird damit zerstöret. Die Hurerei ist das größeste Laster, das der Mensch in sich selber wirket. Die andern Sünden gehen außer ihm in eine Figur. Die Hure aber bleibet in ihm stehen, denn er wirket ein falsches Bildnis, in welchem nicht Gottes Jungfrau erkannt wird, sondern eine

167 Klugheit

tierische. Laß dir es gesagt sein, Mensch: Es stecket ein solches großes Greuel dahinter, davor sich der Himmel entsetzet mit seiner Imagination. Er gehet nicht leichtlich in die tierische Imagination; darum werden auch also viel Tiermenschen geboren, so hinten[168] erkläret werden mag.

DAS 8. KAPITEL
Von der Jungfrauen Maria und der Menschwerdung Jesu Christi

Viele haben sich unterwunden[169], von der Jungfrauen Maria zu schreiben; und sie vermeinet[170] keine irdische Tochter zu sein. Ihnen ist zwar ein Glast[171] von der ewigen Jungfrauschaft fürgestellet worden, aber des rechten Ziels haben sie noch gemangelt. Denn etliche haben schlechts[172] vermeinet, sie sei nicht Joachims und Annas Tochter, indem Christus des Weibes Samen genannt wird und auch ist. Er auch selbst bezeuget, er sei von oben herab, er sei vom Himmel kommen, so müsse er auch ja von einer ganz himmlischen Jungfrauen geboren sein. Aber das würde uns armen Evaskindern wenig frommen, die wir irdisch worden sind und tragen unsere Seelen in einem irdischen Gefäße. Wo bliebe unsere arme Seele, wenn sie nicht hätte das Wort des ewigen Lebens in sich genommen? So Christus hätte eine Seele vom Himmel bracht, wo bliebe unsere Seele und der Bund mit Adam und Eva, daß des Weibes Samen sollte der Schlangen den Kopf zertreten? Hätte Christus wollen ganz vom Himmel kommen und geboren sein, so hätte er nicht dürfen auf Erden Mensch geboren werden. Wo bliebe aber der Bund, indem sich der Name Jesus der Verheißung ins Lebenslicht als in der Seelen Tinktur al-

168 weiter unten   169 versucht   170 scheint
171 Abglanz   172 einfach

sobald im Paradeis, da Adam fiel, einlebete, ja ehe denn Adam geschaffen war, wie Petrus sagte (I. Petr. 1,20): Wir sind in Christo versehen, ehe der Welt Grund geleget ward. – Denn Gott erkannte in seiner Weisheit den Fall[173]; darum leibete sich allda alsobald der Name Jesus in dem Worte des Lebens mit der Jungfrau der Weisheit umgeben in Adams Bildnis in dem Kreuz ein. Denn auch die Seele in eine Kreuzgeburt; wenn sich dann das Seelenfeuer anzündet, so machets im Blitze ein Kreuz, das ist ein Auge mit einem Kreuz mit drei Prinzipien mit dem Charakter der Hl. Dreifaltigkeit, wie im dritten Buche »Vom dreifachen Leben« ausgeführet worden und im vierten Teil über die »Vierzig Fragen von der Seelen« noch mehr.[174]

2. Uns ist zu verstehen, daß Maria, in der Christus Mensch ward, wahrhaftig Joachims und Annas Tochter sei gewesen nach dem äußern Fleische und aus Joachim und Annas Samen sei erzeuget worden nach dem äußern Menschen. Aber nach dem Willen ist sie des Bundes der Verheißung Tochter gewesen, denn sie war das Ziel, da der Bund hinweiset: In ihr stund das Zentrum im Bunde, und darum ward sie vom Hl. Geiste im Bunde hoch erkannt und hoch gebenedeiet vor und unter allen Weibern von Eva her, denn der Bund eröffnete sich in ihr.

3. Ihr sollet uns recht teuer und hoch[175] verstehen: Das Wort mit der Verheißung, welches bei den Juden im Vorbilde stund als in einem Spiegel, darein Gott, der zornige Vater, imaginiert und seinen Zorn damit löschete, das bewegte sich jetzt auf essentialische Art, welches von Ewigkeit nie geschehen war. Denn als ihr Gabriel, der Fürst, die Botschaft brachte, daß sie sollte schwanger werden, und sie darein willigte und sagte: Mir geschehe, wie du gesagt hast, – so hat

173 Sündenfall des Menschen
174 Zwei Schriften Jakob Böhmes   175 genau

sich das Zentrum der Hl. Dreifaltigkeit beweget und den Bund eröffnet; das ist: die ewige Jungfrauschaft, welche Adam verlor, in ihr im Worte des Lebens eröffnet, denn die Jungfrau der Weisheit Gottes umgab das Wort des Lebens als das Zentrum der Hl. Dreifaltigkeit, – also ward das Centrum beweget; und schlug der himmlische Vulcanus das Feuer der Liebe auf, daß das Principium der Liebe Flammen erboren ward.

4. Verstehe das recht: In Mariä Essenz, in der jungfräulichen Essenz, welche in Adam verdorben, daraus er sollte ein jungfräulich Bild nach Gottes Weisheit gebären, ward das göttliche Feuer aufgeschlagen und das Principium der Liebe angezündet. Du mußt verstehen: In dem Samen Mariä, da sie des Seelengeistes als Veneris Tinktur schwanger ward; denn in Veneris Tinktur als in der Liebe Quall ward Adams erstes Feuer im Wort des Lebens aufgeschlagen, und waren in dem Kinde Jesu beide Tinkturen vollkommen wie Adam. Und das Wort des Lebens im Bunde, verstehe: die Hl. Dreifaltigkeit, war das Centrum; und das Principium erschien ins Vaters Teil. Christus ward in Gott und auch in Marien Mensch, in allen drei Prinzipien, denn auch zugleich hiemit in der irdischen Welt. Er nahm Knechtsgestalt an sich, daß er des Todes und des Teufels mächtig würde, denn er sollte ein Fürst in dem Loco[176] dieser Welt, in dem englischen Fürstenthrone sein, auf dem Stuhl und in der Gewalt des gewesenen Engels und Fürsten Luzifer, über alle drei Principia. Sollte er nun (1) ein Herr über die äußere Welt sein, so mußte er auch in der äußern Welt wohnen und ihre Essenz und Eigenschaft haben. Desgleichen (2) sollte er Gottes Sohn sein, so mußte er auch aus Gott geboren sein. Sollte er (3) des Vaters Zorn löschen, so mußte er ja auch im Vater sein. Sollte er (4) des Menschen Sohn sein, so mußte er ja auch aus des Menschen Essenz und

176 Ort

Wesen sein und mußte eine menschliche Seele und Leib haben, als wir alle haben.

5. Uns ist erkenntlich, daß Maria, seine Mutter, sowohl Christus aus seiner Mutter, sind beide menschlicher Essenz gewesen mit Leib, Seele und Geist, und daß Christus hat eine Seele aus Mariä Essenz empfangen, aber ohne männlichen Samen. Allein das große Geheimnis Gottes ward allda eröffnet. Der erste Mensch mit seiner Verborgenheit, der in Tod fiel, der ward allhie wieder lebendig geboren, verstehet: in Gottes Principia. Denn die Gottheit bewegte sich in dieser Sachen halber und schlug auf das Feuer ins Vaters Principio. Also ward der erstorbene Sulphur, welcher in Adam gestorben war, wieder lebendig, denn das Wort hatte himmlische Wesenheit an sich und eröffnete sich in himmlischer Wesenheit im jungfräulichen Bilde der Gottheit. Dies ist die reine züchtige Jungfrau, darin das Wort des Lebens Mensch ward; und also ward die äußere Maria mit der hochgebenedeiten himmlischen Jungfrauen gezieret und gebenedeiet unter allen Weibern dieser Welt. In ihr ward das Verstorbene und Verschlossene der Menschheit wieder lebendig. Und also ward sie hoch gradieret[177], gleich den ersten Menschen vor dem Fall, und ward eine Mutter des Thronfürsten. Nicht aus ihrem Vermögen kam das, sondern aus Gottes Vermögen. Hätte sich nicht das Centrum Gottes in ihr beweget, sie wäre nichts anders als alle Evastöchter. Aber das Wort des Lebens hatte an diesem Ort das Ziel gestecket mit dem Bunde der Verheißung. Darum ist sie die Gebenedeiete unter allen Weibern und vor allen Evaskindern. Nicht daß sie eine Göttin sei, die man für Gott ehren soll, denn sie ist nicht das Ziel. Und sie sprach auch: Wie soll das zugehen, sintemal ich von keinem Manne weiß? – Sondern das Wort des Lebens ins Vaters Centro, das sich mit der Bewegung der Gottheit in die Menschheit

177 eingestuft

eingab und in menschlicher Essenz eröffnete, ist das Ziel. Das ist der Zweck, da wir hinlaufen sollen in die Wiedergeburt.

6. Dieses ist ein größeres Wunder als in dem ersten Adam, denn der erste Adam ward aus drei Prinzipien erschaffen, und ward ihm sein Geist mit Gottes Geist eingeführet, und durfte sich das Herze Gottes nicht sonderlich bewegen, denn es bewegte sich nur Gottes Geist aus Gottes Herze. Jetzt bewegte sich das Centrum oder Herz Gottes, das von Ewigkeit geruhet hatte, und ward das göttliche Feuer aufgeschlagen und angezündet oder erwecket, wie mans setzen möchte.

Die teure Porte

7. Also sollen wir die Menschwerdung Christi des Sohnes Gottes recht verstehen: Er ist nicht allein in der Jungfrauen Maria Mensch worden, daß seine Gottheit oder göttliche Wesenheit allda eingesperret säße oder steckte. Nein Mensch, es hat eine andere Gestalt. Laß dich die Vernunft nicht narren, wir erkennen ein anders. So wenig als Gott allein an einem Orte wohnet, sondern er ist die Fülle aller Dinge, so wenig hat Gott sich auch nur in einem Stücklein beweget, denn Gott ist nicht abteilig[178], sondern überall ganz. Wo er sich offenbaret, da ist er ganz offenbar. So ist er auch nicht meßlich; ihm ist keine Stätte erfunden, er machte ihm denn selber eine Stätte in einer Kreatur. So ist er doch ganz neben der Kreatur und außer der Kreatur.

8. Da sich das Wort bewegte zur Eröffnung des Lebens, so eröffnete sich es in der göttlichen Wesenheit als im Wasser des ewigen Lebens. Es ging ein und ward Sulphur, das ist: Fleisch und Blut. Es machte himmlische Tinktur, welche die Gottheit umschleußt und erfüllet, darin die Weisheit Gottes

178 nicht partiell

ewig stehet mit der göttlichen Magia. Verstehe es recht: die Gottheit hat gelüstert, Fleisch und Blut zu werden, wiewohl die reine klare Gottheit Geist bleibt, noch ist sie des Fleisches Geist und Leben worden und wirket im Fleische, daß wir können sagen, wenn wir mit unserer Imagination in Gott eingehen und uns gänzlich darein ergeben, wir gehen in Gottes Fleisch und Blut ein und leben in Gott, denn das Wort ist Mensch worden und Gott ist das Wort.

9. Nicht heben wir also Christi Kreatur[179] auf, daß er nicht sollte eine Kreatur sein. Wir geben euch ein Gleichnis mit der Sonnen und ihrem Schein und setzen also: Wir vergleichen die Sonne der Kreatur Christi im Gleichnis, das ist ja ein corpus, und vergleichen die ganze Tiefe dieser Welt dem ewigen Worte im Vater. Nun sehen wir doch, daß die Sonne in der ganzen Tiefe leuchtet und gibt ihr Wärme und Kraft. Nun können wir aber nicht sagen, daß in der Tiefe außer des corporis der Sonnen nicht auch der Sonnen Kraft und Glanz sei. Wenn sie nicht wäre, so finge sie auch nicht der Sonnen Kraft und Glanz. Es fänget nur eine Kraft und Glanz die andere. Die Tiefe ist mit ihrem Glanze verborgen. So Gott wollte, so wäre die ganze Tiefe ein eitel Sonne. Es wäre nur um die Anzündung, daß das Wasser verschlungen würde, daß das Wasser zu einem Geiste würde, so schiene überall der Sonnen Glanz. So sich aber des Feuers Centrum wollte entzünden, wie in der Sonnen Loco.

10. Wisset auch dieses: Wir verstehen, daß Gottes Herz von Ewigkeit geruhet hat. Aber mit der Bewegung und Eingehung in die Wesenheit ists an allen Orten offenbar worden, wiewohl doch in Gott kein Ort noch Ziel ist als nur bloß in der Kreatur Christi. Allda hat sich die ganze Hl. Dreifaltigkeit in einer Kreatur offenbaret und also durch die Kreatur auch durch den ganzen Himmel. Er ist hingangen und hat uns die

179 Menschlichkeit

Stätte bereitet, da wir sollen von seinem Licht sehen und in seiner Wesenheit wohnen und von seiner göttlichen Wesenheit essen. Seine Wesenheit erfüllet den Himmel und Paradeis. Sind wir doch anfänglich aus Gottes Wesenheit gemacht worden, warum wir nicht auch drin stehen? Gleich wie die Luft und das Wasser diese Welt erfüllet und wir derselben alle genießen, also ist im Verborgenen die göttliche Wesenheit, der wir genießen, so wir mit Ernst imaginieren[180] und mit dem Willen uns darein ergeben. Das ist nun Christi Fleisch und Blut in der göttlichen Kraft, denn der Kreatur Christi ihr Fleisch und Blut stehet darinnen und ist ein Wesen, eine Kraft, ein Geist, ein Gott, eine Fülle, ganz ungetrennet von keinem Orte, aber in seinem Principio. Es sollte wohl ein Sau-Mensch sagen: Ei, wie wollen wir ihn zerfressen! – O du Esel, komm vor ehe[181] dahin, daß du ihn auch erreichest, denn du wirst ihn nicht mit dem äußern Munde fressen. Er ist ein Principium tiefer, und ist doch der äußere. Er ist in der Jungfrau Maria und auch nach seiner Geburt in dieser Welt gewesen, wird auch am Jüngsten Tage in allen dreien Prinzipien vor allen Menschen und Teufeln erscheinen.

11. Er hat wahrlich irdische Qual an sich genommen. Aber in seinem Tode, als er den Tod überwand, verschlang die göttliche Qual die irdische und nahm ihr das Regiment; nicht dergestalt, daß Christus hätte etwas abgelegt, sondern die äußere Qual ward überwunden und gleich als verschlungen. Und was er nun lebet, das lebet er in Gott. Also sollte Adam auch sein, und bestund nicht. Also mußte das Wort Mensch geboren werden und sich in die Wesenheit eingeben, auf daß wir Kraft empfingen, daß wir könnten in Gott leben.

12. Also hat Christus herwiedergebracht, was Adam verlor, und noch viel mehr; denn das Wort ist allenthalben Mensch worden. Verstehe: es ist allenthalben eröffnet in der

180 streben   181 komm erst einmal

göttlichen Wesenheit, darinnen unsere ewige Menschheit stehet; denn im selben leiblichen Wesen sollen wir in Ewigkeit stehen, darinnen die Jungfrau Gottes stehet. Wir müssen Gottes Jungfrau anziehen, denn Christus hat sie angezogen. Er ist in der ewigen Jungfrau und auch in der irdischen Jungfrauen Mensch worden, wiewohl die irdische keine rechte Jungfrau war. Aber die himmlische, göttliche machte sie in der Benedeiung, das ist: in des Wortes und Bundes Eröffnung, zu einer Jungfrauen, denn das Teil in Maria, das ihr von Adam war aus der himmlischen Wesenheit angeerbet, das Adam irdisch machte, das ward gebenedeiet. Also starb nur das Irdische an ihr; das andere lebte ewiglich und ward wieder zur keuschen und züchtigen Jungfrauen, nicht im Tode, sondern in der Benedeiung. Als sich Gott in ihr eröffnete, da zog sie die schöne Jungfrau Gottes an und ward eine männliche Jungfrau am himmlischen Teil.

13. Also ward Christus aus einer rechten, reinen, züchtigen himmlischen Jungfrauen geboren, denn sie empfing in der Benedeiung den Limbum[182] Gottes in ihre Matricem[183], in ihren Samen, wohl nichts Fremdes, allein der Limbus Gottes eröffnete sich in ihr in Gottes Kraft. Der in Adam war erstorben, der ward mit Gottes Bewegung lebendig, und ging Gottes Essenz im Worte des Lebens in ihren Limbum ein. Und darinnen ward der Seelen Centrum eröffnet, daß Maria einer Seelen schwanger ward und auch eines Geistes, beides himmlisch und irdisch. Und das war ein recht Bild Gottes, ein Gleichnis nach und aus der Hl. Dreizahl aus allen dreien Prinzipien.

182 Same und Leib   183 Schoß

Von Marien Jungfrauschaft; was sie vor der Benedeiung
sei gewesen und was sie in der Benedeiung sei worden

Uns armen Evaskindern ist dieses gar hoch not zu wissen,
denn es liegt unser ewiges Heil darinnen, denn es ist die Porte
Emanuelis und stehet der ganze christliche Glaube darinne
und ist die Porte des großen Geheimnisses, denn allhie liegt
des Menschen Heimlichkeit verschlossen, indem er Gottes
Gleichnis und Bild ist.

2. Denn unsere ganze Religion stehet in dreien Stücken,
die wir treiben und lehren, als erstlich von der Schöpfung,
was Essenz, Wesen und Eigenschaft der Mensch sei, ob er
ewig oder nicht ewig sei und wie das möglich sei; was eigentlich der menschliche Urstand sei, von wannen er im Anfang
sei herkommen?

3. Und dann zum andern, weil soviel von seinem Fall geredet und gelehret wird, wir auch sehen, daß wir um des Falls
willen sterblich sind, auch der Bosheit und Grimmen-Qual[184]
unterworfen, was doch eigentlich sein Fall sei gewesen.

4. Und dann zum dritten, weil uns Gott wieder will zu
Gnaden nehmen, um welches willen er auch hat Gesetze und
Lehre gegeben und die mit großen Wundertaten bestätiget;
was doch eigentlich die neue Wiedergeburt sei, dieweil wir
sehen, daß wir sterben müssen; in welcher Gewalt und Geiste
wir können wieder neugeboren werden und vom Tode aufstehen.

5. Dieses alles finden wir nun in diesen zweien Bildern für-
gemalet als in der ewigen, heiligen und auch in der irdischen,
zerbrechlichen Jungfrauschaft; und finden die neue Wiedergeburt in dem Bilde Christi ganz hell und klar. Denn in der
ewigen Jungfrauschaft als in Gottes Wesenheit, da das Bildnis

184 Qualität des Zorns

und das Gleichnis Gottes ist als in einem Spiegel von Ewigkeit gesehen und vom Geiste Gottes erkannt worden, ward Adam der erste Mensch erschaffen. Er hatte die Jungfrauschaft zum Eigentum als der rechten Liebe-Tinktur im Licht, welche begehrend ist des Feuers Tinktur als der Essentien Eigenschaft, daß sie möge ein brennend Leben in Kraft und Herrlichkeit sein; und möge in des Feuers Essenz eine Gebärerin sein, welches in des Lichts Essenz ohne das Feuer nicht mag sein.

6. Und erkennen also eine Jungfrauschaft in Gottes Weisheit im begehrenden Willen des göttlichen Wesens von Ewigkeit; nicht eine Frau, die gebäre, sondern eine Figur im Spiegel der Weisheit Gottes, ein reines züchtiges Bildnis ohne Wesen und doch in der Essenz, aber nicht in des Feuers Essenz offenbar, sondern in des Lichts Qual.

7. Dasselbe Bildnis hat Gott in ein Wesen geschaffen, und solches aus allen drei Prinzipien, daß es sei ein Gleichnis nach der Gottheit und Ewigkeit als ein ganzer Spiegel des Grundes und Ungrundes, des Geistes und auch des Wesens; und ward aus dem Ewigen geschaffen, nicht zur Zerbrechlichkeit. Weil aber das Irdische und Zerbrechliche am Ewigen hing, hat sich die irdische Lust in die ewige himmlische eingeführet und die himmlische Eigenschaft infizieret; denn sie wollte in der ewigen wohnen, und war doch im Grimm Gottes verderbet.

8. Also verderbte die irdische Qual die himmlische und ward der himmlischen Turba[185] als solches an Erde und Steinen zu erkennen, welche zwar aus dem Ewigen ihren Urstand haben, sind aber im Grimme und in des Feuers Qual verdorben; und hat das Fiat Erde und Steine aus der ewigen Wesenheit gemachet, um welches willen ein Scheidetag ist bestimmt, da ein jedes Ding soll wieder in seinen Aether[186] gehen und durchs Feuer bewähret werden.

9. Also auch der Mensch: Er war in der Jungfrauschaft in

185 Prinzip des Grimms   186 Urstand

Gottes Weisheit erschaffen, ward aber vom Grimm und Zorn Gottes ergriffen, darum war er auch alsobald verderbet und irdisch. Und als die Erde vergehet und im Feuer muß bewähret werden und wiederum in das gehen als sie war, also auch der Mensch. Er soll wieder in die Jungfrauschaft eingehen, darin er geschaffen ward. So aber das dem Mensch nicht möglich war, daß er vom grimmen Tode aufstünde und in eine neue Geburt einging – denn seine Jungfrauschaft war mit in Tod geschlossen, um welches willen Gott dem Menschen ein Weib aus ihm machte, – so mußte sich die Gottheit bewegen und das Eingeschlossene wieder eröffnen und lebendig machen.

10. Und das geschah in Marien, der verschlossenen Jungfrauen, verstehe: in der Jungfrauschaft, welche Adam aus Gottes Weisheit anerbete[187], nicht aus dem irdischen Teil des dritten Principii, welches war in den irdischen Tod im Zorn Gottes mit der irdischen Imagination und Eingebung eingeschlossen worden und war als (ob) es tot wäre, wie denn die Erde auch als tot erschien. Darum hat sich das Herze Gottes beweget, den Tod am Kreuz zerbrochen und das Leben wieder erboren.

11. Und ist uns die Geburt und Menschwerdung Christi ein kräftig Wesen, daß sich das ganze ungründliche Herze Gottes hat beweget, und ist also hiemit die himmlische Wesenheit, welche in Tod geschlossen war, wieder lebendig worden, daß wir können jetzt mit Grunde sagen: Gott hat seinem Zorn selber widerstanden, indem er sich mit seines Herzens Centro, welches die Ewigkeit ohne Grund und Ziel erfüllet hat, wieder eröffnet und dem Tode seine Gewalt genommen und dem Grimm und Zorn seinen Stachel zerbrochen, sintemal sich die Liebe und Sanftmut im Zorn eröffnet und des Feuers Gewalt gelöschet hat.

187 ererbte

12. Und noch vielmehr ist uns Menschen das eine große Freude, daß sich Gott in unserer toten und erstorbenen Jungfrauschaft hat eröffnet und alsofort durch alles. Daß sich aber das Wort oder die Kraft des Lebens Gottes wieder in die Menschheit als in die verstorbene und gleich als wie verlassene Jungfrauschaft hat eingegeben und das jungfräuliche Leben wieder eröffnet. Des freuen wir uns und gehen mit unserer Imagination ins Centrum, als da sich Gott in der Menschheit hat eröffnet, als in die Menschwerdung seines Sohnes ein, und werden also in unserer Imagination, welche wir in seine Menschwerdung einführen, seines eröffneten Worts und Kraft der himmlischen, göttlichen Wesenheit schwanger, zwar nichts Fremdes, aber doch gegen der[188] Irdigkeit fremde. Das Wort hat sich allenthalben eröffnet, auch in jedes Menschen Lebenslicht; und fehlet nur daran, daß sich der Seelengeist darein ergebe, so zeucht er die ewige Jungfrauschaft wieder an, nicht als ein Kleid, sondern aus seiner eigenen Essenz. In ihm wird Gott geboren, denn Maria ward mit allen Evastöchtern irdisch geboren, aber der Bund der Liebe Gottes weisete in ihrer Essenz, daß Gott wollte allda in ihr das Leben wieder aufschließen.

13. Und können durchaus von Marien Jungfrauschaft nach dem irdischen Leben vor der Benedeiung, ehe sich Gottes Herz bewegte, nicht sagen, daß sie sei eine ganz vollkommene Jungfrau gewesen nach der ersten vor dem Fall, sondern sie war eine natürliche Tochter Evas. Aber das sagen wir mit Grunde, da in Marien sowohl als in allen Adamskindern, sei die ewige Jungfrauschaft im Bunde der Verheißung verschlossen gelegen gleich als im Tode, und doch auch nicht in Gott verwesen. Denn der Name Jesus aus Gottes Centro oder Herze hat sich von Ewigkeit in die Jungfrau der Weisheit Gottes als ein Spiegel mit eingebildet und ist des Vaters Centro als

188 d. h. für die

des Feuers und Grimmes Centro entgegengestanden, nicht im Grimm im Feuer in des Feuers Essenz, sondern in der Liebe im Lichte in des Lichtes Essenz; und ward auch der Mensch in derselben Essenz in dem Namen Jesu versehen, ehe der Welt Grund gelegt ward, da Adam noch in himmlischer Essenz ohne ein natürlich oder kreatürlich Wesen war. Denn in der Weisheit ward der Fall erkannt, ehe der Mensch zur Kreatur ward, und solches nach des Feuers Eigenschaft, nicht des Lichtes Eigenschaft, sondern nach dem ersten Principio.

14. Also sagen wir nun nach unserer tiefen Erkenntnis von Maria, daß sie sei eine Jungfrau vor der Zeit der Eröffnung und Botschaft des Engels gewesen wie Eva, da sie aus dem Paradeis ging, ehe sie Adam erkannte. Da war sie zwar eine Jungfrau, aber die rechte Jungfrauschaft war in ihr verborgen[189] und mit der irdischen Sucht infiziert, und ward an ihr die tierische Eigenschaft offenbar, denn die irdische Imagination zerbrach die himmlische Eigenschaft, also daß sie eine Frau und nicht eine züchtige Jungfrau ohne Makel war. Denn sie war nur ein Teil an der himmlischen Jungfrauschaft, das andere Teil war Adam. Und also ist keine reine, rechte Jungfrau von Eva geboren worden, die da ganz im Wesen wäre. Die Turba[190] hat in allen die Jungfrauschaft zerstöret, bis der Held im Streit[191] kam. Der war eine ganz männliche Jungfrau in Gottes Weisheit nach dem himmlischen Wesen. Und das Irdische hing an ihm an, aber das Himmlische herrschete über das Irdische; denn also sollte Adam auch sein, und er bestund nicht.

15. Darum sagen wir mit Grunde, daß Maria sei Joachims Tochter, von Anna erboren, und habe nach dem irdischen Teil ihre Wesenheit essentialisch in ihr gehabt. Und dann sagen wir, daß sie des Bundes Gottes Tochter gewesen sei, daß Gott

189 verdorben   190 der Grimm   191 Christus

habe das Ziel der Wiedergeburt in sie gesteckt, daß das ganze Alte Testament habe in dasselbe Ziel gesehen und alle Propheten vom selben Ziel – daß Gott wollte die ewige Jungfrauschaft wieder eröffnen – geweissaget. Und dasselbe Ziel ist gebenedeiet gewesen, denn Gott hat sich mit seiner Barmherzigkeit mit dem Bunde der Verheißung in dies Ziel eingegeben, und stund das Wort der Verheißung im Bunde und ins Lebenslicht dem Zorn entgegen. Und ist die erste Welt vor und nach der Sündflut im selben Bunde, den Gott als einen jungfräulichen Spiegel vor sich stellte, selig worden. Denn die ewige Jungfrauschaft erschien im Bunde als im Spiegel Gottes, und darinne belustigte sich die Gottheit. Denn so Israel den Bund hielt und tat die Werke des Bundes, so ward das von Gott angenommen, als wäre die Menschheit im Spiegel der Weisheit Gottes gewesen. Und ob Israel gleich irdisch und böse war, noch dennoch wohnete Gott in Israel in seinem Bunde in der Weisheit nach seiner Liebe und Barmherzigkeit.

16. Also waren die Werke des Gesetzes vor Gott im Spiegel, bis das Leben wieder aus dem Bunde erboren war, bis die Erfüllung kam. Da höreten die Werke im Spiegel auf und huben sich die Werke der Erfüllung in Fleisch und Blut in der himmlischen Wesenheit wieder an, denn in Maria ward der Anfang. Als der Engel ihr die Botschaft brachte und sie sprach: Mir geschehe, wie du gesagt hast (Luk. 1,38), so hat sich zuhand das Lebenszentrum im Wort Gottes als das Herze Gottes in ihrem verstorbenen himmlischen Samen beweget und den wieder lebendig gemacht, und ist die Schwängerung angegangen. Denn alle drei Principia der Gottheit sind erreget worden, und hat die göttliche Tinktur in der verstorbenen himmlischen Wesenheit gefangen, nicht daß Gott sei ohne Wesen gestanden, sondern der Mensch war am himmlischen Wesen erstorben. Und jetzt kam das Herze Gottes mit lebendiger göttlicher Wesenheit in den Tod und weckte die verstorbene Wesenheit auf. Nicht nahm sie diesmal die irdi-

sche Qual hinweg, sondern trage in die irdische Qual als ein Herr und Überwinder der Qual ein. Denn das rechte Leben sollte durch den Tod und Zorn Gottes eingeführet werden, welches geschah am Kreuz, da der Tod zerbrochen und der Grimm gefangen und mit der Liebe gelöschet und überwunden ward.

17. Also verstehen wir nun, was Maria mit der Empfängnis sei worden, nämlich eine rechte reine Jungfrau nach dem himmlischen Teil. Denn als sich das Herze Gottes bewegte und in ihr der Tag anbrach, so schien in ihr das Licht der Klarheit und Reinigkeit Gottes. Denn ihre verstorbene Jungfrauschaft, als Gottes Weisheit, ward eröffnet und lebendig, denn sie ward erfüllet mit der göttlichen Jungfrauschaft, als mit Gottes Weisheit. Und in derselben Weisheit und göttlichen Wesenheit, sowohl in der verstorbenen und jetzt lebendigen Wesenheit, ward das Wort Fleisch im Sulphur mit dem Centro Naturae aus des Vaters Essentien[192] und aus Marien Essentien aus dem Tode ein Leben, eine Frucht mit beiden Tinkturen vollkömmlich, da beide Tinkturen[193] nur eine waren. Und weil Adam war ein Mann worden, so ward auch Christus ein Mann nach der äußern Welt, denn nicht Evas Bildnis in der Weibestinktur soll bleiben, sondern Adams Bildnis als er ein Mann und auch ein Weib war, soll bleiben. So aber doch der Zeichen eines muß erscheinen nach der Macht des äußern Fiat und daß auch der Held im Streit wieder würde in alle drei Principia gesetzet, so kriegte der Held im Streit männliche Zeichen. Denn der Mann hat des Feuers Tinktur als des Vaters Eigenschaft. So ist der Vater die Stärke und Macht aller Dinge, und der Sohn ist seine Liebe. Also ward das Wort in weiblicher Essenz Mensch, und ward aber ein Mann, daß seine Liebe möchte den Zorn und Grimm im

192 d. h. es verkörperte sich
193 Himmlisches und Irdisches, auch das Feuer- und das Licht-Element

Vater löschen, denn Veneris Tinktur hat den Wasserquall und das Weib hat Veneris Tinktur. Also sollte das Feuer mit dem Wasser des ewigen Lebens gelöschet und des Vaters brennende Essentien im Feuer wieder gelöschet werden.

18. Nun erkennen wir aber Maria, Christi Mutter, nach dem Fleische Seele und Geist in der Benedeiung für eine reine züchtige Jungfrau, denn das ist ihre Benedeiung, daß sich Gott hat in ihr eröffnet. Sie hat das Wort des Lebens in ihrem Leibe getragen, das hat sich in ihr beweget. Nicht hat Maria das Wort beweget, sondern das Wort hat Maria beweget, beide: die Frucht, die sie gebar und auch ihre Seele, sowohl das Teil der verstorbenen Wesenheit, daß ihre Seele zuhand[194] mit göttlicher lebendiger Wesenheit umgeben ward, nicht nach dem irdischen Teil als nach dem dritten Principio, sondern nach dem himmlischen Teil als nach dem andern Principio, daß ihr also das Irdische nur anhing. Denn ihre Seele sollte auch mit dem Wort des Lebens, welches in ihr Mensch ward, mit durch den Tod und Zorn des Vaters in die himmlische göttliche Qual eingehen. Darum mußte ihr äußerer Mensch der irdischen Qual absterben, auf daß er Gott lebete. Und darum daß sie ist gebenedeiet worden und hat das Ziel im Bunde getragen, ist ihr Leib nicht verwesen, denn das Himmlische hat das Irdische verschlungen und hält das ewig gefangen zu Gottes Ehr und Wundertat. Es soll in Ewigkeit nicht vergessen werden, daß Gott in ihr ist Mensch worden.

19. Daß aber etliche sagen, sie sei ganz im Tode verblieben und ganz verwesen, dieselben mögen ihre Vernunft wohl anders schauen, denn was hochgebenedeiet wird, das ist unverweslich. Ihr himmlisches Teil der göttlichen Wesenheit, das sie hat gebenedeiet, ist unverweslich, sonst müßte folgen, daß Gottes Wesenheit in der Benedeiung wäre noch einmal gefallen und gestorben, als in Adam geschah, um welches Sterbens

194 sogleich

willen doch Gott Mensch ward, daß er das Leben wiederbrächte. Zwar sie ist nach dem äußern Leben als nach der irdischen Qual[195] gestorben, aber sie lebet nach der Benedeiung in Gottes Wesenheit und auch in ihrer eignen Wesenheit, nicht in vier Elementen, sondern in der Wurzel der vier Elementen als in einem Element, welches die viere in sich verschlossen hält, im Paradeis und reinen Element, in der göttlichen Wesenheit, in dem Leben Gottes.

20. Darum sagen wir, daß Maria größer sei als irgend eine Tochter von Adam, indem Gott das Ziel seines Bundes in sie gestecket hatte und sie alleine die Benedeiung unter allen Evastöchtern erlanget hatte als die reine jungfräuliche Zucht, welche in allen Evastöchtern zerstöret war. Bei ihr aber stund die Jungfrauschaft im Bunde, bis sie das Wort des Lebens hoch benedeiete. So ward sie eine rechte reine züchtige Jungfrau, in der Gott geboren ward. Denn Christus sprach auch zu den Juden: Ich bin von oben her, ihr aber seid von unten her; ich bin nicht von dieser Welt, ihr aber seid von dieser Welt (Joh. 8,23). – Wenn er wäre in einem irdischen Gefäße Mensch worden, und nicht in einer reinen, himmlischen, züchtigen Jungfrauen, so wäre er ja von dieser Welt gewesen. Aber also war er in der himmlischen Jungfrau Mensch worden und hing ihm der irdische Quall nur an, denn die Essenz der Seelen war mit irdischer Qual in uns armen Menschenkindern infizieret worden. Und er sollte unsere Seele in himmlischer Essenz in sich durch das Feuer Gottes in Ternarium Sanctum[196] einführen, denn um die Seele war es zu tun, dieweil sie aus dem Ewigen war genommen worden, so wollte sie auch Gott nicht verlassen.

21. Darum wenn gefraget wird, was das für Materia sei gewesen, dahinein sich Gottes Wort und Herze hat eingegeben und ihm einen Leib gemacht, obs fremde Materia, die

195 in irdischer Hinsicht   196 Hl. Dreifaltigkeit

vom Himmel kommen sei, oder obs Marien Essenz und Same sei gewesen, so ist dies unsere Antwort, daß Gottes Herz nie ohne Wesen sei gewest, denn seine Wohnung ist von Ewigkeit im Lichte, und die Kraft im Lichte ist das Herze oder Wort, das Gott von Ewigkeit hat gesprochen. Und das Sprechen ist der Hl. Geist Gottes gewesen, der mit dem Sprechen aus der Kraft des Lichtes, aus dem gesprochenen Worte ausgehet in das Ausgesprochene. Und das Ausgesprochene ist Gottes Wunder und Weisheit. Dies hat in sich den göttlichen Spiegel der Weisheit, darin der Geist Gottes siehet und darin er die Wunder eröffnet.

22. Und also verstehet, daß das Wort aus dem Herzen Gottes des Vaters, mit der himmlischen und züchtigen Jungfrau der Weisheit umgeben in der himmlischen Wesenheit wohnend, hat sich zugleich in Marien Essenz und Wesenheit als in ihrem eigenen Samen, verstehe im menschlichen Samen, eröffnet und Marien verstorbenen und an Gott blinden Samen an sich genommen und den zum Leben erwecket. Die lebendige Wesenheit kam in die halbertötete (Essenz der Marien) und nahm die Halbertötete zum Leibe, nicht zu einem verweslichen, der da aufhören sollte, sondern zu einem ewigen, der da ewig bleiben sollte, denn allhier ward das ewige Leben wiedergeboren.

23. Also ward die Wesenheit der Ewigkeit in Gott seiner ganzen Tiefe ohne Grund und die Wesenheit des verstorbenen Adam in der Menschheit eine Wesenheit ganz ein einig Wesen, daß also die Kreatur Christus mit seiner Wesenheit zugleich auf einmal den ganzen Vater erfüllte, der ohne Ziel und Grund ist. Aber die kreatürliche Seele blieb und ist eine Kreatur. Und nach dem dritten Principio als von der Kreatur ist dieser Christus eine Kreatur und König der Menschen, sowohl auch nach dem andern Principio als ein Kind des ungründlichen Vaters. Was der Vater in seiner ungründlichen Tiefe ist, das ist der Sohn in seiner Kreatur. Denn die Kraft in

der Kreatur ist mit der Kraft außer der Kreatur eine Kraft, eine Wesenheit, in der die Engel und Menschen wohnen. Sie gibt Paradeis und fröhliche Wonne. Aber in der Menschheit gibt sie auch Fleich und Blut, darum ist und bleibt sie auch eine Kreatur, aber ungeschaffen, sondern geboren auf einem Teil aus Gott von Ewigkeit, und auf dem andern Teil aus der Menschheit. Und ist Gott und Mensch eine Person worden, ein Christus, ein Gott, ein Herr, eine Hl. Dreifaltigkeit in der Menschheit und auch zugleich überall, daß, wenn wir Christum sehen, so sehen wir die Hl. Dreifaltigkeit in einem Bilde. Seine Kreatur ist einem Bilde gleich und aus uns Menschen, unser Hoherpriester und König, unser Bruder, unser Immanuel. Seine Kraft ist unsere Kraft, sind wir aber aus Gott im Glauben an ihn wiedergeboren. Er ist uns nicht fremd oder schrecklich, sondern ist unsere Liebe-Tinktur. Er ist mit seiner Kraft unserer Seelen Erquickung, unser Leben und unserer Seelen Wonne. Wenn wir ihn finden, so finden wir unsern Gehilfen, gleichwie ihn Adam finden sollte; und er ließ sich betrügen und fand endlich eine Frau. Da sprach er: Das ist Fleisch von meinem Fleisch und Bein von meinem Gebeine, und er nahm sie zu sich, zu einer Gesellin (Gen. 2,23).

24. Also wenn ihn unsere Seele findet, so saget sie: Das ist meine Jungfrau, die ich in Adam hatte verloren, da ein irdisch Weib aus ihr ward. Jetzt habe ich meine liebe Jungfrau aus meinem Leibe wiederfunden. Nun will ich die nimmermehr von mir lassen. Sie ist mein, mein Fleisch und Blut, meine Stärke und Kraft, die ich in Adam verloren, die will ich behalten. O ein freundlich Halten, freundlich Inqualieren, Schönheit, Frucht, Kraft und Tugend!

25. Also findet die arme Seele ihres verlornen Lichts Tinktur und ihre liebe Jungfrau. Und im Weiblein wird gefunden der edle Bräutigam, danach Veneris Matrix hat je gelüstert, hat aber nur einen irdischen, männlichen Sulphur gefunden und hat sich mit irdischem Samen müssen lassen schwän-

gern. Allhier bekommt sie des rechten Feuers und Mannes Tinktur, daß sie also auch eine rechte männliche Jungfrau wird, als Adam in seiner Unschuld war.

Von der Geburt Jesu Christi, des Sohns Gottes, und wie er neun Monat sei im Mutterleibe verschlossen gelegen, und wie seine Menschwerdung sei

Viel Disputieren hat man getrieben um die Menschwerdung Jesu Christi, aber fast blind, und daraus mancherlei Meinungen gemacht, die Menschen also mit Meinungen umzutreiben und die rechte Menschwerdung lassen liegen, daran unser ewig Heil lieget. Dessen allen war Ursach, daß man das in äußerlichem Witz und Kunst hat gesuchet und nicht am rechten Ziel. Wäre man in die Menschwerdung eingegangen und aus Gott geboren worden, es hätte keines Disputierens bedurft, denn der Geist Gottes eröffnet einem jeden die Menschwerdung wohl in ihm selber, und ohne denselben ist kein Finden. Denn wie wollen wir das in dieser Welt Vernunft finden, das nicht in dieser Welt ist? Wir finden in der äußern Vernunft kaum einen Glast davon, aber in Gottes Geist ist das rechte Finden.

2. Die Menschwerdung Christi ist ein solch Mysterium, davon die äußere Vernunft nichts weiß, denn sie ist in allen dreien Prinzipien geschehen, und mag nicht ergründet werden, man kenne denn den ersten Menschen in seiner Schöpfung vorm Fall gründlich. Denn Adam sollte den andern Menschen mit dem Charakter der Hl. Dreifaltigkeit aus sich gebären, in dem der Name Jesus eingeleibet stund, aber es konnte nicht sein. Darum mußte ein anderer Adam kommen, dem es möglich war, denn Christus ist das jungfräuliche Bild mit dem Charakter der Hl. Dreifaltigkeit. Er ist empfangen in

Gottes Liebe und geboren in diese Welt. Adam hatte göttliche Wesenheit und seine Seele war aus dem ersten Principio aus des Vaters Eigenschaft. Die sollte sich mit der Imagination richten in des Vaters Herze als ins Wort und Geist der Liebe und Reinigkeit, und essen von der Liebe Wesenheit, so hätte sie Gottes Wesen im Wort des Lebens an sich behalten, und wäre mit der Kraft aus dem Herzen Gottes geschwängert worden, davon sie denn aus sich selber in ihrer Wesenheit imaginieret und ihre Wesenheit selber geschwängert hätte, daß also wäre ein ganzes Gleichnis nach dem ersten Bild[197] durch Imagination und der Seelen Willen Einergeben entstanden und in der Kraft der Wesenheit empfangen worden.

3. Weil aber dieses in Adam nicht sein konnte wegen der Irdigkeit, die ihm anhing, so geschah es im andern Adam Christo. Der ward auf eine solche Art durch Gottes Imagination und Eingebung in des ersten Adams Bildnis empfangen.

4. Und ist uns erkenntlich, daß weil der erste Adam seine Imagination hat in die Irdigkeit gesetzet und irdisch worden, auch solches wider Gottes Vorsatz bestehen mußte. Denn allhier setzte Gott seinen Vorsatz in Adams Kind und führte seine Imagination in das verderbte Bildnis und schwängerte dasselbe mit seiner göttlichen Kraft und Wesenheit und wendete um der Seelen willen aus der Irdigkeit in Gott, daß Maria eines solchen Kindes schwanger ward, als Adam sollte schwanger werden, welches die eigene Vermögenheit nicht tun konnte, sondern sank nieder in den Schlaf als in die Magiam, da dann das Weib aus Adam gemachet ward, welches nicht sollte gemachet werden, sondern Adam sollte sich in Veneris Matrice selber schwängern und magisch gebären. Weils aber nicht sein mochte, ward Adam zerteilet, und ward ihm sein eigener Wille der großen Macht gebrochen und in Tod geschlossen. Weil er seine Imagination nicht wollte in

197 nach dem Urbild

Gottes Geist setzen, so mußte seine große Macht im Tode stillhalten und den Geist Gottes lassen seine Imagination in sich setzen und mit ihm tun, was er wollte.

5. Darum erweckte ihm Gottes Geist aus demselben Tode das Leben, und ward desselben Lebens Geist, auf daß das Bildnis und Gleichnis nach Gott, so von Ewigkeit war in Gottes Weisheit erkannt worden, doch mochte erboren werden und bestehen. Denn sie stund vor den Zeiten der Welt von Ewigkeit im jungfräulichen Spiegel in der Weisheit Gottes, und solches in zweien Gestalten, als nach dem ersten Principio des Vaters im Feuer und im andern Principio des Sohns im Lichte, und war doch nur im Lichte offenbar und im Feuer gleich als in einer Magia als in einer Möglichkeit. Gleichwie der gestirnte Himmel eine Figur dem Menschen im Schlafe ins Gemüt modelt nach seiner Vermögenheit, also ist auch das Bildnis im Centro des Feuers Natur erschienen ganz unsichtbar, aber in der Weisheit im Spiegel der Gottheit ist sie als ein Bilde gleich einem Schatten, aber ohne materialisch Wesen erschienen. Und ist doch in der Essenz des Geistes gewesen, welcher, so er sich im Spiegel der Weisheit erblicket, dieses Bildnis erkannt und gesehen hat und einst seinen Willen dareingesetzt, sie in Wesenheit zu bringen, auf daß Gott ein Bild oder Gleichnis im Wesen habe, da er sich nicht mehr dürfte[198] als im Spiegel schauen, sondern im Wesen empfinden. Und darum, so das erste Bild in die strenge Macht imaginierte und darüber irdisch und tot ward, führete Gottes Geist seinen Willen und Leben in den Tod und nahm aus dem Tode wieder das erste Leben in sich, auf daß das erste Leben in vollem Gehorsam vor ihm bestünde und er allein sei das Wollen und auch das Tun.

6. Also ist uns erkenntlich, daß Gott sei in das halbtote Bildnis eingangen, verstehe: in Maria, und eben in dieselbe

198 brauchte

jungfräuliche Gestalt, welche im Tode verschlossen lag, darin Adam sollte schwanger werden und ein Bild nach ihm in jungfräulicher Zucht gebären. In derselben eingeschlossenen und halbertöteten jungfräulichen Matrice ist Gottes Wort oder Herz als das Centrum der Hl. Dreifaltigkeit ein Menschenbild worden, ohne Verletzung seines Wesens. Und weil die erste lebendige jungfräuliche Matrix in Adam nicht wollte Gott gehorsam sein, so ward sie ihm jetzt, als sie wieder aus dem Tode erwecket ward, gehorsam und ergab sich ganz demütig und willig in Gottes Willen. Also ward jetzt wieder das rechte jungfräuliche Bild im Gehorsam Gottes figuriert, denn der erste Wille mußte im Tode bleiben, der wider Gottes Willen imaginierte; und ward ein reiner, gehorsamer Wille erwecket, der in der himmlischen Sanftmut und Wesen blieb, der nicht mehr das Bildnis im Feuer, in des Vaters Teil, in ihm ließ aufquellen, sondern blieb in einer Qual, als dann die Gottheit nur in einer Qual ihr Leben führet, als im Lichte, im Hl. Geiste, und führet aber doch ihre Herrschaft über alle drei Principia.

7. Also ist uns auch von der Menschwerdung Christi zu verstehen. Als Gottes Geist das jungfräuliche Leben in Maria wieder erweckete, welches in der irdischen Essenz im Tode und Grimme lag eingeschlossen, so wendete sich dasselbe Leben nunmehr nur in einen Willen als in Gottes Liebe und ergab sich dem Geiste Gottes. Also ward dasselbe Leben eines rechten jungfräulichen Bildes schwanger, welches bei Adam sein sollte, aber nicht geschah, denn eine Imagination empfing die andere, Gottes Imagination empfing die Imagination im Tode[199] und brachte sie wieder zum Leben; und dasselbe Leben imaginierte wieder in Gott und ward Gottes schwanger und ward aus der Gottheit und Menschheit eine Person. Die Gottheit hing an der himmlischen Wesenheit, die von Ewig-

199 Gott belebte das Sterbliche

keit je gewesen war mit Reich, Kraft und Herrlichkeit als das Reich des Paradeises und die englische Welt als der Geist und die siebente Gestalt am Centro naturae, wie im dritten Teil »Vom dreifachen Leben«[200] mit allen Umständen[201] gemeldet worden. Und die Menschheit hing an dem Reich dieser Welt. Weil sich aber der Wille der Menschheit in die Gottheit ergab, so ward dieses jungfräuliche Bild in Christo Jesu nur ein Gast in dieser Welt, und seine Gottheit war ein Herr über diese Welt. Denn also sollte das in Adam auch sein, daß das Kleinere und Ohnmächtige unter dem Größern und Allmächtigen wäre. Aber Adams Wille ging in das Kleine und Ohnmächtige; darum ward er ganz ohnmächtig und fiel wieder in Schlaf und dem Schöpfer wieder heim. Aber dies Bildnis mit Christo blieb in der göttlichen Wesenheit stehen und hing ihr die irdische Qual in Knechtsamt[202] und Weise an, nun nicht mehr als ein Herr wie über Adam und Maria, seine Mutter vor der hohen Benedeiung und Eröffnung der Gottheit, sondern als ein Knecht, denn dies Bildnis war nun in Gottes Geiste und Macht ein Herr über das dritte Principium dieser Welt.

8. Nun spricht die Vernunft: Wie ist es denn zugangen in dieser Menschwerdung? Ist denn das Leben alsobald mit dem Punkt der Empfängnis rege worden über den natürlichen Lauf, daß das Teil Marias als des Weibes Samen hat alsobald gelebet? Nein, denn es war ein essentialischer Same, und ward in seiner rechten natürlichen Zeit rege mit Seele und Geist wie alle Adamskinder. Aber das Teil der Gottheit, umgeben mit göttlicher Wesenheit und Weisheit, lebte von Ewigkeit zu Ewigkeit. Der Gottheit ging nichts zu noch ab; was sie war, das blieb sie, und was sie nicht war, das wird sie. Sie gab sich mit himmlischer göttlicher Wesenheit in die Es-

---

200 J. Böhmes vorausgegangene Schrift
201 ausführlich   202 Knechtsdienst

senz und Wesenheit Marias, und ward Marien Essenz und
Gottes Essenz eine Person, aber Marien Essenz war tödlich[203]
und Gottes Essenz untödlich[204]. Darum mußten Marien Essentien am Kreuze sterben und durch den Tod ins Leben gehen. Dazu halfen Gottes Essentien, sonst wäre es nicht möglich gewesen. Also half uns Gottes Essenz und hilft uns noch
immerdar durch Christi Tod in Gottes Essenz und Leben ein.

9. Also erkennen wir Christi Menschwerdung natürlich
wie aller Menschenkinder. Denn die himmlische, göttliche
Wesenheit hat sich mit ihrem Leben in die irdische halbertötete eingegeben. Der Herr gab sich unter den Knecht, auf daß
der Knecht lebendig würde; und ist zugleich in neun Monden
ein vollkommener Mensch worden und auch ein wahrer Gott
blieben, und ist auch auf Art und Weise aller Adamskinder zu
dieser Welt geboren worden durch denselben Gang wie alle
Menschen. Und das darum, nicht daß ers[205] bedürfte; er hätte
können magisch geboren werden, aber er wollte und sollte
unsere unreine, tierische Geburt und Eingang in dieses Leben
heilen. Er sollte in unserm Eingang in diese Welt eingehen
und uns aus dieser Welt in Gottes Eingang einführen und aus
der irdischen Qual ausführen.

10. Denn so er wäre magisch auf göttliche Art geboren
worden, so wäre er nicht natürlich in dieser Welt gewesen,
denn die himmlische Wesenheit hätte müssen den irdischen
Qual verschlingen. Also wäre er uns nicht gleichworden, wie
hätte er dann wollen den Tod leiden und in Tod eingehen und
den zerbrechen? Aber also ist es nicht: Er ist wahrhaftig des
Weibes Same und den natürlichen Weg wie alle Menschen in
diese Welt eingegangen, und aber den göttlichen Weg in der
göttlichen Macht und Wesenheit durch den Tod ausgegangen.
Seine göttliche, lebendige Wesenheit ist es, die im Tode bestund, die den Tod zerbrach und spottete, und führete die ver-

203 sterblich   204 unsterblich   205 Christus

131

wundete halbtote Menschheit durch den Tod ins ewige Leben. Denn das irdische Teil, welches er aus seiner Mutter Maria an sich, das ist: an das göttliche Wesen annahm, das starb am Kreuz der irdischen Qual ab. Also war die Seele in Gottes Wesenheit und fuhr als ein Siegesfürst dem Teufel in seine Hölle, das ist: in Gottes Zorn, und löschete den mit Gottes Liebe und Sanftmut der göttlichen Liebe Wesenheit. Denn es kam das Liebe-Feuer in des Zorns Feuer und ersäufte den Zorn, darin der Teufel wollte Gott sein. Also ward der Teufel mit der Finsternis gefangen genommen und verlor seine Herrschaft, denn der Stachel und das Schwert Cherubs, des Würgeengels, ward allhier zerbrochen. Und das war die Ursache, daß Gott Mensch ward, daß er uns aus dem Tode ins ewige Leben einführete und den Zorn, der in uns brannte, mit seiner Liebe löschete.

11. Denn ihr sollt uns recht verstehen, wie Gottes Zorn sei gelöschet worden: nicht mit dem tödlichen Blute Christi, das er vergoß, darüber die Juden seiner spotteten, sondern mit dem Blute des ewigen Lebens aus Gottes Wesen, welches unsterblich war, das da hatte den Brunnquell des Wassers des ewigen Lebens. Das ward am Kreuz mit unter dem äußerlichen Blute vergossen. Und da das äußere in Tod fiel, da fiel das himmlische mit, aber es war unsterblich.

12. Also hat die Erde Christi Blut empfangen, davon sie erzitterte und erbebete, denn der Grimm Gottes war jetzt in ihr überwunden, und kam das lebendige Blut in sie, welches aus Gottes Wesenheit war vom Himmel kommen. Das tat auf die Gräber der Heiligen und eröffnete den Tod und machte ein Straße durch den Tod, daß der Tod ward schaugetragen;[206] denn als Christi Leib vom Tode aufstund, da trug er den Tod an seinem Leibe schau, denn seine Macht war zerbrochen.

206 wie ein Besiegter

Von der Nutzbarkeit; was uns armen Evaskindern
die Menschwerdung und Geburt Jesu Christi, des Sohnes
Gottes, nütze. Die allerliebreichste Porte

Wir armen Evaskinder waren in Adam alle erstorben. Und ob
wir gleich lebeten, so lebeten wir doch nur in dieser Welt; und
der Tod wartete unser und verschlang je einen nach dem andern; und war uns kein Rat, so uns nicht hätte Gott wieder
aus seinem Wesen erboren, wir wären in Ewigkeit nach dem
Leibe nicht wiederkommen, und unsere Seele wäre in Gottes
Zorn-Qual bei allen Teufeln ewig blieben. Aber die Menschwerdung Jesu Christi ist uns ein kräftig Wesen worden, denn
um unsretwillen ist Gott Mensch worden, auf das er unsere
Menschheit wieder aus dem Tode in sich brächte und unsere
Seelen aus dem Feuer des Zorns Gottes erlösete. Denn die
Seele ist in sich selber ein Feuerquall und hält in sich selber
inne das erste Principium, die herbe Strengigkeit, welche in
sich selber nur zum Feuer arbeitet. So aber dieser Seelenge-
burt die Sanftmut und Liebe Gottes entzogen wird, oder aber:
so sie mit ganz strenger Materia infizieret wird, so bleibet sie
eine Qual in der Finsternis, eine ganz strenge Rauhigkeit,
sich selber fressend und doch auch im Willen immer wieder
Hunger gebärend. Denn ein Ding, das keinen Anfang noch
Grund hat, das hat auch kein Ende, sondern es ist selber sein
Grund, es gebieret sich selber.

2. Und wir doch auch nicht sagen wollen, daß Seele keinen
Anfang habe. Sie hat Anfang, aber nur nach der Kreatur,
nicht nach der Essenz. Ihre Essenz ist von Ewigkeit, denn das
göttliche Fiat hat sie im Centro der ewigen Natur gefasset und
in ein substantialisch Wesen gebracht, dazu mit dem ganzen †
(Kreuz) mit dem Charakter der Hl. Dreifaltigkeit als ein
Gleichnis des dreifachen Geistes der Gottheit in der Gottheit
wohnet. Es geschehe nun in Liebe oder Zorn, das ist: im Licht

oder Feuer, in welches sie imaginieret, dessen wird sie schwanger, denn sie ist ein magischer Geist, eine Qual in sich selber. Sie ist das Centrum der Ewigkeit, ein Feuer der Gottheit im Vater, jedoch nicht in der Freiheit des Vaters, sondern in der ewigen Natur. Sie ist nicht vor dem Wesen, sondern im Wesen. Aber Gottes Freiheit ist außerm Wesen, wohnet aber im Wesen. Denn im Wesen wird Gott offenbar, und wäre auch kein Gott ohne Wesen, sondern eine ewige Stille ohne Qual. Aber in der Qual wird das Feuer erboren und aus dem Feuer das Licht, da sich dann zwei Wesen scheiden und zweierlei Qual führen, als eine grimmige, hungerige, durstige im Feuer und eine sanfte, liebliche, gebende im Licht, denn das Licht gibt und das Feuer nimmt. Das Licht gibt Sanftmut, und aus Sanftmut wird Wesenheit. Die ist des Feuers Speise, sonst wäre es ein grimmiger finsterer Hunger in sich selber, als denn ein Geist ist, so er nicht Wesen des Lichts hat, gleich einem verschmachteten Gift. So er aber Wesen der Sanftmut bekommt, so zeucht er das in sich und wohnet darinne und brauchts zur Speise und auch zum Leben. Denn er infizieret sich damit und schwängert sich, denn sein Wesen ist seine Erfüllung, also daß der Hunger gestillet wird.

3. Also ist uns zu betrachten die menschliche Seele: Sie ward genommen aus dem Centro naturae, nicht aus dem Spiegel des Ewigen als aus der Qual dieser Welt, sondern aus der ewigen Essenz des Geistes Gottes aus dem ersten Principio aus des Vaters Eigenschaft nach der Natur, nicht von Wesen oder von etwas, sondern der Geist der Gottheit blies ihm das Leben, verstehe: das Bildnis in Adam, selber ein aus allen dreien Prinzipien. Er hat ihm das Centrum naturae als den Feuer-Quall zum Leben eingeblasen und auch die Sanftmut der Liebe aus dem Wesen der Gottheit als das ander Principium mit göttlicher himmlischer Wesenheit, sowohl auch den Geist dieser Welt als den Spiegel und Fürbild der Weisheit Gottes mit den Wundern.

4. Nun ist aber der Geist dieser Welt mit des Teufels Entzünden und Gift, so er dareingeschmeißt[207] hat, verderbet, denn der Teufel wohnet in dieser Welt und ist ein steter Infizierer der äußern Natur und Eigenschaft, wiewohl nur im Grimm als im herben Begehren ist er mächtig. Aber er setzet seine Imagination mit seiner falschen Tinktur auch in die Liebe und vergiftet der Seelen ihr bestes Kleinod, und hat Adams Seele mit seiner Imagination mit seinem bösen Hunger-Geist infizieret, daß also Adams Seele nach irdischer Qual lüsterte, von welcher Lust sie mit irdischer Qual geschwängert ward, daß also das äußere Reich ins innere eingeführet ward, davon das Licht im Feuer des ersten Principii verlosch und seine göttliche Wesenheit, darin er sollte ewig leben, in irdischen Tod eingeschlossen ward.

5. Also ward diesem Bildnis und auch Seele kein Rat mehr. Es bewegte sich denn die Gottheit nach dem andern Principio als nach dem Lichte des ewigen Lebens in ihr und zündete die in Tod eingeschlossene Wesenheit wiederum mit dem Liebe-Glanz an, welches in der Menschwerdung Christi geschah; und ist dies das allergrößeste Wunder, das Gott hat gewirket, daß er sich mit dem Centro der Hl. Dreifaltigkeit hat in des Weibes Samen beweget. Denn nicht im Feuer als in des Mannes Tinktur wollte sich Gottes Herz offenbaren, sondern in des Geistes Tinktur als in Veneris, in der Liebe des Lebens, auf daß das Feuer in des Mannes Tinktur mit der Sanftmut und Liebe Gottes ergriffen würde. Denn aus dem eingeschlossenen Tode sollte und mußte das ewige Leben wieder ausgrünen. Denn allhier hat die Wurzel Jesse und rechte Aaronisrute gegründet und schöne Früchte gebracht, denn in Adam ward das Paradeis in Tod geschlossen, als er irdisch ward. Aber in Christo grünete das wieder aus dem Tode.

207 gelegt, wie eine Schmeißfliege tut

6. Von Adam haben wir alle den Tod geerbet. Von Christo erben wir das ewige Leben. Christus ist das jungfräuliche Bild, das Adam aus sich sollte gebären mit beiden Tinkturen. Weil er aber nicht konnte, ward er zerteilet und mußte durch zween[208] Leiber gebären, bis der Silo kam, das ist: der Jungfrauen Sohn, welcher aus Gott und Mensch geboren ward. Er ist der Durchbrecher, von dem die Propheten redeten, der aufscheußt[209] als ein Reiß. Er grünet als ein Lorbeerbaum in Gottes Wesen. Er hat mit seiner Eingehung in die menschliche halbertötete Essenz den Tod zerbrochen, denn er grünete zugleich in menschlicher und auch in göttlicher Essenz. Er brachte uns mit in unsere Menschheit die jungfräuliche Zucht der Weisheit Gottes. Er umgab unsere Seelen-Essenz mit himmlischer Wesenheit. Er ward der Held im Streit, da die zwei Reiche miteinander im Streit lagen, als Gottes Zorn und Liebe. Er gab sich willig in Zorn und löschete den mit seiner Liebe, verstehe: in der menschlichen Essenz. Er kam aus Gott in diese Welt und nahm unsere Seele in sich ein, auf daß er uns aus der Irdigkeit dieser Welt wieder in sich in Gott einführete. Er gebar uns in sich wieder neu, daß wir in Gott zu leben wieder tüchtig wären. Aus seinem Willen gebar er uns, daß wir sollen unseren Willen in ihn setzen. So führete er uns in sich zum Vater in unser erstes Vaterland wieder ein, als ins Paradeis, daraus Adam ausging. Er ist unser Brunnquell worden. Sein Wasser quillet in uns. Er ist unser Brunn und wir seine Tropfen in ihm. Er ist die Fülle unserer Wesenheit worden, auf daß wir in ihm in Gott leben. Denn Gott ist Mensch worden. Er hat sein ungründlich und unmeßlich Wesen in die Menschheit eingeführet. Sein Wesen, das den Himmel erfüllet, hat er in der Menschheit offenbaret. Also ist das menschliche Wesen und Gottes Wesen ein Wesen worden, eine Fülle Gottes. Unser Wesen ist sein Bewegen in seinem

208 zwei   209 aufschießt

136

Himmel. Wir sind seine Kinder, sein Wunder, sein Bewegen in seinem ungründlichen Leibe. Er ist Vater und wir seine Kinder in ihm. Wir wohnen in ihm und er in uns. Wir sind sein Werkzeug, damit er suchet und machet, was er will. Er ist das Feuer und auch das Licht mit allem Wesen. Er ist verborgen und das Werk machet ihn offenbar.

7. Also erkennen wir, daß Gott ein Geist ist, und sein ewiger Wille ist magisch als begehrend. Er macht aus Nichts immer Wesen, und das in zweierlei Qual als nach dem Feuer und Lichte. Aus dem Feuer wird Grimm, Aufsteigen, Hoffart, sich dem Lichte nicht wollen eineignen, sondern ein grimmiger ernsthafter Wille, nach welchem er nicht Gott heißet, sondern ein grimmig verzehrend Feuer. Dies Feuer wird auch in der bloßen Gottheit nicht offenbar, denn das Licht hat das Feuer in sich verschlungen und gibt dem Feuer seine Liebe, seine Wesenheit, sein Wasser, also daß in Gottes Wesen nur Liebe, Freude und Wonne ist und kein Feuer erkannt wird. Sondern das Feuer ist nur eine Ursache des begehrenden Willens und der Liebe, sowohl des Lichtes und der Majestät, sonst würde kein Wesen, wie solches nach der Länge in den vorgehenden Schriften ausgeführet worden ist.

8. Und ist uns jetzt erkenntlich, worinnen unsere neue Wiedergeburt stehe, dieweil wir doch nun in dieser Welt mit der irdischen Hütten[210] verdecket und dem irdischen Leben heimgefallen sind, als nämlich bloß in der Imagination, daß wir mit unserm Willen in Gottes Willen eingehen und uns ihm ganz eineignen und übergeben, welches Glauben heißet. Denn das Wort ›Glauben‹ ist nicht historisch, sondern es ist ein Nehmen aus Gottes Wesen, aus Gottes Wesen essen, Gottes Wesen mit der Imagination in sein Seelenfeuer einführen, seinen Hunger damit stillen und also Gottes Wesen anziehen, nicht als ein Kleid, sondern als einen Leib der Seelen. Die

210 physischer Leib

Seele muß Gottes Wesen in ihrem Feuer haben, sie muß von Gottes Brot essen, will sie Kind sein.

9. Also wird sie auch in Gottes Geiste und Wesen neugeboren werden, der sie aus dem Acker des Grimmes und Zorns in den Acker der Liebe, Sanftmut und Demut Gottes eingepfropft, und blühet mit einer neuen Blume, welche in Gottes Liebe wächset als in Gottes Acker. Dieselbe Blume ist das rechte wahre Bildnis der Gottheit, die Gott begehrete, als er Adam zu seinem Gleichnis schuf. Das hat uns nun wiedererboren Jesus Christus, Gottes und des Menschen Sohn. Denn seine Wiedergeburt aus Gottes und unserm Wesen ist unsere Wiedergeburt, seine Kraft, Leben und Geist ist alles unser, und dürfen nichts mehr dazutun, als daß wir nur bloß mit unserm Willen-Geiste durch ihn in Gottes Wesen eingehen. So wird unser Wille in Gottes Willen neugeboren und empfähet göttliche Kraft und Wesen. Nicht fremde, sondern unsere erste, mit welcher wir in Adam in Tod eingingen, die wecket uns der Erstgeborene aus den Toten wieder auf, welcher ist Christus. Er ist Gott, ist aber aus uns geboren, auf daß er uns lebendig mache aus dem Tode, nicht eines fremden Lebens, das wir allhie in dieser Welt nicht hätten gehabt, sondern unsers eigenen Lebens; denn Gottes Vorsatz soll bestehen. Die schöne Blume und Bildnis soll aus dem verderbten Acker wachsen, und nicht allein das, sondern auch aus dem reinen Acker.

10. Aus der Jungfrauen sollten wir wiedergeboren werden, und nicht aus dem Manne des Zorns, aus der Feuers-Tinktur, sondern aus der Jungfrau der Liebe aus der Lichts-Tinktur. Wir ziehen mit unserer Einergebung die Jungfrau Christi an. Wir werden hiermit die Jungfrau der Zucht, Keuschheit und Reinigkeit in Ternario Sancto[211] in der englischen Welt, ein Spiegel der Hl. Dreifaltigkeit, in der sich Gott schauet, die er

---

211 Hl. Dreifaltigkeit bzw. deren Spiegel

ihm hat zu seinem Gemahl genommen. Er ist unser Mann, dem wir in Christo vermählet, vertrauet und eingeleibet sind. Wir sind nun Maria im Bunde der Gnaden, aus der Gott und Mensch geboren wird. Maria war die erste in der hohen Benedeiung, denn in ihr war das Ziel, da der Bund hinweisete. Sie war in Gott in dem teuren Namen Jesu erkannt, ehe der Welt Grund geleget ward, nicht daß sie das Leben aus dem Tode brächte, sondern daß Gott wollte in ihr das Leben aus dem Tode bringen. Darum ward sie hoch gebenedeiet, und ward ihr angezogen die reine jungfräuliche Zucht. Und aus derselben Jungfrauschaft, daraus Christus geboren ward, müssen wir alle geboren werden, denn Jungfrauen müssen wir werden und dem Lamme Gottes folgen, anders sollen wir nicht Gott schauen. Denn Christus saget: Ihr müsset von neuem geboren werden, wollet ihr das Reich Gottes schauen, durch das Wasser und Hl. Geist. Das Wasser ist die Jungfrauschaft, denn die Jungfrau führet des Lichtes und Wassers Tinktur als Liebe und Sanftmut. Und der Geist, daraus wir sollen geboren werden, ist der, der mit der Bewegung der Gottheit sich in des Weibes Samen einergab, der den Tod zerbrach, der aus dem Wasser eine lichtflammende Blume ausgebieret, da er der Blumen Geist und Leben ist, nicht nach dem Feuerquall des Grimmes, sondern nach dem Quall des Lichts in der Sanftmut und Demut.

DAS 12. KAPITEL
Von der reinen Jungfrauschaft

Wir armen Evaskinder finden in uns keinen rechten reinen, züchtigen jungfräulichen Gedanken, denn Mutter Eva, welche eine Frau war, hat uns alle weibisch und männisch gemacht. Wir sind in Adam und Eva alle zu Mannen und Frauen worden, es sei denn, daß wir in die himmlische Jungfrauschaft mit unserm begehrenden Willen eingehen, in der uns Gott aus Christo hat wieder zu Jungfrauen geboren. Nicht nach dem irdischen Leben, in welchem keine Zucht noch Reinigkeit ist, sondern nach dem Leben der himmlischen Jungfrauen, in welcher Christus ein Mensch ward, welche der Marien mit Überschattung des Hl. Geistes angezogen ward, die ohne Grund, Ziel und Ende ist, die allenthalben vor der Gottheit stehet, und ist ein Spiegel und Ebenbild der Gottheit. In diese Jungfrau, darin die Hl. Dreifaltigkeit wohnet, darinnen wir vor den Zeiten der Welt vom Geiste Gottes erblicket und in dem Namen Jesu erkannt worden, müssen wir mit unserm Willen-Geiste eingehen. Denn unser wahres Bildnis, in dem wir Gottes Gleichnis sind, ist uns mit Adam und Eva verblichen und irdisch worden, welches geschah durch Lust oder Imagination, und ward uns also Gottes klares Angesicht verdecket, denn wir verloren himmlische Zucht.

2. Weil uns aber Gott aus seiner Gunst und Liebe zu uns hat sein helles Angesicht in der Menschwerdung Christi wieder eröffnet, so liegets nur an dem, daß gleichwie wir in Adam haben in die irdische Sucht imaginiert, davon wir irdisch worden, daß wir nun unsern begehrenden Willen wieder in die himmlische Jungfrau setzen und unsere Lust dareinführen. So gehet unser Bildnis aus der irdischen Frauen aus und empfähet jungfräuliche Essenz und Eigenschaft, darin Gott wohnet, da der Seelen Bildnis mag wieder das Angesichte Gottes erreichen.

3. Die äußere Vernunft spricht: Wie mag das zugehen, daß wir mögen aus der Jungfrauen wiedergeboren werden, daraus Christus geboren ward? – Sie verstehet schlechts:[212] Maria, – aber wir verstehen Maria nicht, welche eine kreatürliche Jungfrau ist, als wir denn auch in der unmaterialischen jungfräuliche Zucht kreatürliche Jungfrauen werden. So wir aber

212 sie meint einfach

in die Menschwerdung Christi eingehen, nicht nach dem äußern Leben in den vier Elementen[213], sondern nach dem innern, in dem einen Element, da das Feuer Gottes die vier Elementa in sich verschlinget und aber in seinem Lichte als im andern Principio, indem der äußere Mann und Frau muß durch den Tod gehen in Christi Auferstehung, eine Jungfrau in einem Element, da alle vier inne verborgen liegen, in der rechten jungfräulichen Weisheit Gottes ausgrünen. Wir müssen dem Manne und der Frauen absterben und den verderbten Adam kreuzigen. Er muß mit Christo sterben und in Vaters Zorn geworfen werden. Der verschlinget den irdischen Mann und Frauen und gibt aus der Menschwerdung Christi der Seelen ein jungfräulich Bild, da der Mann und die Frau nur ein Bild ist, mit eigner Liebe. Jetzt setzet der Mann seine Liebe in die Frau und die Frau in den Mann. So aber die beide(n) Liebe(n) in eine verwandelt werden, so ist keine Begierde zu der Vermischung mehr in dem einigen Bilde, sondern das Bild liebet sich selber.

4. So ist nun das Bild im Anfang in der jungfräulichen Weisheit Gottes erschaffen worden als aus göttlicher Wesenheit. So nun die Wesenheit irdisch worden und in Tod gefallen ist, so wecket sie das Wort, das Mensch ward, wieder auf. Also bleibet die irdische dem Tod im Zorne, und das Aufgeweckte bleibet im Worte des Lebens in der jungfräulichen Zucht. Und tragen wir allhier in dieser Welt einen zweifachen Menschen in einer Person: als ein jungfräulich Bild, geboren aus der Menschwerdung Christi, und ein irdisch Bild, männlich oder weiblich, im Tode und im Zorne Gottes beschlossen. Das irdische muß das Kreuz tragen, sich im Zorn quälen, verfolgen und schmähen lassen, wird auch endlich dem Tode gegeben, alsdann verschlingets der Zorn im qualitätischen Feuer Gottes. Und so alsdann das Wort des Lebens, welches in Ma-

213 d. h. physisch, materiell

ria Mensch ward, mit in dem irdischen Bild ist, so stehet Christus, der das Wort des Lebens brachte, aus Gott, aus dem Tode auf und führet die Essenz des qualitätischen Feuers, verstehe: die menschliche Essenz, aus dem Tode aus, denn er ist aus dem Tode auferstanden und lebet in Gott. Und sein Leben ist unser Leben worden, und sein Tod unser Tod. Wir werden in seinem Tode begraben, grünen aber in seiner Auferstehung und Überwindung in einem Leben aus.

5. Vernehmet doch nur den Sinn recht: Adam war das jungfräuliche Bild. Er hatte die eigene Liebe, denn der Geist Gottes hatte ihm die eingeblasen. Denn was kann Gottes Geist anders aus sich blasen als er selber ist? Nun ist er aber alles und wird doch nicht aller Quall Gott genannt, sondern in allem Quallen ist nur ein einiger Geist, der Gott ist als nach dem andern Principio im Lichte, und ist doch kein Licht ohne Feuer. Er ist aber im Feuer nicht der Liebe-Geist oder der Hl. Geist, sondern der Grimm der Natur und eine Ursache des Hl. Geistes, ein Zorn und verzehrend Feuer. Denn im Feuer wird der Geist der Natur frei und das essentialische Feuer gibt doch auch die Natur und ist selber die Natur.

6. Nun verstehen wir doch nur einen Hl. Geist im Licht. Obs wohl alles ein Wesen ist, verstehen wir doch, daß die Materia, welche aus der Sanftmut des Lichts erboren wird, gleich als ohnmächtig und dunkel ist, welche das Feuer in sich zeucht und verschlinget, gibt aber aus der materialischen Qual, aus dem Feuer einen mächtigen Geist, der da frei ist von der Materia und auch vom Feuer. Wiewohl ihn das Feuer hält, so ergreifts doch nicht seine Qual, als wir dies sehen, daß das Licht im Feuer wohnet, und hat doch nicht des Feuers Quall, sondern einen sanften Liebe-Quall, welches auch nicht wäre, so die Materia nicht wäre im Feuer gestorben und verzehret worden.

7. Also betrachten wir den ersten Adam: Er war aus der Licht-Essenz und Wesenheit erdacht. Dieweil er aber in ein

Geschöpfe gehen sollte und sollte ein ganz Gleichnis Gottes nach allem Wesen, nach allen dreien Prinzipien sein, so ward er auch mit dem Verbo Fiat[214] in allem Wesen aller dreien Prinzipien ergriffen und in ein Geschöpf gebracht. Nun waren zwar alle drei Principia in ihm frei und stunden ineinander, ein jedes in seiner Ordnung, und war ein recht ganz Gleichnis Gottes nach und aus dem Wesen aller Wesen. Aber uns ist dies zu erkennen, wie das dritte Principium als die Qual dieser Welt sei in der Entzündung Luzifers ganz grimmig, durstig und bös worden, und habe die Qual alsobald in Adam nach dem andern Principio als nach der himmlischen Materia gedürstet, davon die Sucht in Adam entstanden. Denn die Qual der reinen Liebe aus dem Hl. Geiste hatte das verweigert. So aber die Liebe in die irdische Qual einging, sie zu ersättigen in ihrem entzündeten Durste, so empfing die reine unmaterialische Liebe die begehrende, irdische, verderbte Sucht. Jetzt verlosch das ander Principium, nicht als ein Tod, daß es wäre als ein Nichts worden, sondern es ward im Grimmen-Durste gefangen. Und so dann Gott ein Licht ist, so stund die reine Liebe-Qual also im Tode außer dem Lichte Gottes eingeschlossen. Jetzt war das Bildnis verderbet und im Grimm Gottes gefangen, und verlor die eigene Liebe ihre Macht, denn sie ward in die verderbte Irdigkeit eingeschlossen und liebte die Irdigkeit.

8. Also mußte aus diesem Bildnis ein Weib gemacht werden und die zwei Tinkturen, als des Feuers Essenz und der Matricis wässerige Essenz geschieden werden, als in einen Mann und Frau, daß doch die Liebe also in zweierlei Qual rege wäre und also eine Tinktur die andere liebete und begehrete und sich vermischten, davon dies Geschlechte fortgebauet und erhalten würde.

9. Nun konnte aber dies Geschlechte der Menschen also in

214 Schöpfungswort: Es werde!

irdischer Qual nicht Gott erkennen oder schauen, denn die reine Liebe ohne Makel war in die irdische durstige Qual eingeschlossen, und war im Durste des Grimmes der ewigen Natur, welche Luzifer entzündet hatte, gefangen. Denn der Grimm hatte die Liebe mit der Irdigkeit in sich gezogen. So stund nun in derselben gefangenen Liebe die jungfräuliche Zucht der Weisheit Gottes, welche dem Adam mit dem andern Principio mit der himmlischen Wesenheit ward mit zu seinem Leibe incorporieret und vielmehr derselben sanften Wesenheit Geist mit dem Einblasen des Hl. Geistes, welcher dem Adam ward eingeblasen.

10. Jetzt war nun kein Rat, es erregte sich denn die Gottheit in der göttlichen Jungfrau nach dem andern Principio in der im Tod eingeschlossenen Jungfrauschaft und wurde ein anderes Bildnis aus dem ersten. Und ist uns erkenntlich und genug verständlich, daß das erste Bildnis mußte dem Grimm gegeben werden, damit er seinen Durst löschete; und mußte in die Verwesung gehen als in das essentialische Feuer, da doch die Essenz nicht verweset oder abstirbet, um welches willen Gott einen Tag bestimmt hat, da er die Essenz des alten und ersten Adam will durchs Feuer führen, da sie soll der Eitelkeit[215] los werden als der Sucht des Teufels und Zorns der ewigen Natur.

11. Und verstehen weiter, wie Gott habe das Leben seines heiligen Wesens wieder in uns gebracht, indem er sich mit seinem eigenen Herzen oder Worte und Kraft des göttlichen Lebens in der in Tod eingeschlossenen Jungfrauschaft beweget als in der reinen Liebe, und dieselbe wieder entzündet und seine himmlische Wesenheit mit der reinen Jungfrauschaft in die in Tod eingeschlossene Jungfrauschaft eingeführet, und hat aus der himmlischen und aus der in Tod und Zorn eingeschlossenen Jungfrauschaft ein neues Bildnis erboren.

215 Vergänglichkeit

144

12. Und dann zum dritten verstehen wir, daß dieses neue Bildnis hat müssen durch den Tod und Grimm des Feuers wieder in die himmlische, göttliche Wesenheit in Ternarium Sanctum eingeführet werden. Denn die irdische Sucht, welche der Teufel hatte besessen, mußte im Zornfeuer bleiben und ward dem Teufel zur Speise gegeben. Da soll er ein Fürst inne sein nach dem Grimmen-Quall der ewigen Natur, denn der Teufel ist des Grimmes Speise, und der Grimm ist des Teufels Speise.

13. Dieweil sich dann das Wort des ewigen Lebens hat wieder in unsere in Tod eingeschlossenen kalten Liebe und Jungfrauschaft beweget und an sich genommen unsere verderbte Jungfrauschaft, und ist ein innerlicher und äußerlicher Mensch worden, und hat das Centrum als unser Seelenfeuer in seine Liebe eingeführet, so erkennen wir seine in uns eingeführte Liebe und Jungfrauschaft für unsere eigene Jungfrauschaft. Denn seine Liebe und Jungfrauschaft hat sich mit unserer kalten Liebe und Jungfrauschaft vermählet und dareinergeben, daß Gott und Mensch soll ewig eine Person sein.

14. Nun spricht die Vernunft: Das ist in Maria als nur in einer Person geschehen, wo bleibe aber ich? Christus ist nicht auch in mir geboren worden.

15. Ach, unser großes Elende und Blindheit, daß wir nicht verstehen wollen! Wie gar hat uns doch die irdische begreifliche Sucht geblendet und der Teufel durch und mit dem greulichen Antichrist in Babel verführet, daß wir gar keine Sinnen wollen haben? Siehe doch, du elende und jämmerliche Vernunft, was du bist, anders nichts als ein hurisch Weib an Gott. Wie soll ich dich anders nennen, da du doch der reinen Jungfrauschaft an Gott brüchig und meineidig bist. Hast du nicht Adams Fleisch, Seele und Geist, und bist aus Adam herkommen? Bist du nicht aus Adams Wasser und Feuer entsprungen? Du bist ja Adams Kind, machs wie du willst, du mußt

stillehalten. Du schwimmest in Adams Mysterio, beides: im Leben und im Tode.

16. So ist ja das Wort Gottes in Adams in Tod eingeschlossener Jungfrauschaft Mensch worden. Es hat sich das Herze Gottes in Adams Jungfrauschaft erreget und (hat) die aus dem Tode durch Gottes Feuer in die göttliche Qual eingeführet. Christus ist Adam worden, aber nicht der zerteilete, sondern der jungfräuliche Adam, der Adam vor seinem Schlafe war. Er hat den verderbten Adam in Tod, in Gottes Feuer eingeführet und hat den reinen jungfräulichen aus dem Tode durch Feuer ausgeführet, dessen Sohn du bist. So du aber nicht im Tode bleibest liegen, als ein faul Holz, das nicht qualifizieren[216] kann, welches im Feuer keine Essenz gibt, sondern wird eine finstere Asche.

17. Nun spricht die Vernunft: Wie kommts denn, weil ich Christi Glied und Gottes Kind bin, daß ich ihn nicht fühle noch empfinde? – Antwort: Ja, allhie stecket es, liebes besudeltes Hölzlein; riech in deinem Busen, wonach stinkest du, nach teuflischer Sucht als nach zeitlicher Wollust, nach Geiz, Ehren und Macht. Höre, das ist des Teufels Kleid. Zieh diesen Pelz aus und wirf ihn weg. Setze deine Begierde in Christi Leben, Geist, Fleisch und Blut, imaginiere darein, als du hast in die irdische Sucht imaginieret, so wirst du Christus in deinem Leibe, in deinem Fleisch und Blut anziehen. Du wirst Christus werden; seine Menschwerdung wird sich zuhand[217] in dir erregen, und wirst in Christo neugeboren werden.

18. Denn die Gottheit oder das Wort, das sich in Maria erregete und Mensch ward, das ward auch zugleich in allen verstorbenen Menschen von Adam her, welche ihren Geist hatten in Gott oder in den verheißenen Messias einergeben und befohlen, Mensch; und ging auch auf alle diejenigen, die noch sollten aus dem verderbten Adam geboren werden, die

216 wirken   217 alsbald

sich nur dasselbe Wort würden lassen aufwecken, denn der erste Mensch begreift auch den letzten. Adam ist der Stamm, wir sind alle seine Äste. Christus ist aber unser Saft, Kraft und Leben worden. So nun ein Ast am Baume verdorret, was mag das der Saft und die Kraft des Baumes? Gibt sich doch die Kraft allen Ästen, warum zeucht nicht der Ast den Saft und Kraft in sich? Es fehlet an dem, daß der Mensch teuflische Kraft und Essenz anstatt der göttlichen Essenz in sich zeucht, und läßt sich den Teufel verführen in irdischer Sucht und Lust. Denn der Teufel kennet den Zweig, der ihm in seinem gewesenen Lande gewachsen ist und noch wächset. Darum, wie er am Anfang ein Lügner und Mörder ist gewesen, also ist er noch und infizieret die Menschen, dieweil er weiß, daß sie dem äußern Regiment der Sternen sind in seine magische Sucht gefallen. So ist er ein steter Vergifter der Complexion.[218] Und wo er ein Fünklein riecht, das ihm dienet, das stellet er dem Menschen immer für. Imaginieret der Mensch nur drein, er wird ihn bald infizieren.

19. Darum heißet es: Wachet, betet, seid nüchtern, führet ein mäßiges Leben, denn der Teufel, euer Widersacher gehet herum als ein brüllender Löwe und suchet, welchen er verschlinge, I. Petr. 5,8. – Trachtet nicht also nach Geiz, Geld, Gut, Macht und Ehre, denn wir sind in Christo nicht von dieser Welt. Denn darum ging Christus zum Vater als in das göttliche Wesen ein, daß wir ihm sollen mit unsern Herzen, Sinnen und Willen nachfolgen. So wolle er alle Tage bis an der Welt Ende bei uns sein (Matth. 28,20), – aber nicht in dieser Welt Qual.[219] Wir sollen aus dieser Welt Qual aus dem irdischen Menschen ausdringen und unseren Willen in seinen Willen ergeben und unsere Imagination und Lust in ihn einführen, so werden wir in seiner Jungfrauschaft, die er in

218 angeborenen Eigenschaft des Charakters
219 d. h. nicht auf irdische Weise

uns wieder erreget, schwanger, und empfahen das Wort, das sich in ihm rege macht, in unsere in Tod eingeschlossene Jungfrauschaft, und werden in Christo in uns selber neugeboren. Denn wie der Tod durch Adam auf uns alle drang, also dringet das Wort des Lebens aus Christo auf uns alle. Denn die Bewegung der Gottheit in der Menschwerdung Christi ist beweglich blieben und steht allen Menschen offen. Es fehlet nur am Eingehen, daß sich der Mensch läßt den Teufel halten. Christus darf nicht erst von seiner Stätte weichen und in uns einfahren, wenn wir in ihm neugeboren werden, denn das göttliche Wesen, darin er geboren war, hält[220] an allen Orten und Enden innen das andere Principium. Wo man sagen kann, da ist Gott gegenwärtig, da kann man auch sagen: allda ist die Menschwerdung Christi auch gegenwärtig, denn sie ist in Maria eröffnet worden und inqualieret also hinter sich zurück bis in Adam und vor sich bis in den letzten Menschen.

20. Nun spricht die Vernunft: Der Glaube erreichet sie allein. – Ja, recht; in dem rechten Glauben gehet die Schwängerung an, denn der Glaube ist Geist und begehret Wesen, und das Wesen ist ohne das in allen Menschen. Und fehlet nur daran, daß es der Glaubensgeist ergreife. Und so es ergriffen wird, so blühet und wächset die schöne Lilien aus, nicht allein ein Geist, sondern das jungfräuliche Bild wird aus dem Tode ins Leben geboren. Die Rute Aaronis, welche dürre ist, grünet aus dem dürren Tode aus und nimmt aus dem Tode seinen Leib, aus der halberstorbenen Jungfrauschaft das schöne neue jungfräuliche Leben. Und die dürre Rute Aaronis hat dies angedeutet sowohl der alte Zacharias, auch Abraham mit seiner alten Sara, welche nach der äußeren Welt alle gleich als erstorben waren und nicht mehr fruchtbar. Aber die Verheißung in der neuen Wiedergeburt sollte es tun. Das Leben sollte aus dem Tode grünen. Nicht der alte Adam, der irdisch

220 enthält

war, soll Herr sein, auch nicht Esau der erstgeborene, dem zwar das Erbe gehöret hätte, so Adam blieben wäre, sondern der andere Adam: Christus, der aus dem ersten durch den Tod ausgrünet, soll Herr bleiben. Nicht der Mann oder das Weib soll Gottes Reich besitzen, sondern die Jungfrau, die aus des Mannes und Weibes Tode ausgeboren wird, soll Königin der Himmel sein. Ein Geschlecht, nicht zwei, ein Baum, nicht viele! Christus war der Stamm, weil er die Wurzel des neuen Leibes war, der aus dem Tode grünete, der die verstorbene Jungfrau wieder als einen schönen Zweig aus dem Tode ausführete. Und wir alle sind die Äste und stehen alle auf einem Stamme, der ist Christus.

21. Also sind wir Christi Äste, seine Zweige, seine Kinder, und Gott ist unser aller, auch Christi Vater. In ihm leben und weben und sind wir. Wir tragen Christi Fleisch und Blut an uns, so wir aber zur neuen Wiedergeburt kommen, denn in Christi Geist werden wir wiedergeboren. Der in Maria in der verstorbenen Menschheit ein lebendiger Mensch ward ohne Berührung eines Mannes, der wird auch in uns selber, in unserer verstorbenen Jungfrauschaft ein neuer Mensch, und fehlet nunmehr nur noch an dem, daß wir den alten Adam als die Hülse in Tod werfen, daß des irdischen Lebens Qual von uns gehe und wir also dem Teufel aus seinem Lande ausgehen.

22. Nicht allein dieses, denn der alte Adam muß nicht so ganz und gar weggeworfen werden, sondern nur die Hülse als die Schale, darin der Same verborgen liegt. Aus der alten Essenz muß der neue Mensch in Gottes Bewegung ausgrünen als ein Halm aus dem Korne, wie uns Christus lehret. Darum muß die Essenz in Gottes Zorn eingeworfen werden, muß verfolget, geplaget, verspottet werden und dem Kreuz unterliegen. Denn aus Gottes Zornfeuer muß der neue Mensch ausgrünen. Er muß im Feuer bewähret werden. Wir waren des Zorns Essenz heimgefallen, aber die Liebe Gottes stellete

sich in Zorn und löschete den Zorn mit der Liebe im Blut der himmlischen Wesenheit im Tode Christi. Also behielt der Zorn die Hülse als den verderbten Menschen, verstehe: die irdische Qual, und die Liebe behielt den neuen Menschen. Darum soll kein Mensch mehr himmlisch Blut vergießen, sondern nur das irdische, tödliche. Denn Christus, der ohne Mann und Weib empfangen ward, der konnte das alleine tun, denn in seiner himmlischen Wesenheit war kein irdisch Blut. Er vergoß aber sein himmlisch Blut unter das irdische, daß er uns arme irdische Menschen vom Grimm erlösete. Denn sein himmlisch Blut mußte sich in seinem Blutvergießen mit dem irdischen mengen, auf daß die Turba[221] in der Irdigkeit in uns, welche uns gefangen hält, ersäufet und der Zorn mit der Liebe des himmlischen Bluts gelöschet würde. Er gab sein Leben für uns in Tod, ging für uns in die Hölle ins Vaters Feuer-Qual und aus der Hölle wieder in Gott, auf daß er den Tod zerbräche, den Zorn ersäufte und uns eine Bahn machte. Da Christus am Kreuze hing und starb, allda hingen wir mit und in ihm am Kreuz und starben in ihm, stunden auch in ihm vom Tode auf und leben ewig in ihm als ein Glied am Leibe. Und also hat des Weibes Same der Schlangen den Kopf zertreten. Christus hats in uns und wir in Christo getan. Göttliche und menschliche Essenz hats getan.

23. Also liegts nun jetzt an dem, daß wir ihm nachfolgen. Christus hat wohl den Tod zerbrochen und den Zorn gelöschet. Aber wollen wir seinem Bild ähnlich werden, so müssen wir ihm auch in seinem Tode nachfolgen, sein Kreuz auf uns nehmen, uns lassen verfolgen, höhnen, spotten und töten. Denn die alte Hülse gehöret dem Zorne Gottes. Sie muß gefeget werden, weil nicht der alte Mensch soll in uns leben, sondern der neue. Der alte wird dem Zorn dargegeben, denn aus dem Zorn blühet der neue aus, gleichwie das Licht aus

221 der Grimm

dem Feuer scheinet. Der alte Adam muß also das Holz zum Feuer sein, auf daß der neue im Lichte des Feuers ausgrüne, denn im Feuer muß er bestehen. Nichts ist ewig, das nicht im Feuer bestehen kann und das nicht aus dem Feuer urständet.

24. Unsere Seele ist aus Gottes Feuer und der Leib aus des Lichtes Feuer, doch verstehe allezeit mit dem Leibe eine stumme Wesenheit, welche nicht Geist, sondern ein essentialisch[222] Feuer ist. Der Geist ist viel höher, denn sein Urstand ist Feuer des Grimmes, der grimmen Qual, und sein recht Leben oder Leib, den er in sich hat, ist das Licht der Sanftmut. Das wohnet im Feuer und gibt dem Feuer seine sanfte Nahrung oder Liebe, sonsten bestünde das Feuer nicht, es will zu zehren haben. Denn Gott der Vater spricht auch: Ich bin ein zorniger, eifriger, grimmiger Gott, ein verzehrend Feuer, Deut. 4,24, und nennet sich doch auch einen barmherzigen lieben Gott, I. Joh. 4,8 nach seinem Lichte, nach seinem Herzen. Darum spricht er: Ich bin barmherzig; – denn im Lichte wird das Wasser des ewigen Lebens geboren, welches das Feuer und den Grimm des Vaters löschet.

DAS 13. KAPITEL

Vom zweifachen Menschen, als vom alten und
vom neuen Adam

Alles was im alten Adam von Christo gelehret, geschrieben, gepredigt oder geredet wird, es sei aus Kunst oder wie es wolle, so ist es aus dem Tode und hat weder Verstand noch Leben, denn der alte Adam ist an Christo tot. Es muß es nur der neue, der aus der Jungfrauen geboren wird, tun. Der verstehet allein das Wort der Wiedergeburt und gehet zur Tür Christi in (den) Schafstall ein. Der alte Adam will durch

222 irdisches

Kunst und Forschen einsteigen. Er meinet, im Buchstaben könne Christus genug ergriffen werden, dieser sei von Gott bestellt und gerufen zu lehren, der Kunst und Sprachen gelernet habe, der viel gelesen habe, der Geist Gottes müsse durch sein Predigen reden, ob er gleich nur der alte verderbte Adam sei. Aber Christus saget: Die sind Diebe und Mörder und sind nur kommen zu rauben und zu stehlen. Wer nicht zur Tür im Schafstall gehet, sondern steiget anderswo hinein, der ist ein Dieb und ein Mörder, Joh. 10,1. Und weiter spricht er: Ich bin die Tür zu den Schafen; wer durch mich eingeht, der wird Weide finden, und die Schafe werden ihm folgen (Joh. 10,9). Denn wer nicht mit mir ist, der ist wider mich.

2. Ein Lehrer soll und muß aus Christo geboren sein, oder (er) ist ein Dieb und Mörder, und stehet nur da zu predigen wegen der Bauchfülle.[223] Er tuts um Geldes und Ehre willen. Er lehret sein Wort und nicht Gottes Wort. Wenn er aber aus Christo wiedergeboren ist, so lehret er Christi Wort, denn er stehet im Baum Christi und gibt seinen Schall aus dem Baum Christi, darin er stehet. Darum ist solche Widerwärtigkeit auf Erden, daß ihnen[224] die Menschen Lehrer aufladen, nach denen ihnen die Ohren jucken, was der alte böse Adam gerne höret, was zu seinem Aufsteigen und fleischlicher Wollust dienet, was zur Macht und Pracht dienet.

3. O ihr Teufelslehrer, wie wollet ihr vor dem Zorne Gottes bestehen? Warum lehret ihr, so ihr doch nicht von Gott gesandt seid? Ihr seid aus Babel, aus der großen Hure, gesandt, aus der Mutter der großen geistlichen Hurerei auf Erden. Nicht aus der Jungfrauen seid ihr geboren, sondern aus der ehebrecherischen Frauen, denn ihr lehret nicht allein Menschentand, sondern verfolgt auch die gesandten Lehrer, welche aus Christo geboren sind. Ihr streitet um die Religion, und ist doch gar kein Streit in der Religion. Es sind nur man-

223 um sich den Bauch zu füllen   224 sich

cherlei Gaben, aber es redet nur ein Geist. Gleichwie ein Baum mancherlei Zweige hat und die Frucht mancherlei Form und nicht gar schlecht[225] einander ähnlich siehet. Auch wie die Erde mancherlei Kraut und Blumen träget und sie die Erde ist die einige Mutter, also auch ist es mit denen, die aus Gottes Geiste reden, ein jeder redet aus dem Wunder seiner Gaben. Aber ihr Baum und ihr Acker darauf sie stehen, ist Christus in Gott, und ihr Geistbinder wollet das nicht leiden. Ihr wollet euren Christo, den ihr doch selber mit der irdischen Zungen unerkannt lehret, das Maul verstopfen und ihn an euer Gesetz binden. O, die wahre Kirche Christi hat kein Gesetz. Christus ist der Tempel, da wir müssen eingehen. Der Steinhaufe[226] machet keinen neuen Menschen. Aber der Tempel Christi, da Gottes Geist lehret, der wecket das halbtote Bildnis auf, daß sie anhebet zu grünen. Es gilt alles gleich. Gott fraget nicht nach Kunst oder nach Wohlredenheit, sondern wer zu ihm kommt, den will er nicht hinausstoßen. Christus ist in die Welt kommen, daß er die armen Sünder rufen und selig machen will. Und Jesajas saget: Wer ist so einfältig als mein Knecht? – Darum tuts dieser Welt Witz[227] garnicht. Sie machet nur Hoffart und aufgeblasene Vernunft. Sie will oben aus und will herrschen. Aber Christus spricht: Wer nicht verlässet Häuser, Gut, Geld, Weib und Kind um meines Namens willen, der ist meiner nicht wert. Alles was in dieser Welt ist, muß nicht so lieb sein als der teure Name Jesus ist, denn alles was diese Welt hat, das ist irdisch, aber der Name Jesus ist himmlisch. Und aus dem Namen Jesu müssen wir aus der Jungfrauen wiedergeboren werden.

4. Darum steht der Jungfrauen Kind gegen den alten Adam. Dieser erzeiget sich mit Begierden der zeitlichen Wollust, Ehren, Macht und Gestalt und ist ein grimmiger scheußlicher Drache, der nur fressen will, wie ihn die Offenbarung

225 einfach   226 der äußeren Kirche   227 Klugheit

Johannis darstellet, einen feuerspeienden oder einen greulichen, scheußlichen Drachen. Und der Jungfrauen Kind steht auf dem Mond und führet eine Krone mit zwölf Sternen, denn es tritt das Irdische, als den Mond, mit Füßen.[228] Es ist aus dem irdischen Mond ausgewachsen als eine Blume aus der Erden. Darum stehet das jungfräuliche Bild auf dem Monde. Dawider schießet der grimmige Drache seinen Strahl mit Wasser und will das jungfräuliche Bild immer ersäufen. Aber die Erde kommt der Jungfrauen zu Hilfe und verschlinget den Wasserstrahl und führet die Jungfrau in Ägypten, das ist: das jungfräuliche Bild muß sich in Ägypten in die Dienstbarkeit lassen stellen. Und die Erde, als der Grimm Gottes, verdecket das jungfräuliche Bild, sie verschlinget des Drachen Strahl. Obgleich der Drache das jungfräuliche Bild mit seinem Greuel überhäufet, lästert und schmähet, so schadets doch dem Jungfrauenkinde nichts. Denn der Grimm Gottes nimmt die Lästerung, so über das reine Kind ausgegossen wird, an; denn die Erde bedeutet allezeit den Grimm Gottes. Also stehet das jungfräuliche Kind auf der Erden als auf dem irdischen Monde und muß immer in Ägypten vor dem irdischen Drachen fliehen. Es muß allhier nur unter Pharaonis Dienstbarkeit sein, aber es stehet auf dem Mond und nicht unter dem Mond. Der Fürst Josua oder Jesus führets durch den Jordan in Jerusalem. Es muß nur durch den Tod in Jerusalem eingehen und den Mond verlassen. Es ist in dieser Welt nur ein Gast, ein Fremdling und Pilgrim. Es muß durch des Drachen Land wandern. Wenn der Drache seinen Strahl schießt, so muß sichs beugen und unter das Kreuz treten, so nimmt der Zorn Gottes des Drachen Feuer an.

5. Uns ist erkenntlich, daß der alte Adam nichts vom neuen weiß noch verstehet. Er verstehet alles irdisch, er weiß nicht, wo Gott oder was Gott ist. Er heuchelt ihm[229] selber,

228 Offb. 12,1   229 betrügt sich selber

misset ihm Frömmigkeit zu und meinet, er diene Gott, dienet doch nur dem alten Drachen. Er opfert und sein Herze hanget am Drachen. Er will schlecht[230] fromm sein und mit der Irdigkeit in Himmel fahren, spottet doch des Himmels Kinder. Damit zeiget er an, daß er im Himmel fremd ist, er ist nur ein Herr auf Erden und ein Teufel in der Hölle.

6. Unter solchen Dornen und Disteln müssen Gottes Kinder wachsen. Sie werden in dieser Welt nicht erkannt, denn der Zorn Gottes verdecket sie. Es kennet sich auch ein Kind Gottes selbst nicht recht. Es siehet nur den alten Adam, der ihm anhanget, der immer will das Jungfrauenkind ersäufen, es sei denn, daß das Jungfrauenkind einen Anblick in Ternarium Sanctum[231] empfahe. Da kennet sichs, wenn ihm das edle schöne Ritterkränzlein wird aufgesetzet. Da muß der alte Adam hintennach sehen, und weiß nicht, wie ihm geschieht. Er ist wohl sehr freudig, aber er tanzet als einer nach der Saiten.[232] Wenn das Spiel aufhöret, so hat seine Freude ein Ende und (er) bleibet der alte Adam, denn er gehöret der Erden und nicht der englischen Welt.

7. Sobald es mit dem Menschen dahin kommt, daß das jungfräuliche Bild aus dem alten Adam anhebet auszugrünen, daß sich des Menschen Seele und Geist in Gehorsam Gottes einergibt, so hebet mit ihm der Streit an, denn der alte Adam im Zorne Gottes streitet wider den neuen Adam in der Liebe. Der alte will im Fleisch und Blut Herr sein. So mag der Teufel den jungfräulichen Zweig auch nicht dulden, denn er darf ihn nicht anrühren, aber den alten Adam mag er rühren, infizieren und besitzen. Weil ihm seine eigene Wohnung in der Finsternis des Abgrundes nicht gefället, so wohnet er gerne im Menschen, denn er ist ein Feind Gottes und hat außer dem Menschen keine Gewalt. Darum besitzet er den

230 schlicht   231 Hl. Dreifaltigkeit
232 d. h. nach einer bestimmten Musik

Menschen und führet ihn nach seinem Gefallen in Zorn und Grimm Gottes, damit er Gottes Liebe und Sanftmut spotte. Denn er vermeint noch, weil[233] er ein grimmig Feuerquall ist, er sei höher als die Demut, dieweil er könne schrecklich fahren. Weil er aber den jungfräulichen Zweig nicht darf anrühren, so brauchet er eitel List und Schalkheit und verdecket den, daß er in dieser Welt nicht erkannt wird, es möchten ihm sonst zuviel solcher Zweiglein in seinem vermeinten Lande wachsen. Denn er ist denen gram und feind, führet seine hoffärtigen Diener mit Spott und Plagen über denselben Menschen, daß er verfolget, verspottet und für einen Narren gehalten wird. Solches tut er durch die vernunftkluge Welt, durch diese, welche sich Christi Hirten nennen, auf welche die Welt siehet, auf daß doch der Lilienzweig nicht erkannt werde. Die Menschen möchtens sonst merken und möchten ihm zuviel solcher Zweiglein wachsen, so dürfte er wohl seine Herrschaft bei den Menschen verlieren.

8. Aber der edle Lilienzweig wächset in Geduld, in Sanftmut und nimmt seine Essenz, Kraft und Ruch aus dem Acker Gottes, als aus der Menschwerdung Christi. Christi Geist ist seine Essenz, Gottes Wesen ist sein Leib. Nicht aus fremder Eigenschaft, sondern aus einer eigenen in Tod eingeschlossenen und in Christi Geist ausgrünenden Essenz wächset der jungfräuliche Lilienzweig. Er suchet und begehret nicht dieser Welt Schönheit, sondern der englischen Welt, denn er wächset auch nicht in dieser Welt, im dritten Principio, sondern im andern Principio in der Paradeiswelt. Darum ist großer Streit in Fleisch und Blut in der äußern Vernunft. Der alte Adam kennet den neuen nicht und befindet doch, daß er ihm widerstehet. Er will nicht, was der alte will. Er führet den alten immer zur Abstinenz. Das tut dem alten wehe. Der alte will nur Wollust, Gut und zeitliche Ehre haben. Er mag nicht

233 solange

Spott und Kreuz leiden, aber dem neuen gefället es wohl, daß er soll Christi Malzeichen tragen, daß er dem Bilde Christi ähnlich wird. Darum gehet der alte oft ganz traurig um, denn er siehet, daß er muß Narr sein, weiß doch auch nicht, wie ihm geschieht, denn er kennet nicht Gottes Willen. Er hat nur den Willen dieser Welt. Was allda glänzet, das will er haben. Er will immer gerne Herr sein, vor dem man sich bücke. Aber der neue bücket sich vor seinem Gott. Er begehret nichts, will auch nichts, sondern sehnet sich nach seinem Gott als ein Kind nach seiner Mutter. Er wirfet sich in seiner Mutter Schoß und ergibt sich seiner himmlischen Mutter im Geiste Christi. Er begehret seiner ewigen Mutter Speise und Trank und isset in der Mutter Schoß, als ein Kind im Mutterleibe von der Mutter isset. Denn weil[234] er im alten Adam verdekket ist, so ist er noch in der Menschwerdung. Wenn aber der alte (Adam) stirbet, so wird der neue aus dem alten ausgeboren. Er lässet das Gefäße, da er innen lag und ein jungfräulich Kind ward, der Erden und dem Gerichte Gottes. Er aber wird ausgeboren als eine Blume in Gottes Reich. Alsdann, wenn kommen wird der Tag der Wiederbringung, sollen ihm alle seine Werke, welche er im alten Adam gut gewirket hat, nachfolgen, und die Bosheit des alten Adam soll im Feuer Gottes abgebrannt und dem Teufel zur Speise gegeben werden.

9. Nun spricht die Vernunft: Weil denn der neue Mensch in dieser Welt in dem Alten nur in der Menschwerdung ist, so ist er nicht vollkommen? – Antwort: Dies ist anders nicht als wie in einem Kinde, da der Same mit zweien Tinkturen als männlich und weiblich ineinandergesäet wird, und wird ein Kind daraus. Denn sobald der Mensch umkehret und sich zu Gott wendet mit ganzem Herzen, Sinn und Willen und gehet vom gottlosen Wege aus und ergibt sich ganz ernstlich in Gott, so gehet die Schwängerung im Seelenfeuer in dem alten

234 solange

verderbten Bildnis an, und die Seele ergreift in sich das Wort, das sich in Maria bewegte im Centro der Hl. Dreifaltigkeit, das sich mit der züchtigen, hochgebenedeiten Himmelsjungfrau der Weisheit Gottes eingab in die halberstorbene Jungfrau und ward ein Mensch. Dasselbe Wort, das in Maria im Centro der Hl. Dreifaltigkeit sich bewegte oder regte, das sich mit der halbtoten eingeschlossenen Jungfrauschaft vermählete, ergreift das seelische Feuer, alsobald gehet in der Seelen Bildnis als in der Seelen Licht in der Sanftmut als in der verschlossenen jungfräulichen Wesenheit die Schwängerung an. Denn des Menschen Liebetinktur ergreifet Gottes Liebetinktur, und ist der Same im Hl. Geist in der Seelen Bildnis gesäet, wie solches in unserm Buche »Vom dreifachen Leben des Menschen« weitläufig beschrieben worden.

10. Nun siehe, so denn also das jungfräuliche Zeichen in Gottes Liebe erscheinet, so mag dieser Zweig schon geboren werden, denn in Gott ist alles vollkommen. Weil er aber im alten Adam verdeckt stecket und gleich nur in der Essenz als ein Same stehet, so ist noch große Gefahr dabei, denn mancher erlanget diesen Zweig erst an seinem letzten Ende. Und ob er ihn gleich mit aus Mutterleibe gebracht hätte, so wird er doch verderbet und bei manchen zerbrochen und irdisch gemacht.

11. Also gehet es auch mit dem armen Sünder. Wenn er Buße tut, wird aber hernach wieder ein böser Mensch, so gehets ihm als Adam geschah. Der war ein schön, herrlich, von Gott erschaffen und hocherleuchtet Bild. Als er aber sich ließ die Lust überwinden, ward er irdisch, und ward sein schönes Bildnis in der irdischen Qual im Zorn Gottes gefangen, also gehets noch immerdar. Aber dies sagen wir, als wir Erleuchtung in Gnaden Gottes empfangen und um dies Kränzlein viel Zeit gerungen haben, daß dem, der im Ernst beständig bleibet bis sein Zweig ein Bäumlein wird, dem mag sein Zweig in einem oder mehr Stürmen nicht leichtlich zerbro-

chen werden, denn was schwach ist, das hat auch ein schwach Leben. Nicht reden wir also der Gottheit ein, sondern natürlich ist das, und geschieht doch auch alles natürlich, denn das Ewige hat auch seine Natur und gehet nur eines aus dem andern. Wäre diese Welt nicht von des Teufels Bosheit und Grimm vergiftet gewesen, so wäre Adam in dieser Welt im Paradeis blieben, auch wäre kein solcher Grimm in Sternen und Elementen. Denn der Teufel war ein König und großer Herr im Loco dieser Welt, der hat den Grimm erreget. Darum schuf Gott den Himmel aus dem Mittel des Wassers, daß die feurige Natur als das feurige Firmament mit dem Wasser-Himmel gefangen wäre, daß sein Grimm verlösche. Sonst wo das Wasser sollte vergehen, würde man wohl sehen, was in dieser Welt sein würde: anders nichts als ein eitel kaltes, herbes und feuriges Brennen und doch nur finster, denn es könnte kein Licht sein. Denn das Licht bestehet bloß in der Sanftmut, so kann auch kein scheinend Feuer sein, es habe denn sanfte Wesenheit. Darum ist uns erkenntlich, daß Gott hat die himmlische Wesenheit in Wasser verwandelt, welches natürlich geschah, als sich Gott der Vater bewegte. Und der Teufel fiel, welcher wollte ein Feuer-Herr sein über die Sanftmut. So ward ihm ein solcher Riegel vor seine giftige Bosheit geschoben, daß er also nun Gottes Affe und nicht Herr ist, ein Wüter und Erfüller im Zorn-Quall.

12. So wir denn solches wissen, daß wir mit dem Zorn umgeben sind, sollen wir unser selber wahrnehmen und uns nicht also gering und leicht schätzen. Denn wir sind nicht allein von dieser Welt, sondern auch zugleich von der göttlichen Welt, welche in dieser Welt verborgen stehet und ist uns nahe. Wir können zugleich auf einmal in dreien Welten leben und sein, so wir anders aus dem bösen Leben mit dem jungfräulichen Bilde ausgrünen. Denn wir leben (1) im ersten Principio in Vaters Welt im Feuer nach der essentialischen Seele als nach der Feuer-Qual im Centro naturae der Ewig-

keit, und dann (2) mit dem rechten reinen jungfräulichen Bilde leben wir in der lichtflammenden Paradeiswelt, wiewohl dieselbe im Loco dieser Welt nicht offenbar ist, wird aber doch in dem jungfräulichen Bilde im Hl. Geiste und im Worte, das im jungfräulichen Bilde wohnet, erkannt; (3) leben wir mit dem alten Adam in dieser äußeren verderbten Sucht-Welt beim Teufel in seiner entzündeten Sucht. Darum heißets vorsichtig sein. Christus spricht: Seid einfältig als die Tauben und listig als die Schlangen (Matth. 10,16); nehmet euer selber wahr. – In Gottes Reich (be)dürfen wir keiner List. Wir sind nur Kinder in der Mutter Schoß, aber in dieser Welt mögen wir uns wohl vorsehen. Wir tragen den edlen Schatz in einem irdischen Gefäße. Es ist bald geschehen, daß verloren wird Gott und Himmelreich, das nach dieser Zeit nicht mehr zu erlangen ist. Allhier sind wir im Acker und Samen. Wir stehen allhier im Wachsen, ist es gleich, daß der Halm einmal zerbrochen wird, so ist doch noch die Wurzel da, daß ein anderer Halm wachsen mag.

13. Allhier steht dem Menschen die Gnadentür offen. Es ist kein Sünder so groß, so er umkehret und rechtschaffene Früchte der Buße wirket, er mag aus der Bosheit neugeboren werden. Wer aber seine Wurzel mutwillig in des Teufels Feuer wirft und an seinem Ausgrünen verzaget, wer will dem helfen, der selber nicht will! Wenn er aber seinen Willen umwendet zu Gott, so will ihn Gott haben. Denn wer in Gottes Zorn will, den will Gottes Zorn haben. Wer aber in die Liebe will, den will Gottes Liebe haben. Paulus saget: Welchem ihr euch begebet zu Knechten in Gehorsam, entweder der Sünden zum Tode oder dem Gehorsam Gottes zur Gerechtigkeit, des Knechte seid ihr (Röm. 6,16). Der Gottlose ist Gott ein lieblicher Geruch im Zorne, und der Heilige ist Gott ein lieblicher Geruch in seiner Liebe (II. Kor. 2,15.16). Mag doch ein Mensch aus sich machen, was er will. Er hat beides vor sich, Feuer und Licht. Will er ein Engel im Lichte sein, so hilft ihm

Gottes Geist in Christo zur Engelschar. Will er dann ein Teufel im Feuer sein, so hilft ihm Gottes Zorn und Grimm und zeucht ihn in Abgrund zum Teufel. Item er bekommt seinen Ascendenten[235], wozu er Lust hat. Zerbricht er aber die erste Lust und gehet in eine andere, so bekommt er einen andern Ascendenten. Aber der erste hanget ihm trefflich an. Er will ihn immer wieder haben. Darum muß das edle Körnlein öfter in großer Quetsche[236] stehen. Es muß sich lassen die Dornen stechen, denn die Schlange sticht immer des Weibes Samen als das Jungfrauenkind in die Ferse.[237] Der Schlangenstich stecket im alten Adam. Der sticht immer das Jungfrauenkind im Mutterleib in die Ferse. Darum ist dies Leben in dieser Welt mit uns armen gefangenen Menschen ein Jammertal voller Angst, Kreuz, Elend und Trübsal. Wir sind allhier fremde Gäste und sind auf Pilgrimsstraße. Wir müssen durch große wüste, wilde Einöden wandern, und sind mit bösen Tieren umgeben, mit Nattern und Schlangen, Wölfen und eitel greulichen Tieren. Und das böseste Tier tragen wir im Busen. Unser schönes Jungfräulein steht in demselben bösen wüsten Viehstalle zur Herberge.

14. Aber dies erkennen und sagen wir mit Grunde, daß wem der edle Zweig wächset und stark wird, allda in demselben Menschen der alte Adam muß Knecht werden. Er muß hintennach gehen und oft tun, was er nicht will. Er muß oft Kreuz, Spott und auch den Tod leiden. Das tut er nicht gerne. Aber das jungfräuliche Bild in Christo zwinget ihn, denn er will Christo seinem Bräutigam gerne mit Freuden nachfolgen und ihm ähnlich werden in Kreuz und Trübsal.

15. Und sagen auch wohl dieses, daß wohl keiner mit der jungfräulichen Krone gekrönet wird, welche die Frau in der Offenbarung Johannis Kap. 12,1 trägt mit zwölf Sternen als

235 das aufsteigende Gestirn, geistig-seelisch verstanden
236 unter Druck   237 Gen. 3,15

mit sechs Geistern der Natur himmlisch und mit sechs Geistern irdisch, er bestehe denn vor des Drachen Strahl und fliehe mit in Ägypten als unters Kreuz in die Plagen Ägyptens. Er muß Christi Kreuz tragen und Christi Dornenkrone aufsetzen, sich wohl lassen ausäffen, narren und spotten, will er Christi und der Jungfrauen Krone aufsetzen. Er muß vorerst die Dornenkrone tragen, will er die himmlische Perlenkrone im Ternario Sancto aufsetzen.

16. Und geben den Erleuchteten noch ein groß Geheimnis zu erkennen, daß wenn die Perle gesäet wird, so setzet er zum erstenmal die Krone in Ternario Sancto mit großen Freuden und Ehren vor Gottes Engeln und allen heiligen Jungfrauen auf. Und ist wohl die größte Freude allda, aber dieselbe Krone verbirget sich wieder, denn an dem Orte wird Gott Mensch. Wie wollte da nicht Freude sein, der alte Adam tanzet mit, aber als ein Esel nach der Leier. Aber die Krone wird der Menschwerdung beigelegt.

17. Willst du nun ein Ritter sein, so mußt du in Christi Fußstapfen mit dem alten Esel auch wider den Teufel streiten. So du siegest und für ein ritterlich Kind Gottes erkannt und angenommen wirst, so wird dir der Frauen Krone mit zwölf Sternen aufgesetzt. Die sollst du tragen, bis die Jungfrau aus der Frauen aus deinem Tode oder mit deinem Tode geboren wird. Die soll die dreifache Krone der großen Ehren im Ternario Sancto aufsetzen. Denn weil das jungfräuliche Bild noch im alten Adam verschlossen lieget, erlanget es nicht die englische Krone, denn es stehet noch in Fährlichkeit. Aber wenn es mit des alten Adams Sterben geboren wird, und aus der Hülse oder Schalen auskreucht, alsdann ist es ein Engel und mag nicht mehr verderben, und wird ihm die rechte beigelegte Krone, da Gott Mensch ward, aufgesetzt. Aber die Krone mit den zwölf Sternen behälts zum ewigen Zeichen. Denn es soll in Ewigkeit nicht vergessen werden, daß Gott in der irdischen Frauen wieder hat aufgeschlossen die Jungfrauschaft

und ist Mensch worden. Die Gottheit ist Geist, und das heilige reine Element ist aus dem Worte von Ewigkeit erboren, und ist der Herr in dem Knecht eingegangen, dessen sich alle Engel im Himmel wundern, und ist das größte Wunder, so von Ewigkeit geschehen, denn es ist wider die Natur, und das mag Liebe sein. Die sechs irdischen Zeichen sollen zum ewigen Wunder stehen und ein ewiger Lobgesang sein, daß uns Gott hat aus Tod und Not erlöset. Und die sechs himmlischen Zeichen sollen unsere Krone und Ehre sein, daß wir mit dem himmlischen das Irdische haben überwunden, daß wir Frauen und Mannen waren und sind alsdann züchtige Jungfrauen mit eigener Liebe. So sollen die Siegeszeichen bleiben in Ewigkeit stehen. Daran soll erkannt werden, was Gott mit der Menschheit habe zu tun gehabt, und wie der Mensch das größte Wunder im Himmel ist, dessen sich die Engel hoch erfreuen.

DAS 14. KAPITEL
Von der neuen Wiedergeburt

Dieweil wir in diesem Jammermeer in dem irdischen Fleisch und Blut schwimmen und sind einer irdischen Qual worden, da wir in der Dunkelheit im Glast[238] verschlossen liegen, höret das edle Gemüte nicht auf zu forschen von seinem rechten Vaterlande, dahin es gehen soll. Es spricht immer: Wo ist denn Gott, oder wann soll es doch geschehen, daß ich Gottes Antlitz mag sehen? Wo ist doch meine edle Perle? Wo ist das Jungfrauenkind? Sehe ich doch nicht, wie geschieht mir doch, daß ich mich also ängste nach demselben, das ich doch nicht schauen kann. Ich befinde wohl die große Lust und Begierde darnach, kann aber nicht sehen, da mein Herz möchte ruhen.

238 Schein

Mir ist doch immerdar als einem Weibe, das gerne gebären wollte. Wie wollte ich doch so gerne meine Frucht sehen, die mir von meinem Gott verheißen ist. Es sehnet sich immer zur Geburt. Ein Tag rufet dem andern, und der Morgen dem Abend, und die Nacht wieder dem Tage, und hoffet in der Abstinenz, wenn doch aufgehen werde der helle Morgenstern, der dem Gemüte seine Ruhe bringe, und ist ihm als einem Weibe, das zur Geburt arbeitet, das immer des Anblicks und mit Sehnen und Verlangen wartet.

2. Also, meine geliebten Kinder Gottes, gehets uns. Wir meinen, wir sind noch fern davon und stehen doch also in der Geburt. Wir gebären also mit großem Sehnen in Ängsten, und kennen den Samen nicht, den wir gebären. Denn er lieget verschlossen. Wir gebären nicht zu dieser Welt, wie wollen wir denn die Frucht mit dieser Welt Augen sehen, gehöret doch die Frucht nicht in diese Welt.

3. Dieweil wir aber die wahre Erkenntnis dieses Wesens erlanget haben, nicht nach dem äußern Menschen, sondern nach dem innern, so wollen wir uns dies im Gleichnis vormalen um des Lesers und um unserer Ergötzlichkeit willen.

4. Wenn wir uns betrachten, wie wir doch also zweifach sind, mit zweifachen Sinnen und Willen, so können wir nicht besser zur Erkenntnis kommen, als wenn wir das Geschöpfe betrachten. Wir sehen einen groben Stein liegen, und ist in manchem das beste Gold. Da sehen wir ja, wie das Gold im Steine glänzet, und der Stein ist stumm und weiß nicht, daß er ein so edel Gold in sich hat. Also auch wir, wir sind ein irdischer Sulphur[239], haben aber einen himmlischen Sulphur im irdischen, da ein jedes das Seine ist. Es ist wohl diese Zeit untereinander, aber es inqualieret nicht miteinander. Es ist nur eines des andern Behälter und Wohnhaus, als wir dies am Golde erkennen, da der grobe Stein nicht aus Gold ist, son-

239 Stoff

dern ist nur sein Behälter. Seine Grobheit gibt auch nicht das Gold, sondern die Tinctura solis[240] gibt das im groben Steine. Aber der grobe Stein ist die Mutter und Sol ist der Vater, denn Sol schwängert den groben Stein, darum daß er Centrum naturae hat, daraus Sol seinen Urstand hat. Wenn wir wollten fortgehen bis ins Centrum, wollen wirs darstellen. Weils aber in andern Schriften genug erkläret worden, so bleibts allhie stehen.

5. Also ist es auch mit den Menschen. Der irdische Mensch bedeutet den groben Stein. So bedeutet das Wort, das Mensch ward, Sol.[241] Das schwängert den verderbten Menschen, denn Ursache ist dies: Der verderbte Mensch ist wohl irdisch, er hat aber Centrum naturae in sich ewig. Er sehnet sich nach Gottes Sol, denn in seiner Schöpfung ward Gottes Sol mit zu seinem Wesen genommen. Nun hat aber der grobe Stein das Sol überwachsen und in sich verschlungen, daß das Sol mit dem groben Sulphur gemischet ist, und mag dem groben Sulphur nicht entrinnen, es werde denn im Feuer geläutert, daß das Grobe abgeschmelzet wird, so bleibet Sol allein. Dies verstehe mit dem Sterben und Verwesen. Da wird das grobe irdische Fleisch abgeschmelzet, so bleibet das jungfräuliche geistliche Fleisch alleine.

6. Und verstehet uns recht, was wir meinen. Wir reden teuer und wahrhaftig, als wir es erkennen. Nicht ist der neue Mensch nur ein Geist. Er ist im Fleisch und Blut. Gleichwie das Gold im Steine nicht nur Geist ist, es hat Leib, aber nicht einen solchen, wie der grobe Stein ist, sondern einen Leib, der im Centro naturae im Feuer bestehet. Denn das Feuer seinen Leib nicht verzehren mag, darum daß das Gold ein ander Principium hat. Wüßtest du das, du irdischer Mensch! Aber es bleibet billig stumm, denn die Erde ist des Goldes nicht wert, ob sie das gleich trägt und auch gebieret. Also auch der

240 wörtlich: Tinktur der Sonne   241 Sonne, Gold

irdische Mensch ist des Kleinods nicht wert, das er trägt. Und ob er gleich das hilft gebären, noch ist er eine finstere Erde gegen dem[242] Jungfrauenkinde aus Gott geboren.

7. Und wie das Gold einen wahrhaftigen Leib hat, der im groben Stein verborgen und gefangen lieget, also hat auch die jungfräuliche Tinktur in dem irdischen Menschen einen wahrhaften, himmlischen, göttlichen Leib in Fleisch und Blut. Aber nicht in einem solchen Fleisch und Blut wie das irdische. Es mag im Feuer bestehen, es gehet durch Stein und Holz und wird nicht ergriffen. Gleichwie das Gold den groben Stein durchdringet und zerbricht den nicht, zerbricht auch sich selber nicht, und der Stein weiß nichts vom Golde, also ist auch der alte irdische Mensch. Wenn er das Wort des Lebens, das in Christo Mensch ward, empfähet, so empfähet er das in dem verderbten Sulphur seines Fleisches und Bluts, in das in Tod eingeschlossene jungfräuliche Centrum, da Adam ein jungfräulich Bild innen war, da ihm die wilde Erde sein Gold der klaren göttlichen Wesenheit überzog, daß das Himmlische im Tode im Centro des Feuers mußte stehen. In dasselbe, sage ich, und in demselben bewegte sich das Wort des Lebens, das in Maria ein Mensch ward. Allda kriegte die in Tod eingeschlossene Wesenheit eine lebendige Tinktur. Da hebt das edle Gold als die himmlische Wesenheit im Tode an zu grünen, und hat alsobald den Spiritum Sanctum[243] im Wort des Lebens in sich, der da vom Vater und Sohne ausgehet, und machet die Weisheit als die himmlische Jungfrau als einen Spiegel und Ebenbild der Gottheit für sich als einen reinen Sulphur, ein rein Fleisch und Blut, darinnen er wohnet, nicht irdischer Essenz, sondern göttlicher Essenz aus himmlischer Wesenheit. Das ist das wahrhaftige Fleisch und Blut Christi, denn es wächset in Christi Geiste im Worte des Lebens, das Mensch ward, das den Tod zerbrach, da die göttli-

242 im Vergleich zu dem   243 Hl. Geist

che Tinktur wieder grünete und aus sich Wesen gebar, denn alles ist aus Gottes Begehren geboren und herkommen. So aber Gott ein Feuer und auch ein Licht ist, so ist uns genug erkenntlich, woraus ein jedes kommen ist; können doch anders nicht sagen, als aus dem Guten und Liebreichen sei Gutes kommen, denn ein guter begehrender Wille empfähet in seine Imagination seinesgleichen. Er machet ihm mit dem Hunger seines Begehrens selber seinesgleichen.

8. Also ist uns erkenntlich, daß dieweil die Gottheit gelüstert[244] hat, einen Spiegel, ein Bild seinesgleichen zu haben, die göttliche Lust auch wird in seiner Selbstschwängerung haben das Gute und Liebste in seinem begehrenden Willen geboren ein recht Gleichnis nach dem Guten, nach der klaren Gottheit. Daß sich aber hat das Irdische mit eingemischet, das ist des begehrenden Zorns als des Feuers Schuld, des Teufels, der ihn mit seiner Imagination entzündete.

9. Also ist uns auch nun hoch erkenntlich, daß Gott das Seine als sein Allerbestes und Liebstes, das er zu seinesgleichen schuf in ein kreatürlich Wesen, nicht wollte verlassen. Eher ward er selber ein solches, als er geschaffen hatte, daß er das Verderbte wieder aus der Verderbung gebäre und in das Beste setzte, da er möchte ewig darin wohnen. Und (wir) sagen mit Grunde, daß Gott im neuen Menschen selber selbständig wohnet, nicht durch einen Glast oder fremden Schein, sondern wesentlich, aber in seinem Principio. Der äußere Mensch rühret oder ergreift ihn nicht. Auch ist Fleisch und Blut des neuen Menschen nicht Gott. Es ist himmlische Wesenheit. Gott ist Geist, Gott verdirbet nicht. Obschon das Wesen verdirbet, so bleibet doch Gott in sich. Er darf[245] keines Wegfahrens denn er brauchet auch kein Einfahren, sondern er offenbaret sich im Fleisch und Blut. Es ist seine Lust ein Gleichnis zu besitzen.

244 erstrebt   245 bedarf

10. Und so wir uns also recht erkennen und dem nachgehen, so finden wir, daß der Mensch – verstehet: der ganze Mensch – sei ein recht Gleichnis nach Gott. Denn nach dem irdischen Leben und Leibe ist von dieser Welt, und nach dem jungfräulichen Leben und Leibe ist er vom Himmel. Denn die jungfräuliche Essenz hat himmlische Tinktur, und machet himmlisch Fleisch, in dem Gott wohnet. Gleichwie das Gold im Steine eine andere Tinktur hat als der grobe Stein, und dieselbe Tinktur hat einen andern Leib, es wird ein jeder Leib aus seiner eigenen Tinktur, als wir denn erkennen, daß die Erde ist vom Grimm aus dem Centro des herben als des kalten Feuers erboren worden, aus dem Sulphur der Strengheit in der Angst zum Feuer, wie im Buche »De tribus principiis«[246] gemeldet.

11. Also wird auch ein gut Corpus oder Leib aus guter Essenz, denn die Essenz machet das Leben, und ist doch selber nicht das Leben. Das Leben urständet im Principio als im Feuer, es sei nun gleich im kalten oder hitzigen oder im Lichtfeuer, ein jedes ist ein eigen Principium, und ist doch nicht geschieden.

12. Also wollen wir nun mit Grunde der Wahrheit von der Menschwerdung oder Menschheit reden und sagen mit hellen, dürren, unverdeckten Worten, nicht aus Wahn oder Meinen, sondern aus eigener wahrer Erkenntnis, in Erleuchtung, uns von Gott gegeben:

I.   Daß der neue wiedergeborne Mensch, der in dem alten verborgen liegt als das Gold im Steine eine himmlische Tinktur habe, und hat göttlich, himmlisch Fleisch und Blut an sich, und daß desselben Fleisches Geist kein fremder Geist sei, sondern sein eigener, aus seiner eigenen Essenz erboren.

II.   Wir bekennen und sagen, daß das Wort, das in Maria

246 J. Böhme: Von den drei Prinzipien

der Jungfrauen Mensch ward, der erste Grund zur anhebenden Tinktur im Sulphur sei, und bekennen Christi Geist, der den Himmel an allen Enden erfüllet, in derselben Tinktur wohnend.

III. Wir bekennen, dieses himmlische Fleisch für Christi Fleisch, in dem die Hl. Dreifaltigkeit unzertrennet wohnet.

IV. Wir bekennen, daß es möglich sei, daß dasselbe Fleisch und Blut in Zeit des alten Adam könne durch Imagination wieder verderbet werden, wie in Adam geschah.

V. Wir sagen, daß der Gottheit in der Verderbung nichts abgehe, auch in keinem Bösen berühret werde, denn was die Liebe Gottes verlieret, das fällt dem Zorn Gottes heim. Was aus dem Lichte fället, das fähet das Feuer, und bleibet Gottes Geist für sich unverdorben.

VI. Wir sagen, daß in allen Menschen die Möglichkeit zur neuen Geburt sei, sonst wäre Gott zertrennet und an einem Orte nicht als am andern; und bekennen hiermit, daß der Mensch vom Feuer und Licht gezogen werde. Wo er sich mit der Waage hinlenket, da fället er hin, und mag in dieser Zeit doch seine Angel oder Waagezünglein wieder in die Höhe schwingen, und daß die hl. klare Gottheit kein Böses will. Sie will auch keinen Teufel, hat auch keinen gewollt, viel weniger einen Menschen in der Hölle im Zorne Gottes zu haben. Sondern dieweil kein Licht ohne Feuer ist, so ist uns genug erkenntlich, wie sich der Teufel durch Imagination am Zornfeuer vergaffet, sowohl alle Menschen, die verdammt werden, die wollen ihnen nicht raten lassen, sondern erfüllen selber den gierigen Feuerqual. Sie lassen sich ziehen, könnten aber wohl stehen.

VII. Wir sagen, daß der wahre Tempel, da der Hl. Geist prediget, in der neuen Geburt sei; daß alles tot, stumm, krumm, blind und lahm sei, das nicht aus Gottes Geist

ist oder lehret; daß sich der Hl. Geist nicht in dem Schall des Gottlosen Mundes mische; daß kein gottloser Mensch Christi Hirte sei. Denn obgleich in dem Heiligen mit des Gottlosen Stimme die Uhr geschlagen wird, das geschähe wohl von einem Viehgeschrei, wenn sein Hall verständig wäre. Denn sobald der Name Gottes genannt wird und einen Hall gibt, so fänget der andere Hall als an dem Orte, wo er im Schall ist, als in der hl. Seele. Aber kein Gottloser wecket einen andern Gottlosen aus dem Tode auf, denn das kann nicht sein. Sie sind beide im Zorne Gottes und liegen noch im Tode verschlossen. Hätten wir selber können aus dem Tode steigen und uns lebendig machen, Gottes Herz hätte nicht dürfen Mensch werden. Darum sagen wir mit Grunde, daß alleine dasselbe Wort, das da ist Mensch worden, den armen Sünder aus seinem Tode aufwecket und zur Buße und neuen Leben gebieret. Darum sind alle Schreier, welche gottlos sind, dem Tempel Christi nichts nütze, aber die Christi Geist haben, die sind Christi Hirten.

VIII. Wir bekennen und sagen, daß alle Lehrer, die sich für Christi Knechte und Kirchendiener ausgeben, und solches um Bauchs und Ehren willen, doch aber unwiedergeboren sind, der Antichrist und das Weib in der Offenbarung Johannis auf dem Drachen sind (Apok. 17,3.4.)

IX. Wir sagen, daß alle unbillige Tyrannei und eingenommene Gewalt, da der Elende mit gedränget, ausgesogen, gequetschet und gequälet wird, dadurch er auch leichtfertig zu aller Üppigkeit und Ungerechtigkeit gezogen und geursachet[247] wird, sei das greuliche, scheußliche Tier, darauf der Antichrist reitet.

247 veranlaßt

X.   Wir erkennen und sagen, daß die Zeit nahe und der Tag
        anbreche, da dies böse Tier mit der Huren soll in Ab-
        grund gehen.
        Amen, Halleluja, Amen.

Zweiter Teil
der Menschwerdung Jesu Christi

von Christi Leiden, Sterben, Tod und Auferstehung,
wie wir müssen in Christi Leiden, Sterben und Tod eingehen
und aus seinem Tode mit ihm und durch ihn auferstehen
und seinem Bilde ähnlich werden und ewig in ihm leben.

DAS 1. KAPITEL
Von des Lebens Urstand aus dem Feuer;
item: von dem ewigen Geiste in der ewigen Jungfrau
der Weisheit Gottes

Die äußere Vernunft spricht: Wäre es denn nicht genug gewesen, daß Gott in uns Mensch ward, warum mußte Christus
leiden und sterben? Vermochte denn Gott nicht den Menschen also im Himmel mit der neuen Geburt einführen? Ist
denn Gott nicht genug allmächtig, daß er tue, was er will?
Was hat doch Gott für einen Gefallen am Tode und Sterben,
daß er nicht alleine seinen Sohn am Kreuz hat sterben lassen,
sondern wir müssen auch alle sterben? So uns denn Gott hat
mit dem Sterben seines Sohnes erlöset und er für uns bezah-
let, warum müssen wir dann auch sterben und verwesen?
Also laufet die Vernunft.

2. Vor diesem Spiegel wollen wir den Antichrist, der sich
Christi Diener und Hirten nennet, zu Gaste geladen haben
und alle hohe Schulen dieser Welt mit ihren Disputationen
und Gesetzen, sowohl alle Kinder Christi, welche Christi
Kreuz tragen. Sie sollen alle den wahren Grund sehen, nicht
der Meinung, jemand in seiner Unwissenheit zu schmähen,
sondern zur wahren Lehre, daß sich ein jeder suchen und finden soll. Denn es wird gar ein ernstlicher Handel sein und
trifft den Menschen. Es kostet seinen Leib und Seele. Er darf

damit gar nicht scherzen, denn der diese Erkenntnis hat gegeben, der hat seine Posaune gerichtet. Es gilt dem menschlichen Geschlechte, ein jeder mag seine Lampe schmücken. Es wird ein großer, zweifacher König kommen, aus zweien Türen. Er ist einer und doch zween. Er hat Feuer und Licht. Er zeucht auf Erden und auch im Himmel ein. Das lasse man ein Wunder sein.

3. Lieben Kinder Christi, wenn wir den Tod betrachten, wie wir durch den Tod müssen ins Leben gehen, so finden wir gar viel ein ander Leben, das aus dem Tode kommt; und finden bald, warum Christus hat müssen sterben, warum wir in Christi Tod auch müssen sterben, in ihm auferstehen und mit und durch ihn in Gottes Reich eingehen.

4. Wenn wir nun dieses finden wollen, müssen wir die Ewigkeit im Grund und Ungrund betrachten, sonst ist kein Finden. Wir müssen nur finden, da es ist. Denn aus dem ewigen Grunde haben wir mit Gottes Bildnis unsern Urstand als mit der Seelen und ihrem Bildnis, sind aber ins Zeitliche und Zerbrechliche eingeführet worden, als in die Qual. Nun ist aber die Ewigkeit als der Ungrund eine Freiheit außer der Qual. Darum müssen wir wieder in die Freiheit durchs Sterben eingehen, und können doch auch nicht sagen, daß kein Leben darinnen sei. Es ist das rechte Leben, das da ewig ohne Qual bestehet. Und geben euch das in einem wahrhaftigen Gleichnis zu entsinnen, welches zwar ein Gleichnis ist nach dem Reiche dieser Welt, aber so wir die göttliche Welt dazunehmen, so ists das Wesen selbst.

5. Ihr wisset, daß unser Leben im Feuer stehet, denn ohne Wärme leben wir nicht. Nun hat das Feuer sein eigen Centrum, seinen eigenen Macher in seinem Zirkel als die sieben Gestalten oder Geister der Natur, und werden doch nur die ersten vier Gestalten für die Natur als für das Quellen erkannt, in welchen das Feuer erwecket und aufgeschlagen wird, daß ein Principium oder Lebenszirkel oder Centrum da

sei, da die Materia des Brennens sich in den Geistern oder Gestalten selber machet, und wird auch immer im Feuer verzehret. Und das Feuer gibt aus der Verzehrlichkeit ein anders, das besser ist als das erste, das das Feuer machet. Denn das Feuer ertötet und verschlinget das Wesen, das das Feuer selber machet, verstehe: das essentialische Feuer in den Gestalten zum Feuer. Es verzehret es und gibt aus dem Tode ein viel Edlers und Bessers, das es nicht verzehren kann. Das beweiset sich am Feuer und Lichte, welches nicht allein das wahre Gleichnis ist, sondern es ist das Wesen selber, nur daß man die Principia unterscheide. Es ist wohl alles ein Feuer, aber es unterscheidet sich selber nach der Qual.

6. So wir nun dies wollen zum Verstand geben, so tut not, daß wir des Feuers Urstand anmelden. Weil wir es aber sonst als im Buche »De tribus principiis« und in andern mehr nach der Länge mit allen Umständen beschrieben, so geben wir nur allhier einen kurzen Begriff zum Verstande und weisen den Leser auf die andern Schriften, so er will die sieben Gestalten der Natur forschen.[248]

7. Das Feuer hat vornehmlich drei Gestalten in sich zum Centro. Die vierte Gestalt ist das Feuer selbst und gibt das Principium als das Leben mit dem Geiste, denn in den ersten drei Gestalten ist kein rechter Geist. Es sind nur Essentien als (1) die Herbe, das ist der begehrende Wille, die erste und vornehmste Gestalt; (2) Bitter, stachlicht ist die ander Gestalt, eine Ursache der Essentien; (3) die Angst als der Zirkel oder das Centrum des Lebens, das drehende Rad, das die Sinnen als die bittern Essentien in sich fasset und gleich als im Tode verschlinget; und gibt (4) aus der Angstkammer als aus dem Tode das Gemüte als ein ander Centrum. Das verstehet nun also:

248 Vgl. auch Jakob Böhme: Aurora oder Morgenröte im Aufgang. Insel Verlag 1991 (it 1411).

8. In der Ewigkeit als im Ungrunde außer der Natur ist nichts als eine Stille ohne Wesen. Es hat nichts, das etwas gebe. Es ist eine ewige Ruhe und keine Gleiche, ein Ungrund ohne Anfang und Ende. Es ist auch kein Ziel noch Stätte, auch kein Suchen oder Finden oder etwas, da eine Möglichkeit wäre. Derselbe Ungrund ist gleich einem Auge, denn er ist sein eigener Spiegel. Er hat kein Wesen, auch weder Licht noch Finsternis, und ist vornehmlich eine Magia, und hat einen Willen, nach welchem wir nicht trachten noch forschen sollen, denn es turbieret[249] uns. Mit demselben Willen verstehen wir den Grund der Gottheit, welcher keines Ursprungs ist, denn er fasset sich selber in sich, daran wir billig stumm sind, denn er ist außer der Natur.

9. So wir denn in der Natur sind, so erkennen wir den in Ewigkeit nicht, denn in dem Willen ist die Gottheit selber alles und der ewige Urstand seines eigenen Geistes und aller Wesen. In dem Willen ist er allmächtig und allwissend, und wird doch in diesem Willen nicht Gott genannt oder erkannt, denn es ist darinnen weder Gutes noch Böses. Es ist ein begehrender Wille, der der Anfang und auch das Ende ist. Denn das Ende machet auch den Anfang dieses Willens, und der Anfang das Ende wieder. Und (wir) finden also, daß alle Wesen sind in ein Auge geschlossen. Das ist gleich einem Spiegel, da sich der Wille selber beschauet, was er doch sei. Und in dem Schauen wird er begehrend des Wesens, das er selber ist. Und das Begehren ist ein Einziehen, und ist doch nichts, das da könnte gezogen werden, sondern der Wille zeucht sich im Begehren selber und modelt sich[250] in seinem Begehren für, was er ist. Und dasselbe Model ist der Spiegel, da der Wille siehet, was er ist. Denn es ist ein Gleichnis nach dem Willen. Und wir erkennen denselben Spiegel, da sich der Wille selber immer schauet und besiehet für die ewige Weisheit Gottes,

249 verwirrt   250 stellt sich dar

denn sie ist eine ewige Jungfrau ohne Wesen. Und ist doch der Spiegel aller Wesen, in dem alle Dinge sind von Ewigkeit ersehen worden, was da werden könnte oder sollte.

10. Nun ist dieser Spiegel auch nicht das Sehen selber, sondern der Wille, der begehrend ist, das ist des Willens ausgehende Lust, die aus dem Willen ausgehet. Die ist ein Geist und machet in der Lust des Begehrens den Spiegel. Der Geist ist das Leben. Und der Spiegel ist die Offenbarung des Lebens, sonsten erkennete sich der Geist selber nicht. Denn der Spiegel als die Weisheit ist sein Grund und Behälter. Es ist das Gefundene des Geistes, da sich der Geist in der Weisheit selber findet. Die Weisheit ist ohne den Geist kein Wesen, und der Geist ist ohne die Weisheit ihm selber nicht offenbar, und wäre auch eines ohne das ander ein Ungrund.

11. Also ist die Weisheit als der Spiegel des Geistes der Gottheit für sich selber stumm, und ist der Gottheit als des Geistes Leib, darin der Geist wohnet. Er ist eine jungfräuliche Matrix, darinnen sich der Geist eröffnet, und ist Gottes Wesenheit als ein heiliger göttlicher Sulphur, gefasset in der Imagination des Geistes, des Ungrundes der Ewigkeit. Und ist dieser Spiegel oder Sulphur der ewige erste Anfang und das ewige erste Ende, und gleichet sich allenthalben einem Auge, da der Geist mit siehet, was er darinnen sei und was er wolle eröffnen.

12. Dieser Spiegel oder Auge ist ohne Grund und Ziel, wie denn auch der Geist keinen Grund hat als nur in diesem Auge. Er ist allenthalben ganz, unzerteilet, als wir erkennen, daß der Ungrund nicht mag zerteilet werden, denn es ist nichts, das da scheide; es ist kein Bewegen außer dem Geiste. Also ist uns erkenntlich, was der ewige Geist in der Weisheit sei und was der ewige Anfang und das ewige Ende sei.

*Die wahre hochteure Porte der Hl. Dreifaltigkeit,
das Auge des ewigen Lebensscheins*

Als wir denn erkennen, daß der ewige Anfang im Ungrunde ein ewiger Wille in sich selber sei, dessen Urstand in sich keine Kreatur wissen soll, so ist uns aber doch zu wissen und im Geiste zu erkennen gegeben worden sein Grund, den er in ihm selber machet, darin er ruhet. Denn ein Wille ist dünne[251] als ein Nichts. Darum ist er begehrend, er will etwas sein, daß er in sich offenbar sei. Denn das Nichts ursachet den Willen, daß er begehrend ist. Und das Begehren ist eine Imagination, da sich der Wille im Spiegel der Weisheit erblicket, so imaginieret er aus dem Ungrunde in sich selber und machet ihm in der Imagination einen Grund in sich selber, und schwängert sich in der Imagination aus der Weisheit als aus dem jungfräulichen Spiegel, der da ist eine Mutter ohne Gebären, ohne Willen.

2. Nicht geschieht die Schwängerung im Spiegel, sondern im Willen in des Willens Imagination. Der Spiegel bleibet ewig eine Jungfrau ohne Gebären, aber der Wille wird geschwängert mit dem Anblick des Spiegels. Denn der Wille ist Vater und die Schwängerung im Vater als im Willen, ist Herz oder Sohn, denn es ist des Willens als des Vaters Grund, da der Geist des Willens im Grunde stehet und aus dem Willen im Grunde stehet und aus dem Willen im Grunde ausgehet in die jungfräuliche Weisheit. Also zeucht des Willens Imagination als der Vater des Spiegels Vision oder Gestalt als die Wunder der Kraft, Farben und Tugend in sich, und wird also des Glastes[252] der Weisheit mit der Kraft und Tugend schwanger. Das ist des Willens als des Vaters sein Herz, da der ungründliche Wille einen Grund in sich selbst bekommt durch und in die ewige ungründliche Imagination.

251 materiefrei, subtil   252 Glanzes bzw. der Spiegelung

3. Also erkennen wir die Schwängerung des Vaters für das Centrum des Geistes der Ewigkeit, da sich der ewige Geist immer fasset. Denn der Wille ist der Anfang und das Bewegen oder Einziehen in die Imagination als zum Spiegel der Weisheit, ist der ewige ungründliche Geist. Der urständet im Willen und fasset sich im Centro des Herzens in der Kraft der eingezogenen Weisheit, und ist des Herzens Leben und Geist. So denn der ewige ungründliche Wille in ihm selber stumm wäre, so ist das gefassete aus der Weisheit, welches Herz oder Centrum heißet, des Willens Wort. Denn es ist der Schall oder die Kraft; und ist des Willens Mund, der den Willen offenbaret. Denn der Wille als der Vater, der spricht mit Bewegung des Geistes die Kraft aus in den Spiegel der Weisheit. Und mit dem Aussprechen gehet der Geist aus dem Willen, aus dem Worte des Mundes Gottes als aus dem Centro des Herzens aus in das Ausgesprochene als in den jungfräulichen Spiegel, und eröffnet das Wort des Lebens im Spiegel der Weisheit, daß das dreifaltige Wesen der Gottheit in der Weisheit offenbar wird.

4. Also erkennen wir ein ewig ungründlich göttlich Wesen, und darin drei Personen, da keine die andere ist, als der ewige Wille, welcher eine Ursache alles Wesens ist; der ist die erste Person. Er ist aber nicht das Wesen selber, sondern die Ursache des Wesens und ist frei vom Wesen, denn er ist der Ungrund. Nichts ist vor ihm, das ihn gebe, sondern er gibt sich selber, davon wir kein Wissen haben. Er ist alles, doch auch also einig in sich ohne das Wesen ein Nichts und in diesem einigen Willen urständet der ewige Anfang durch Imagination oder Begehren. Und im Begehren schwängert sich der Wille selber aus dem Auge der Weisheit, welches mit dem Willen in gleicher Ewigkeit ohne Grund und Anfang ist, wie oben gemeldet. Dieselbe Schwängerung ist der Grund des Willens und Wesens aller Wesen, und ist des Willens Sohn, denn der Wille gebieret diesen Sohn von Ewigkeit zu Ewig-

keit immerdar, denn er ist sein Herz oder sein Wort als ein Schall oder Offenbarung des Ungrundes der stillen Ewigkeit, und ist des Willens Mund oder Verstand, und ist billig eine andere Person als der Vater, denn er ist des Vaters Offenbarung, sein Grund und Wesen. Denn ein Wille ist kein Wesen, aber des Willens Imagination machet Wesen.

5. Also ist die andere Person das Wesen der Gottheit, verstehe: das Wesen der Hl. Dreifaltigkeit, der Mund oder Offenbarung des Wesens aller Wesen und die Kraft des Lebens aller Leben.

6. Die dritte Person ist der Geist, welcher mit der Fassung des Willens durch die Imagination aus der Kraft des Sprechens ausgehet aus dem Munde des Vaters in das Auge als in Spiegel der Weisheit. Der ist ja vom Willen und auch vom Worte frei. Und ob ihn gleich der Wille aus dem Worte giebet, noch ist er frei wie die Luft vom Feuer. Wie man denn siehet, daß die Luft des Feuers Geist und Leben ist, und ist doch ein anders als das Feuer, wird doch auch vom Feuer gegeben. Und wie man siehet, daß die Luft einen lebendigen und webenden Himmel gibt, der da scheinlich und beweglich ist, also ist auch der Hl. Geist das Leben der Gottheit und eine andere Person als der Vater und Sohn. Er führet auch ein ander Amt. Er eröffnet die Weisheit Gottes, daß die Wunder erscheinen, wie die Luft alles Lebens dieser Welt eröffnet, daß alles lebet und wächset.

7. Dieses ist also eine kurze Andeutung der Gottheit im Ungrunde, wie Gott in sich selber wohne und selber sein Centrum der Gebärerin sei. Nun ruhet aber also das menschliche Gemüte mit diesem nicht. Es fraget nach der Natur, nach dem, daraus diese Welt ist erboren und alles geschaffen worden. So folget nun ferner der Text des Principii, dahin wir die Vernunft zu Gaste geladen haben.

Die gar ernstliche Porte. Wie Gott außer dem Principio
des Feuers nicht offenbar sei

Wir haben mit dieser Beschreibung gezeiget, was die Gottheit
außer der Natur sei, darinnen zu vernehmen ist, daß die
Gottheit, was die drei Personen antrifft, mit der ewigen Weisheit von der Natur frei sei und daß die Gottheit noch tiefern
Grund habe als das Principium im Feuer. Nun wäre aber die
Gottheit ohne das Principium nicht offenbar; und verstehen
die Gottheit außer dem Principio gleich einem Anblick großer
Wunder, da niemand weiß oder erkennen kann, was da sei, da
alle Farben, Kraft und Tugend in einem ganz schrecklichen
Wesen erscheinen, das doch keinem Wesen gleich sähe, sondern einem schrecklichen Wunderauge, da weder Feuer, Licht
noch Finsternis ersehen würde, sondern ein Anblick eines
solchen Geistes in hochtiefer, blauer, grüner und gemengter
Farbe, da alle Farben inne liegen, und würde doch keine vor
der andern erkannt, sondern gleichte sich einem Blitze, der
schrecklich wäre, dessen Anblick alles turbierte und verzehrte.

2. Also ist nun zu erkennen das ewige Wesen als der ewige
Geist außer dem Feuer und Lichte, denn er ist ein begehrender Wille, der sich selber also zu einem Geist machet. Und
dieser Geist ist die ewige Vermögenheit des Ungrundes,
da sich der Ungrund im Grund führet, davon alles Wesen
urständet. Denn eine jede Gestalt im Geiste ist eine Imagination, ein begehrender Wille und begehret sich zu offenbaren.
Es schwängert eine jede Gestalt ihre Imagination und begehret sich auch jede Gestalt zu offenbaren. Darum ist der
Spiegel des Anblicks ein Wunder des Wesens aller Wesen.
Und der Wunder sind keine Zahl, Grund noch Ende. Es ist
eitel Wunder, welchen Begriff man nicht schreiben kann.
Denn der seelische Geist, der aus diesem Wunder urständet,
verstehet das alleine.

3. Und dann verstehen wir, wie dieser ungründliche Wille von Ewigkeit in Ewigkeit immer begehrend sei, nämlich sich zu offenbaren, sich zu ergründen, was er sei, die Wunder in ein Wesen zu führen und sich in Wundern zu offenbaren. Und das Begehren ist eine Imagination, da der Wille in sich zeucht[253] und sich schwängert und mit der Imagination sich selber beschattet, daß aus dem freien Willen ein Widerwille entstehet, von der Beschattung als von der Finsternis frei zu sein. Denn das Eingezogene ist des freien Willens Finsternis, da er sonst außer der Imagination frei war, und doch auch in sich selber außer der Imagination ein Nichts wäre, und also urständet mit im ersten Willen im Begehren ein Widerwillen. Denn das Begehren ist anziehend, und der erste Wille ist stille und in sich selber ohne Wesen, schwängert sich aber mit dem Begehren, daß er voll Wesen ist, nämlich der Wunder und Kraft, welche ihn überschattet und auch ihm eine Finsternis machet, da sich dann in den eingezogenen Kräften ein anderer Wille fasset, von der finstern Kraft auszugehen in die Freiheit. Derselbe andere Wille ist des Herzens oder Wortes Wille, denn er ist eine Ursache des Principii, daß das Angstrad das Feuer anzündet. So gehet er alsdann durch die Angst als durchs Feuer aus dem Schein des Lichts als die Majestät, darin dann das Wesen der Hl. Dreifaltigkeit offenbar wird, und empfähet allhie den teuren Namen Gott. Das verstehet nun weiter so:

4. Der erste Wille als Gott der Vater, der ist und bleibet ewig frei von der Angstqual, was der Wille in sich selber ist. Aber sein Begehren wird geschwängert, und im Begehren urständet die Natur mit den Gestalten. Und die Natur wohnet im Willen in Gott, und der Wille in der Natur, und ist doch keine Vermischung. Denn der Wille ist also dünne als ein Nichts, darum ist er nicht faßlich. Er wird von der Natur nicht ergriffen, denn so er möchte ergriffen werden, so wäre

253 zieht

in der Gottheit nur eine Person. Er ist wohl die Ursache der Natur, aber er ist und bleibet in Ewigkeit doch eine andere Welt in sich, und die Natur bleibet auch eine andere Welt in sich. Denn sie stehet in Kraft der Essenz, aus welcher das Principium urständet. Denn die klare Gottheit in der Majestät stehet nicht in der Essenz oder im Principio, sondern in der Freiheit außer der Natur. Aber das scheinende Licht aus dem Principio machet die unfaßliche und ungründliche Gottheit offenbar. Es gibt den Schein der Majestät, und hält ihn doch auch nicht in sich selber, sondern es fasset ihn aus dem Spiegel der jungfräulichen Weisheit aus der Freiheit Gottes. Denn wäre nicht der Spiegel der Weisheit, so möchte kein Feuer oder Licht erboren werden. Alles nimmt seinen Urstand von dem Spiegel der Gottheit. Das ist nun in dem Wege zu verstehen:

5. Gott ist in sich der Ungrund als die erste Welt, davon keine Kreatur nichts weiß, denn sie stehet alleine mit Geist und Leibe im Grunde. Es wäre auch Gott also im Ungrunde ihm selber nicht offenbar. Aber seine Weisheit ist von Ewigkeit sein Grund geworden, wonach dann den ewigen Willen des Ungrundes der Gottheit gelüstet, davon die göttliche Imagination entstanden, daß sich der ungründliche Wille der Gottheit hat also von Ewigkeit in der Imagination mit der Kraft der Vision oder Gestalt des Spiegels der Wunder geschwängert. Nun ist in dieser Schwängerung der ewige Urstand zweier Prinzipien zu verstehen, als (1) die ewige Finsternis, daraus die feuernde Welt sich urständet, (2) die Wesenheit des Grimmes in der Finsternis, darin wir Gottes Zorn und den Abgrund der Natur verstehen, und erkennen also die feuernde Welt für das große Leben.

6. Zum andern verstehen wir, wie aus dem Feuer das Licht erboren werde und wie zwischen der feuernden und Lichtwelt der Tod sei, wie das Licht aus dem Tode scheine und wie die lichtflammende Welt ein ander Principium und Qual in sich

sei als die Feuerwelt, und sei doch keines vom andern getrennt, und kann auch keines das andere ergreifen. Und (3)
verstehen wir, wie die Lichtwelt die ewige Freiheit als den
ersten Willen, der Vater heißet, erfülle; (4) verstehen auch in
diesem ernstlich und gründlich, wie das natürliche Leben, das
in der lichtflammenden Welt wohnen will, müsse durch den
Tod gehen und aus dem Tode ausgeboren werden, verstehen
aber, welches Leben aus der Finsternis als aus der Essenz der
finstern Wesenheit urständet als des Menschen Seele, die sich
aus der Feuerwelt in die finstere Wesenheit in Adam hatte
eingewandt. Darum wir dann (5) gründlich und eigentlich
verstehen, warum Gott als das Herz Gottes ist Mensch worden, warum er hat sterben müssen, in Tod eingehen und sein
Leben im Tode zerbrechen und hernach durch die feuernde
Welt in die lichtflammende Welt einführen, und warum wir
ihm also müssen nachfolgen; (6) warum viel Seelen in der
feuernden Welt bleiben und nicht durch den Tod gehen mögen in die Lichtwelt, und was der Tod sei, auch was die Seele
sei. Dieses folget nun also:

7. Wenn wir betrachten, was das Leben sei, befinden wir,
daß es vornehmlich in dreien Stücken stehe: als im Begehren,
Gemüte und Sinnen. Forschen wir dann weiter, was das sei,
daß das gebe, so finden wir das Centrum als das essentialische
Rad, welches den Feuerschmied selbst in sich hat. So wir dann
weiter sinnen, wovon das essentialische Feuer entstehet, so
befinden wir, daß es urstände im Begehren des ewigen ungründlichen Willens, der ihm mit dem Begehren einen Grund
machet. Denn ein jedes Begehren ist herbe oder anziehend
dessen, so der Wille begehret, und ist doch auch nichts vor
ihm, was er begehren mag als nur sich selber.

8. Das ist das große Wunderauge ohne Ziel und Grund, da
alles inne lieget, und ist doch auch ein Nichts, es werde denn
im begehrenden Willen zu einem Etwas gemacht, das durch
Imagination geschieht, da es zu einer Substanz wird, da es

doch noch ein Nichts ist, denn es ist nur eine Beschattung des freien Willens, welches Wesen die Freiheit als den dünnen unerforschlichen Willen beschattet, daß also zwei Welten werden: die erste, welche in sich selber unfaßlich oder ungreiflich ist, ein Ungrund und ewige Freiheit, die ander, die sich selber fasset und zu einer Finsternis machet. Und ist doch keine von der andern getrennet, allein mit diesem Unterschied, daß die Finsternis nicht mag die Freiheit ergreifen, denn sie ist zu dünne und wohnet auch in sich selber, wie denn die Finsternis auch in sich selber wohnet.

Die gar ernste Porte

9. Allhier verstehen wir nun (1) wie des Vaters anderer Wille, den er im Spiegel der Weisheit schöpfet zu seines Herzens Centro mit der Wesenheit in des Vaters Imagination geschwängert werde und daß dieselbe Schwängerung gegen die Freiheit des ersten Willens, der Vater heißet, eine Finsternis sei und in dieser Finsternis oder Wesenheit alle Kraft, Farben und Tugenden in der Imagination liegen, dazu alle Wunder. Und verstehen (2) wie die Kraft, Wunder und Tugend müssen durchs Feuer offenbar werden als im Principio, da alles in seine Essenz tritt, denn im Principio urständet die Essenz. Und verstehen (3) gar ernstlich, daß im Principio, ehe sich das Feuer urständet, ein Sterben sei, als das große Angstleben, das zwar kein Sterben ist, sondern eine herbe, strenge, sterbende Qual, aus welcher das große und starke Leben urständet als das Feuerleben, und dann aus dem gestorbenen das Lichtleben mit der Kraft der Liebe, welches Lichtleben mit der Liebe in der ewigen Freiheit als im ersten Willen, der Vater heißet, wohnet; denn dessen begehret der Vater in seinem eigenen Willen, der er selber ist, und nichts mehr. Das verstehet nun also:

10. Ihr sehet und wisset, daß kein Licht ohne Feuer ist, und

kein Feuer ohne ernste Qual, welche Qual einem Sterben verglichen wird. Und die Wesenheit, aus welcher das Feuer brennet, muß auch also ersterben und verzehret werden. Aus dem Verzehren entstehen zwei Principia zweier großer Leben: das erste in der Qual, das Feuer heißet, das andere aus der Überwundenheit als aus dem Tode, welches Licht heißet, das unmaterialisch und ohne Qual ist, hat doch alle Qual in sich, aber nicht des Grimmes, denn der Grimm ist im Tode blieben. Und das Lichtleben grünet aus dem Sterben und wird vom Sterben nicht mehr ergriffen, als ihr denn sehet, wie das Licht im Feuer wohnet. Und das Feuer kann das nicht bewegen, ist auch sonst nichts, das das Licht bewegen mag, denn es ist gleich der ewigen Freiheit und wohnet in der Freiheit.

11. Allhier verstehet man, wie der Sohn eine andere Person sei als der Vater, denn er ist die Lichtwelt, wohnet doch im Vater, und der Vater gebieret ihn in seinem Willen. Er ist recht des Vaters Liebe, auch Wunder, Rat und Kraft, denn der Vater gebieret ihn in seiner Imagination in sich selber, und führet ihn durch sein eigen Feuer als durchs Principium durch den Tod aus, daß also der Sohn eine andere Welt oder ein ander Principium im Vater machet und ist als die Feuerwelt in der Finsternis ist.

12. Also verstehet ihr auch, wie des Vaters ewiger Geist sich in drei Welten scheide, als: (1) ist er der Ausgang aus der Imagination des ersten Willen des Ungrundes, der da Vater heißet, in dem er mit dem Ausgehen die Weisheit eröffnet und in der Weisheit wohnet und die an sich trägt als sein Kleid der großen Wunder.

13. Und dann zum andern ist er die Ursache zum Einziehen zur Wesenheit der Finsternis als zur andern Welt, und ist die Ursache und der Geist zum Urstande des essentialischen Feuers. Er ist selber die Qual in der Angst des Principii und auch die feuernde Welt als das große Leben.

14. Und dann zum dritten ist er auch selber der, der die Kraft

im Sterben des Principii aus dem Feuer ausführet, da sich die Kraft aus der Angst aus dem Sterben vom Sterben scheidet, und gehet in die Freiheit und wohnet in der Freiheit und machet die Lichtwelt. So ist er die Flamme der Liebe in der Lichtwelt. Und allhie an diesem Orte urständet der teure Name Gottes des Vaters, Sohns und Hl. Geistes. Denn in der feuernden Welt wird er nicht der Hl. Geist oder Gott genannt, sondern Gottes Zorn, Gottes Grimm, da sich Gott hiemit ein verzehrend Feuer nennet. Aber in der Lichtwelt als im Sohne Gottes ist er die Flamme der Liebe und die Kraft des heiligen göttlichen Lebens selbst, da heißet er Gott Hl. Geist. Und die Lichtwelt heißet Wunder, Rat und Kraft der Gottheit. Die eröffnet der Hl. Geist, denn er ist das Leben darinne, und ist alles zusammen, wo unser Herz und Sinn hinreichen mag, nichts als nur diese drei Welten, es stehet alles darinnen. Als erstlich ist die ewige Freiheit und darinnen das Licht mit der Kraft im Spiegel der Weisheit. Die heißet Gott Vater, Sohn und Hl. Geist. Und die andere ist die finstere Wesenheit in der Imagination, im herben, begehrenden Willen, die Schwängerung des Begehrens, da alles in der Finsternis stehet als im steten furchtsamen und ängstlichen Tode. Und die dritte ist die feuernde Welt als das erste Principium, welches in der Angst entstehet als das große, starke, allmächtige Leben, da die Lichtquelle inne wohnet, aber dem Feuer unbegriffen.

DAS 4. KAPITEL

Vom Principio und Urstand der feuernden Welt und vom Centro der Natur

Wir wollen nicht stumm schreiben, sondern beweislich. Wir erkennen und wissen, daß ein jedes Leben sich in der Angst urständet als in einem Gift, das ein Sterben ist, und ist doch auch das Leben selber, wie solches am Menschen und aller

Kreatur zu erkennen ist. Denn ohne die Angst oder Gift ist kein Leben, wie das gar wohl in aller Kreatur zu sehen ist, sonderlich im Menschen, welcher in drei Principien stehet, als eines im Feuer, darin das große Feuerleben stehet, zu welchem ein sterbendes Gift als die Galle gehöret, welches Gift die Angstkammer machet, darin das Feuerleben urständet. Und aus dem Feuerleben das ander Principium als das Lichtleben, daraus das edle Gemüte mit den Sinnen entstehet, darin wir unser edles Bildnis tragen, und verstehen, wie das Feuerleben im Herzen urständet vom Tode der Galle. Und das dritte Principium verstehen wir in der andern Angstkammer als im Magen, da wir die vier Elementa mit dem Gestirn einsacken, da denn die andern Angstkammer als das dritte Centrum ist als das Reich dieser Welt, ein Stank und elementisches Leben inne erboren wird und durch den äußeren Leib regieret mit der Vernunft des dritten Principii.

2. Nun verstehen wir aber gar wohl, daß im Herzen im Feuer-Centro eine andere Welt verborgen stehet, welche dem Sternen- und Elementen-Qual-Hause unbegreiflich ist, denn das Herz sehnet sich nach derselben Welt. Und der Geist, der aus dem Tode des Herzens Gift erboren ist und wird, besitzet dieselbe andere Welt, denn er ist frei vom Gift, welches das Feuer entzündet, und wohnet doch im Feuer des Herzens. Aber mit seiner Imagination fähet er die andere Welt der Freiheit in die Imagination und wohnet in der Freiheit außer des Feuers Qual, soferne er aber auch eine Lust in Gott führet.

3. So nun ein solch dreifach Regiment im Menschen ist, so ist es ja vielmehr außer dem Menschen, denn so das nicht wäre, so hätte es in Menschen nicht mögen kommen. Denn wo nichts ist, da wird auch nichts. So aber etwas wird, so wird es aus dem, das da ist. Eine jede Imagination modelt nur ihresgleichen in sich und offenbaret sich im Gleichnis. So nun das Wesen aller Wesen ein ewig Wunder ist in dreien Prinzipien, so bringets auch nur Wunder herfür, ein jedes Princi-

pium nach seiner Eigenschaft, und eine jede Eigenschaft wieder aus ihrer Imagination, daran wir erkennen, daß das ewige ein eitel Wunder ist. So ist nun demselben Wunder nachzusinnen und zu betrachten die Art und Eigenschaft der ewigen Gebärerin, denn es mag keine Eigenschaft sein, sie habe denn eine Mutter, die da giebet.

4. So verstehen wir nun in dem großen Wunder aller Wunder, welches ist Gott und die Ewigkeit mit der Natur, sonderlich sieben Mütter, daraus das Wesen aller Wesen urständet; sind doch alle sieben nur ein einig Wesen und ist keine die erste oder die letzte. Sie sind alle sieben gleich ewig, ohne Anfang. Ihr Anfang ist die Eröffnung der Wunder des einigen, ewigen Willens, der Gott der Vater heißet. Und die sieben Mütter[254] möchten nicht offenbar sein, so der einige ewige Wille, der Vater heißet, nicht begehrend wäre. So er aber begehrend ist, so ist er eine Imaginierung in sich selber. Er ist eine Lust, sich selber zu finden. Er findet sich auch in der Imagination, und findet fürnehmlich sieben Gestalten in sich selber, da keine die andere ist, und ist auch keine ohne die ander, sondern eine jede gebieret die ander. Wäre eine nicht, so wäre die andere auch nicht, sondern der Wille bliebe ein ewig Nichts ohne Wesen, Schein und Glanz.

5. So denn nun der Wille begehrend ist, so ist er einziehend dessen, das in der Imagination ist. Und da aber nichts ist, so zeucht er sich selber und schwängert sich in der Imagination und nicht im Willen, denn der Wille ist so dünne als ein Nichts.

6. So ist nun jedes Begehren herbe, denn es ist seine Eigenschaft. Das ist die erste Mutter, und des Willens Einziehen ins Begehren ist die andere Mutter, denn es sind zwei Gestalten, die einander widerwärtig sind. Denn der Wille ist stille als ein nichts und ist herbe als ein stiller Tod. Und das Einziehen ist

---

254 sieben Naturgeister

seine Regung. Das mag der stille Wille in der Herbigkeit nicht leiden, und zeucht viel heftiger in sich, und schärfet seinen eigenen Willen doch nur im Ziehen, und will das Einziehen mit seinem strengen Einziehen einschließen und halten, und erwecket es nur auf solche Art. Je härter sich die Herbigkeit zusammenraffet, den Stachel zu halten, je größer wird nur der Stachel, das Wüten und Brechen, denn der Stachel will sich nicht lassen bändigen, und wird doch von seiner Mutter also streng gehalten, daß er nicht weichen mag. Er will über sich, und seine Mutter unter sich, denn Herbe zeuchet in sich und machet sich schwer, und ist ein Sinken unter sich. Denn es machet Sulphur das ›phur‹, und im Mercurio das ›Sul‹. Und der Stachel machte im phur die bittere Gestalt als das Wehe, eine Feindschaft in der Herbigkeit und will immer aus der Herbigkeit ausreißen, und kann doch auch nicht. Also steiget eines über sich, das ander unter sich. Und so es dann auch nicht kann, so wird es drehend als ein Rad und drehet sich immer in sich hinein. Das ist nun die dritte Gestalt, davon die Essenz urständet, und das Wunder der Vielheit ohne Zahl und Grund. Und in diesem Rade verstehet die Wunder oder Kraft, welche der Wille, nämlich der erste ungründliche Wille, aus dem Spiegel des Ungrundes zu seinem Centro oder Herzen in sich zeucht. Das ist allhie der Wille der Kraft und Wunder. Und in diesem Rade der großen Angst urständet der andere Wille als des Sohnes Wille, aus der Angst auszugehen in die stille Freiheit des ersten ungründlichen Willens. Denn das Rad machet die Natur. Denn also urständet die Natur, es ist das Centrum und ein Brechen der stillen Ewigkeit. Nichts tötet das und machet aber das große Leben.

7. Und daß wir aber vom Töten reden, das verstehet in dem Wege: Es ist kein Töten, sondern die Empfindlichkeit, denn das Leben vor dem Feuer ist stumm ohne Fühlen. Es ist nur ein Hunger nach dem Leben, gleichwie die materialische Welt nur ein Hunger nach dem Leben ist und in seinem Hunger

also streng arbeitet bis ans Principium, daß sie das Feuer erreichet, da sich dann das äußere Leben dieser Welt urständet, und kann anders nicht sein, es zerbreche denn die erste Matrix als das herbe Begehren, das ist das Rad der ersten drei Gestalten als Herbe. Und das Ziehen der Herbigkeit machet das Angst- und Qualwesen. Denn es ist ein Schrecken in sich selber, in dem das Nichts soll in die Empfindlichkeit kommen. Denn das ist die Giftqual, davon der Grimm und alles Böse urständet, und ist doch auch der rechte Ursprung des empfindlichen Lebens. Denn also findet sich das Leben, nämlich in der Angstqual, wie dies an allen Kreaturen zu sehen, daß das Leben in dem erstickten Blute, in der Angst seinen Urstand nimmt, beides: das kreatürliche und essentialische Leben als in einem stinkenden Miste in der Fäule, da im Sterben des Korns das größte Leben entspringet und doch in der Essenz kein Sterben verstanden wird, sondern eine Angstqual, da die Mutter muß zerspringen, welche eine stumme Wesenheit ist, wie am Korn zu ersinnen, da das essentialische Leben aus dem Zerbrechen ausgrünet.

8. Gleichergestalt verhälts sichs auch mit dem Centro der Natur: Die Angstqual ist das rechte Centrum und machet den Triangel in der Natur. Und der Feuerblitz als die vierte Gestalt der Natur machet aus dem Triangel ein Kreuz, denn allda ist das Principium und wird geschieden in zwei Welten zweier Prinzipien als in zweierlei Qual und Leben, als eine Qual bleibet und ist das Feuer oder Angstleben, und die ander Qual entstehet in dem Zerbrechen der Angst. Das verstehet also: Die erste Gestalt der Wesenheit als Herbe im begehrenden, unbegreiflichen Willen muß sich der Angstqual im Rade der Natur ganz heimgeben, denn der Stachel wird zu stark. Also ersinket die Herbigkeit wie ein Tod, und ist doch kein Tod, sondern eine sterbende Qual. Denn der Stachel wird Herr und verwandelt die Herbigkeit in seine Eigenschaft als in einen wütenden Blitz in eine Angstqual, welche vom Stachel

und der Herbigkeit bitter ist, als des Giftes Art ist. Denn das Gift oder das Sterben hat vornehmlich drei Gestalten: als herbe, bitter und Feuerangst. Die machet sich also in sich selber, und hat keinen Macher als nur den starken Willen zum großen Leben im Feuer.

9. Also verstehet uns recht: Der Ungrund hat kein Leben, aber also in solcher Eigenschaft wird das große ewige Leben erboren. Der Ungrund hat keine Beweglichkeit oder Fühlen. Und also erbieret sich die Beweglichkeit und Fühlung und also findet sich das Nichts im ewigen Willen, dessen Grund wir nicht wissen, auch nicht forschen sollen, denn es turbieret[255] uns. Und ist dieses doch nur ein essentialisch Leben ohne Verstand gleich der Erden und dem Tode oder Sterben, da zwar eine Qual in sich ist, aber in der Finsternis ohne Verstande, denn die herbe Angst zeucht in sich. Und das Eingezogene machet die Finsternis, daß also das Angstleben in der Finsternis stehet, denn ein jedes Wesen ist in sich selber finster, es habe denn des Lichtes Tinktur in sich. So ist die Tinktur eine Freiheit von der Finsternis, und wird von der Angstqual nicht ergriffen, denn sie ist in der Lichtwelt. Und ob sie gleich in der Wesenheit stecket als in einem finsteren Leibe, ist sie doch aus dem Wesen der Lichtwelt, da kein Begriff ist.

10. Oben ist gemeldet erstlich vom Spiegel der Weisheit der Wunder alles Wesens. Und dann von der Dreizahl des Wesens aller Wesen, wie dieselbe aus einem einigen ewigen Willen urstände, der der Vater aller Wesen heißet, und wie er in sich einen andern Willen schöpfe, sich in sich zu offenbaren oder zu finden, oder wie man sagen möchte: zu empfinden, was und wie er sei. Und dann wie derselbe andere wiedergeschöpfte magische Wille sich zu empfinden, sein Herz oder eigener Sitz sei, und wie sich der erste ungründliche Wille mit der Imagination selbst schwängert aus dem Spiegel der Wunder,

255 Vgl. Teil II, Kap. 1,8

welcher in der Lichtwelt die Weisheit heißet. Und dann haben wir gemeldet, wie daß derselbe ungründliche Wille samt der Schwängerung und auch dem Spiegel der Wunder oder Weisheit auf solche Eigenschaft vor dem Feuer-Principio kein göttlich Wesen recht genannt werde, sondern vielmehr ein Mysterium der Wunder aller Wesen, welches Mysterium im Feuer seine Scheidung nimmt in unendliche Partes[256] oder Wesen, und bleibet doch nur ein Wesen.

11. So geben wir euch nun ferner zu verstehen von dem andern Willen, denn der erste Wille in seiner Imagination oder Schwängerung schöpfet, welcher das große Mysterium ist, darinne sich der erste Wille, der Vater heißet, suchet, findet und empfindet als ein Leben im Herzen, wie daß derselbe andere Wille sei die Mutter der Gebärerin in der eingezogenen oder in der Imagination eingefasseten Schwängerung. Er ists, der die sieben Gestalten[257] zur Natur ursachet. Er ist es auch, der das Angstrad als das Sterben ursachet. Er ist es auch, der in der Angst durch den Tod ausgehet in die Freiheit und den Tod zerbricht und das Leben gibt, der das Feuer anzündet und im Feuer den Glanz der Majestät in sich nimmt und im Lichte der Majestät im Feuer wohnet, dem Feuer unergriffen als einer, der nichts fühlet, der der Qual abgestorben ist und in sich eine andere Qual führet, welche die erste nicht fühlet, deren er abgestorben ist.

12. Und daß wir euch kurz, dazu gründlich und eigentlich bescheiden[258] des Feuers Urstand, so erkennen wir in der uns eröffneten Tiefe aus Gottes Gnaden, daß das Feuer in seinem Ursprung in zweien Ursachen stehe: als eine Ursach ist der Willengeist des Herzens, verstehe: des Vaters andern Willen als des Sohns Eigenschaft; die ander Ursache ist des Willens Materia als des Wunders des Rades des essentialischen Lebens

256 Teile   257 sieben Naturgeister; vgl. Abschnitt 4
258 unterrichten über

als die Angstkammer. Die Angst sehnet sich nach dem Willen der Freiheit, und der Wille sehnet sich nach der Offenbarung. Denn der Wille kann sich in der stillen Freiheit in sich selber nicht offenbaren ohne das essentialische Leben, welches in der Angst als im Sterben zur Offenbarung als zum großen Leben kommt.

13. Also ist der Wille in der finstern Angst, und die Angst ist die Finsternis selber. Und so sich dann die Angst also heftig sehnet nach dem Willen der Freiheit, so empfähet sie der Wille der Freiheit in sich als einen Blitz als ein großer Schrack, als gösse man Wasser ins Feuer. Und allhie geschieht das rechte Sterben, denn die gar grimmige finstere Angst erschricket vor dem Blitze wie die Finsternis vor dem Lichte. Denn die Finsternis wird getötet und überwunden; und der Schrack ist ein Schrack großer Freuden. Allda sinket das grimmige, herbe Gift sich in Tod und wird ohnmächtig, denn es verlieret den Stachel, und ist doch kein Tod, sondern also wird das rechte Leben der Fühlung und Sehnung angezündet. Denn dies ist eben, als schlüge man Stahl und Stein aneinander, denn es sind zwei große Hunger des Willens nach der Wesenheit und der Wesenheit nach dem Leben. Der Wille gibt Leben und die Wesenheit gibt Offenbarung des Lebens. Gleichwie ein Feuer aus einer Kerzen brennet, also brennet der Wille aus der essentialischen Wesenheit. Der Wille ist nicht das Licht selber, sondern der Geist des Lichts oder Feuers. Das Licht urständet aus der Essenz und die Essenz wieder aus dem Willen. Das ängstliche essentialische Feuer ist die Materia zum scheinenden Feuer. Und der Wille entzündet sich in dem essentialischen Feuer und gibt das weiße, liebliche Feuer, das in dem hitzigen Feuer wohnet ohne Fühlung. Der Wille nimmt seine Fühlung vom Grimm des essentialischen Feuers in der vierten Gestalt, daß er in sich offenbar ist, und bleibet doch frei vom Grimm, denn die Qual wird in der Anzündung verändert in einen sanften Liebe-Qual.

14. Allhie empfähet der andere Wille seinen Namen ›Geist‹. Denn aus dem essentialischen Feuer bekommt er die Eigenschaft aller Wunder und auch das rechte Leben der Kraft und Macht über das essentialische Feuerleben. Denn er nimmt von der Natur in sich die Kraft und führet auch in sich die Freiheit, so ist die Freiheit eine Stille ohne Wesen. Also gibt sich die stille Freiheit in das Wesen der Angst, und die Angst empfähet dieselbe Freiheit ohne Qual. Davon wird sie also freudenreich, daß aus der Angst Liebe wird, die fünfte Gestalt der Natur. Denn der Wille, der sich in die Angst hatte eingegeben, wird also erlöset vom Tode der Angst. Darum findet er sich in der Freiheit und gehet von der grimmen Angst aus. Denn allhier wird der Tod zerbrochen, und bleibet doch ein Tod in sich selber. Aber der Willengeist als das rechte heilige Leben gehet mit der Zersprengung aus der Angst aus, und ist nun auch ein Feuer, aber ein Feuer in der Freiheit, und brennet in der Liebequal, wie man dies am Feuer und Lichte siehet, wie das essentialische Feuer ein brennend Wehe ist und das Licht eine freudenreiche Wonne ohne empfindliche Qual, hat doch alle Qual und Eigenschaft des Feuers in sich, aber in einer andern Essenz als eine freudenreiche, wohltuende Essenz, ein rechter Anblick der Freudenreich, und das Feuer ein Anblick des Schreckens und der Angst, und wohnet doch eines im andern, und findet auch eines ohne das ander nicht in der Essenzqual.

15. Also sind die zwei Welten ineinander, da keine die andere begreift, und mag nichts in die Lichtwelt eingehen als nur durchs Sterben. Und vor dem Sterben muß die Imagination vorhergehen. Der ängstliche Wille muß sich nach der Freiheit der Kraft des Lichtes sehnen und ganz einergeben und mit der begehrenden Imagination die Kraft der Freiheit fahen.[259] Alsdann gehet der starke Wille durch den Tod der

259 empfangen

Finsternis durch das essentialische Feuer durch und zerbricht die Finsternis, und fällt in die Lichtwelt und wohnet im Feuer ohne Qual in der Freudenreich. Und das ist die Porte in Ternarium Sanctum und Glauben in den Hl. Geist, lieben Menschenkinder.

16. Allhier verstehet ihr den Fall des Teufels, welcher seinen Willengeist nur in das essentialische Feuer gewandt hatte und hat wollen damit über das Licht herrschen. Und verstehet auch allhie den Fall des Menschen, welcher seine Imagination hat in die materialische essentialische Wesenheit gewandt und ist aus dem Lichte ausgegangen, um welches willen der Wille der Liebe aus der Lichtwelt wieder ist in die materialische Wesenheit in die Menschheit eingegangen, und hat sich wieder dem essentialischen Feuergeiste im Menschen als der Seelen einvermählet und einergeben, und hat dieselbe durch den Tod und das Feuer durchgeführet in die Lichtwelt in Ternarium Sanctum als in den Willen der heiligen Dreifaltigkeit.

17. Lasset euch das ein Finden und Wissen sein und verachtet es nicht um der großen Tiefe willen, welche nicht jedermanns Begriff sein wird. Ursache ist die Finsternis, darein sich der Mensch verteufelt. Sonst mag es ein jeder wohl finden, wenn der irdische Weg zerbrochen würde und das adamische böse Fleisch nicht zu lieb wäre, welches die Hinderung ist.

DAS 5. KAPITEL
Vom Principio in sich selber, was es sei

Wir haben ferner zu betrachten die ersten vier Gestalten der Natur, so werden wir finden, was ein Principium sei. Denn das ist eigentlich ein Principium, da ein Ding wird, das es nie gewesen ist, da aus dem Nichts eine Qual wird, und aus der Qual ein recht Leben mit Verstand und Sinnen. Und erkennen aber das rechte Principium in Feuers Urstand, in der

Feuerqual, welche die Wesenheit und auch die Finsternis zerbricht. So erkennen wir des Feuers Essenz und Eigenschaft für ein Principium, denn es machet und gibt den Urstand des Lebens und aller Beweglichkeit und auch die starke Macht des Grimmes.

2. Und zum zweiten erkennen wir das auch für ein Principium, das im Feuer wohnen kann, dem Feuer unergriffen, das dem Feuer seine Macht nehmen kann und des Feuers Qual in eine sanfte Liebe verwandeln, das da allmächtig über alles ist, das den Verstand hat, dem Feuer seine Wurzel zu zerbrechen und aus dem Feuer eine Finsternis zu machen und einen dürren Hunger und Durst, ohne Empfindung einiger Labung, als der Hölle Qual ist. Das ist der Abgrund, da das Wesen verschmachtet ist, da der Tod seinen Stachel führet als ein verschmachtetes Gift, da zwar ein essentialisch Leben innen ist, aber es feindet sich selber an, da des rechten Feuers Anzündung nicht erreichet wird, sondern nur als ein Blitz ohne Brennen erscheinet.

3. Und geben euch also zu verstehen, daß in dem Ewigen nicht mehr denn zwei Principia sind: das brennende Feuer, das wird mit dem Lichte erfüllet. Das Licht gibt ihm seine Eigenschaft, daß aus der brennenden Qual eine hohe Freudenreich wird, denn die Angst erreichet die Freiheit und bleibet also das brennende Feuer nur eine Ursache des Findens des Lebens und des Lichtes der Majestät. Das Feuer nimmt in sich des Lichtes Eigenschaft als Sanftmut als Leben und sich Finden. – Und das ander Principium wird im Lichte verstanden. Aber die essentialische Wesenheit, daraus das Feuer brennet, bleibet ewig eine Finsternis und eine Qual des Grimmes, darin der Teufel wohnet, als man siehet, daß das Feuer ein ander Ding ist als dasjenige, daraus das Feuer brennet. Also stehet das Principium im Feuer und nicht in der essentialischen Qual der Wesenheit. Die essentialische Qual ist das Centrum der Natur, die Ursache des Principii. Aber es ist fin-

ster und das Feuer scheinend, und wird allhier recht gezeiget, wie die Zerbrechung des Grimmes als des Todes und dann die ewige Freiheit außer der Natur, beide zusammen die Ursache des Scheines sind. Denn darum ist der Wundergeist des Ungrundes begehrend, nämlich daß er scheinend werde. Und darum führet er sich in Qual, daß er sich finde und empfinde, daß er möge seine Wunder in der Qual offenbaren, denn ohne Qual kann keine Offenbarung sein.

4. Also verstehet uns ferner: Die Qual als der Grimm hat keine rechte Wesenheit, sondern der herbe Grimm ist des Stachels Wesenheit, darinnen er sticht. Und die Angst mit samt dem Feuer sind oder machen auch keine rechte Wesenheit, sondern es ist nur ein solcher Geist. Jedoch muß einer dicker[260] sein als der ander, sonst wäre kein Finden, als die Herbigkeit machet dicke und finster. Also findet der bittere Stachel die Angst in der herben, finsteren Eigenschaft als in einer Materia. Denn wäre keine Materia, so wäre auch kein Geist oder Finden. Der Ungrund findet sich in der herben Finsternis. Der zersprenget aber die Finsternis und gehet aus der herben Finsternis aus als ein Geist, der sich in der Angstqual funden hat, lässet aber dieselbe herbe Materiam der Finsternis, darinnen er sich fand, und gehet in sich selber ein wieder in die Freiheit als in Ungrund und wohnet in sich selber. Also muß die Qual seine Schärfe und Findung sein, und ist ihm auch eine Anzündung seiner Freiheit als des Lichts, darin er sich siehet, was er ist.

5. Also begehret er für sich nun nicht mehr der Qual, denn er ist nun selber eine Qual, sondern er modelt sich selber und siehet sich selber nach allen Gestalten. Und eine jede Gestalt ist begehrend, sich zu finden und zu offenbaren. Und es findet sich also auch eine jede Gestalt in sich selber, gehet aber mit dem Begehren aus sich selber und stellet sich dar als eine

260 dichter, materieller

Figur oder Geist. Das ist die ewige Weisheit in den Farben, Wundern und Tugenden, und ist doch nicht partikular[261], sondern alles ganz, aber in unendlicher Gestalt. Diese Gestalten haben sich mit der Bewegung des ersten Willens, der Vater heißet, in Geister korporieret[262] als in Engel, also daß sich das verborgene Wesen in Kreaturen sehe, empfinde und daß ein ewig Spiel in den Wundern der Weisheit Gottes sei.

6. Weiter verstehen wir die Wesenheit der Lichtwelt, daß sie wahrhaftig eine rechte Wesenheit ist, denn im Feuer mag kein recht Wesen bestehen, sondern nur der Geist des Wesens. Das Feuer ursachet aber das Wesen, denn es ist ein Hunger, ein ernstlich Begehren. Es muß Wesen haben oder es erlischet. Das verstehet nun in dem Weg: Die Sanftmut gibt und das Feuer nimmt. Die Sanftmut ist ausgehend aus sich selber und gibt ein Wesen seinesgleichen, eine jede Gestalt aus sich selber. Und das Feuer verschlinget dasselbe, gibt aber das Licht aus demselben. Es gibt ein Edleres als es verschlungen hat, gibt Geist für Wesen. Denn es verschlinget das sanfte Wohltun, das ist das Wasser des ewigen Lebens, und gibt aber den Geist des ewigen Lebens, als ihr sehet, wie der Wind aus dem Feuer gehet, also auch die Luft als der rechte Geist aus dem Leben.

7. Also verstehet unsern Sinn recht: Gott der Vater ist in sich die Freiheit außer der Natur, machet sich aber in der Natur durchs Feuer offenbar. Die feuernde Natur ist seine Eigenschaft, aber er ist in sich selber der Ungrund, da kein Fühlen einigerlei[263] Qual ist, führet aber seinen begehrenden Willen in Qual und schöpfet ihm in der Qual einen andern Willen, aus der Qual auszugehen wieder in die Freiheit außer der Qual. Derselbe andere Wille ist sein Sohn, den er aus seinem ewigen einigen Willen von Ewigkeit gebieret. Den führet er durch das Zerbrechen des Todes Qual als aus seinem

261 geteilt   262 verkörpert   263 irgendeiner

Ernste des Grimmes durchs Feuer aus. Derselbe andere Wille als der Sohn Gottes des Vaters, der ist es, der den Tod als die strenge finstere Qual zerbricht, der das Feuer anzündet und gehet durchs Feuer aus als ein Schein oder Glanz des Feuers und erfüllet den ersten Willen, der Vater heißet. Denn der Glanz ist auch also dünne als ein Nichts oder als der Wille, der Vater heißet. Darum kann er in der Freiheit wohnen als in des Vaters Willen, und machet den Vater licht, helle, lieblich und freundlich, denn er ist des Vaters Herz oder Barmherzigkeit. Er ist des Vaters Wesenheit. Er erfüllet den Vater an allen Orten, wiewohl kein Ort in ihm ist, kein Anfang noch Ende.

8. Also verstehet nun weiter: Des Vaters Feuer verschlinget das sanfte Wesen als den Wasserquell des ewigen Lebens in sich in des Feuers eigener Essenz und sänftiget sich damit. Da muß die Wesenheit im Feuer gleich ersterben, denn des Feuer verschlinget die in sich und verzehret die und gibt aus der Verzehrlichkeit einen lebendigen, freudenreichen Geist. Das ist der Heilige Geist, der gehet vom Vater und Sohn aus in die großen Wunder der hl. Wesenheit und eröffnet dieselben immer und ewiglich.

9. Also ist die Gottheit ein ewig Band, das nicht zergehen kann. Also gebieret sie sich selber von Ewigkeit in Ewigkeit, und ist das erste auch immer das letzte und dieses wieder das erste. Und verstehet also den Vater für die feuernde Welt, den Sohn für die Licht- und Kraftwelt, den Hl. Geist für das Leben der Gottheit als für die ausgehende führende Kraft; und ist doch alles nur ein Gott, wie das Feuer und das Licht mit der Luft nur ein einig Wesen ist. Aber es scheidet sich selber in drei Teile und kann keines ohne das ander bestehen. Denn das Feuer ist nicht das Licht, auch nicht der Wind, der aus dem Feuer gehet. Es hat ein jedes sein Amt und ist ein jedes ein eigen Wesen in sich, ist doch ein jedes des andern Leben und eine Ursache des andern Lebens. Denn der Wind bläset das Feuer auf, sonst erstickete das in seinem Grimm, daß es in

finstern Tod fiele, wie denn das Ersticken der wahrhaftige Tod ist, da das Feuer der Natur erlischet und nicht mehr Wesen in sich zeucht.

10. Solches alles habt ihr ein gut Gleichnis an der äußern Welt, an allen Kreaturen, wie alles Leben als das essentialische Feuerleben Wesen an sich zeucht, das ist sein Essen. Und das Feuer seines Lebens verzehret das Wesen und gibt den Geist der Kraft aus dem Verzehrten, das ist der Kreatur Leben. Und sehet ihr ja gar recht, wie das Leben aus dem Tode urstände. Es wird kein Leben, es zerbreche denn dasjenige, daraus das Leben gehen soll. Es muß alles in die Angstkammer ins Centrum eingehen und muß den Feuerblitz in der Angst erreichen, sonst ist keine Anzündung, wiewohl das Feuer mancherlei ist, also auch das Leben. Aber aus der größesten Angst urständet auch das größeste Leben als aus einem rechten Feuer.

11. Also, lieben Kinder Gottes in Christo, geben wir euch zu erwägen unser Erkenntnis und Vorhaben: Anfangs haben wir gemeldet, wir wollen euch den Tod Christi zeigen, warum Christus hat sollen sterben und warum wir auch müssen sterben und in Christo auferstehen. Das sehet ihr ja nun in dieser Beschreibung klar und verstehet unser großes Elende, daß es uns not gewesen ist, daß das Wort oder Leben der hl. Lichtwelt ist wieder ein Mensch worden und hat uns in sich neugeboren. Wer allhier nichts verstehet, der ist nicht aus Gott geboren. So sehet doch, in was[264] Herberge uns Adam hat eingeführet. Er war ein Auszug aller drei Principien, ein ganzes Gleichnis nach allen dreien Welten und hatte in seinem Gemüte und Geiste englische Eigenschaft in sich. Er war in die hl. Kraft und Wesenheit eingeführet als ins Paradeis, das ist: göttliche Wesenheit. Er sollte von göttlicher Wesenheit essen und Wasser des ewigen Lebens trinken auf englische

264 was für eine

Art, wie im Buche des »dreifachen Lebens« nach der Länge gemeldet worden. Aber er verließ die göttliche Wesenheit und die englische Eigenschaft und imaginierte die Ausgeburt[265] als ins Reich der irdischen Qual, welches der Teufel entzündet hatte in seinem Fall. Er wandte seine Augen aus Gott in den Spiritum mundi[266] oder irdischen Gott aus dem göttlichen Lichte ins Licht dieser Welt. Also ward er gefangen und blieb in der irdischen Qual. Also fiel er in die irdische, zerbrechliche Qual, die herrschet in ihm und füllet ihn. Sie zeucht ihm einen Leib auf, zerbricht den wieder und verschlinget den in seine eigene Essenz in sein essentialisch Feuer.

12. Weil aber die Seele aus dem Geiste Gottes als aus dem Ewigen ist in den Menschen geblasen worden, also daß die Seele ein Engel ist, so hat sich Gott derselben wieder angenommen, und ist die Kraft der hl. Lichtwelt als Gottes Herz in die menschliche Essenz, die im Tode verschlossen lag, eingangen in die Angstkammer unsers Elendes, hat aus unserer Essenz eine Seele in sich gezogen, hat unser sterblich Leben an sich genommen, die Seele durch den Tod durchs ernste Feuer Gottes des Vaters in die Lichtwelt eingeführet, den Tod, der uns gefangen hielt, zerbrochen und das Leben aufgeschlossen.

13. Nun mag und kanns nicht anders sein: Wer die Lichtwelt besitzen will, der muß durch dieselbe Bahn, die er[267] gemacht hat, eingehen. Er muß in (den) Tod Christi eingehen, und in Christi Auferstehung gehet er in die Lichtwelt ein. Gleich als wir erkennen, daß das ewige Wort des Vaters, welches des Vaters Herz ist, von Ewigkeit zu Ewigkeit aus dem Grimm des Todes der Finsternis durch (des) Vaters Feuer ausgeboren wird und sich selber das rechte Centrum der Hl. Dreifaltigkeit ist und aus sich selber mit dem ausgehenden

265 äußere Welt 266 Geist der Welt 267 Christus

Geiste die lichtflammende Majestät oder Lichtwelt ist. Also auch in gleicher Weise und Eigenschaft müssen wir mit unserm Herzen, Sinn und Gemüte aus der herben, strengen und bösen Irdigkeit aus uns selber aus dem verderbten adamischen Menschen ausgehen, denselben mit unserm ernsten Willen und Tun zerbrechen und töten. Wir müssen des alten Adams Kreuz, welcher uns anhanget, weil[268] wir leben, auf uns nehmen, und müssen auf- und ins Kreuz, ins Centrum naturae, in den Triangel eingehen und wieder aus dem Angstrade neugeboren werden, wollen wir anders Engel sein und in Gott ewig leben.

14. Weil wir aber solches nicht vermochten, hat sich Christus in dasselbe Centrum des Grimmes eingegeben, den Grimm zerbrochen und mit seiner Liebe gelöschet, denn er brachte himmlische, göttliche Wesenheit in denselben Grimm ins Centrum der Angstkammer und löschete der Seelen Angstfeuer als den Grimm des Vaters der feuernden Welt in der Seelen, daß wir also anjetzo nicht mehr dem Grimm heimfallen, sondern wenn wir uns in den Tod Christi einergeben und aus dem bösen Adam ausgehen, so fallen wir in Christi Tod in die Bahn, die er uns gemacht hat. Wir fallen in den Schoß Abrahams, das ist: in Christi Arme. Der empfähet uns in sich. Denn der Schoß Abrahams ist die aufgeschlossene Lichtwelt im Tode Christi, es ist das Paradeis, darein uns Gott schuf, und lieget jetzt an dem, nicht daß wir Mundchristen sein, uns Christi Tod vormalen und Schälke[269] im Herzen, Geist und Seele bleiben, sondern daß wir ganz ernstlich mit Sinn und Gemüt, mit Willen und Tun aus der bösen Anneiglichkeit[270] ausgehen und wider dieselbe streiten. Ob sie uns schon anhanget, müssen wir doch täglich und stündlich demselben bösen Adam seinen Willen und Tun töten. Wir müssen tun, was wir nicht gern tun. Wir müssen unser irdisch,

268 solange   269 Sünder   270 Neigung zum Bösen

bös Leben selber verleugnen und Christi Leben in uns ziehen. Alsdann leidet das Himmelreich Gewalt, und die Gewalt tun, ziehen solches zu sich, wie Christus saget.[271]

15. Also werden wir des Himmelreichs schwanger und gehen also in Christi Tod bei lebendem Leibe ein, und empfahen den Leib Christi als die göttliche Wesenheit. Wir tragen das Himmelreich in uns. Also sind wir Christi Kinder, Glieder und Erben in Gottes Reich, und das Ebenbild der Hl. göttlichen Welt, welche ist Gott Vater, Sohn, Hl. Geist und derselben Hl. Dreifaltigkeit Wesenheit. Alles, was aus der Weisheit geboren und eröffnet wird, ist unser Paradeis, und stirbet an uns nichts, als nur der tote Adam, der irdische, böse, dem wir allhier ohne dies haben seinen Willen gebrochen, dem wir sind Feind worden. Es weichet unser Feind nur von uns, (wenn) er muß ins Feuer gehen, verstehe: ins essentialische Feuer als in die vier Elementa und ins Mysterium, und muß am Ende dieser Zeit durchs Feuer Gottes bewähret werden, und muß uns unsere Wunder und Werke wieder darstellen. Was das irdische Mysterium hat in sich geschlungen, das muß es im Feuer Gottes wieder geben und nicht ein solch Übel, sondern das Feuer Gottes verschlingt das Übel und gibt uns ein solches dafür, als wir allhier in unserm ängstlichen Suchen gesuchet haben. Wie das Feuer die Wesenheit verschlinget, giebet aber Geist für Wesen, also werden uns unsere Werke im Geiste und himmlischer Freuden aus dem Feuer Gottes dargestellet als ein heller Spiegel gleich dem Wunder der Weisheit Gottes.

16. Dieses lasset euch, lieben Kinder, geoffenbaret sein, denn es ist hochteuer erkannt worden. Und lasset euch nicht also mit Christi Tod kitzeln[272] und denselben vormalen als ein Werk, das uns genug sei, wenn wir es nur wissen und glauben, daß es für uns geschehen sei. Was hilft michs, daß ich

---

271 Matth. 11,12   272 d. h. nur dem Wortlaut nach begreifen

einen Schatz liegen weiß und grabe den nicht aus. Es gilt nicht trösten, heucheln und ein gut Geschwätz mit dem Munde geben, aber den Schalk in der Seele behalten. Christus spricht: Ihr müsset neugeboren werden oder werdet nicht das Reich Gottes sehen. Wir müssen umkehren und werden als ein Kind im Mutterleibe und aus göttlicher Wesenheit geboren werden. Wir müssen unseren Seelen ein neu Kleid anziehen als den Rock Christi, die Menschheit Christi, sonst hilft kein Heucheln, es ist alles erlogen, was das Mundgeschrei saget, das Christum vor die Augen malet, als habe er es für uns getan, daß wir uns nur des(sen) trösten sollen und dabei im alten Adam wandeln, in Geiz, Hochmut und Falschheit, in Gelüsten und Bosheit. Es ist der antichristische Betrug der falschen Geistlichen, vor denen uns die Offenbarung warnet. Es tuts alles nicht, daß wir uns heucheln und mit Christi Leiden und Tod kitzeln. Wir müssen darein eingehen und seinem Bilde ähnlich werden, alsdann ist uns Christi Leiden und Tod nütze. Wir müssen sein Kreuz auf uns nehmen, ihm nachfolgen, die bösen Lüste dämpfen und töten und immer gern wohl wollen. Alsdann werden wir wohl sehen, was Christi Fußstapfen sind, wenn wir wider den Teufel, den alten Adam und die böse Welt werden streiten, wider die irdische Vernunft, die nur zeitlicher Wollust begehret. Da wird uns Christi Kreuz recht aufgelegt, denn der Teufel ist es, die Welt ist es und unser böser Adam ist es. Alle diese sind unsere Feinde. Allda muß der neue Mensch stehen als ein Ritter und in Christi Fußstapfen kämpfen. O wie viel unzählige Feinde wird er allda erwecken, die alle auf ihn schlagen werden. Allda heißts: um das dörnere Ritterkränzlein[273] Christi fechten als ein Ritter, und doch nur stets verachtet sein als einer, der der Erde nicht wert sei. Da heißts: stehen im Krieg und Glauben, da die äußere Vernunft spricht lauter Nein. Da ist

273 Dornenkrone

Christi Leiden und Tod an die Spitze gut stellen und dem Teufel, der Welt und dem Tode mit der irdischen Vernunft fürstellen und nicht verzagen. Denn allhier gilt eine Engelskrone, entweder ein Engel oder Teufel zu sein. Wir müssen in Trübsal neugeboren werden, und kostet viel mit Gottes Zorn ringen und dem Teufel obsiegen. Hätten wir nicht allda Christum bei uns, ja in uns, wir verlören den Streit. Es tuts nicht eine Hand voll Wissenschaft, daß wirs wissen und uns mit Gottes Gnade kitzeln und Gott zu unserm Sündendeckel machen, daß wir also den Schalk und Teufelslarven unters Leiden Christi verstecken und fein zudecken. O nein, der Schalk[274] muß in Christi Leiden und Tod zerbrochen werden. Er muß nicht ein Schalk sein, will er ein Kind sein. Er muß ein gehorsamer Sohn werden. Er muß arbeiten im Leiden Christi, in die Fußstapfen der Wahrheit, Gerechtigkeit und Liebe treten. Er muß tun, nicht allein wissen. Der Teufel weiß es auch wohl, was hilfts ihm? Die Practica muß folgen oder es ist ein Falsch und Trug.

17. Die gleißnerische Vernunft spricht: Christus hats getan, wir könnens nicht tun. – Ja, recht, er hats getan, was wir nicht tun konnten. Er hat den Tod zerbrochen und das Leben wiederbracht. Was hilft michs, so ich nicht zu ihm eingehe? Er ist im Himmel, und ich in dieser Welt. Ich muß zu ihm auf seiner uns gemachten Bahn eingehen, sonst bleibe ich draußen. Denn er spricht: Kommt zu mir her, alle die ihr mühselig und beladen seid, ich will euch erquicken. Nehmet mein Joch auf euch und lernet von mir, denn ich bin sanftmütig und von Herzen demütig. So werdet ihr Ruhe für eure Seele finden. – Auf seiner Bahn müssen wir zu ihm eingehen. Wir müssen Gutes für Böses tun und uns lieben untereinander, als er uns tat und gab sein Leben in Tod für uns.

274 alte Mensch, der der Neugeburt bedarf

18. So wir solches tun, so löschen wir Gottes Zorn auch in unserm Nächsten. Wir müssen gute Exempel geben, nicht in Listen und Ränken, sondern in Einfältigkeit, mit gutem Willen und Herzen, nicht als eine gleißende Hure, die da spricht: Ich bin Jungfrau – und gleißet in äußerlicher Zucht, ist aber eine Hure im Herzen. Es heißet alles lauter Ernst. Lieber kein Geld noch Gut haben, auch zeitliche Ehre und Macht verlieren als Gottes Reich. Wer Gott findet, der hat alles funden. Und wer ihn verlieret, hat alles verloren, er hat sich selbst verloren. O wie so gar schwer gehets zu, den irdischen Willen zu zerbrechen. Komm nur am Reihen[275], du wirst hernach nicht mehr nach Christi Fußstapfen dürfen fragen. Du wirst sie wohl sehen. Das Kreuz Christi wirst du wohl fühlen, auch Gottes Zorn, welcher sonsten in dem alten Adam fein ruhet und schläfet, bis du ihn fein feist mästet. Alsdann gibt er dir dein Himmelreich, das du allhier gesuchet hast, darin du ewig schwitzen mußt.

DAS 6. KAPITEL
Von unserem Tode, warum wir sterben müssen

Citatio prima:[276]
Allhier, du liebe gleißende Vernunft, komm zu Gaste. Allhier haben wir euch alle geladen, ihr Wissenden und Unwissenden, alle die ihr Gott schauen wollet. Es ist ein ernstes Siegel und hartes Schloß aufzumachen. Dem denket nach, es gilt euch allen.

2. Die Vernunft spricht: War denn Gott nicht allmächtig genug, dem Adam seine Sünde zu vergeben, daß erst Gott mußte Mensch werden, leiden und sich töten lassen? Was hat Gott für einen Gefallen am Tode? Oder, so er uns dann also

---

275 zum Tanz   276 erste gerichtliche Forderung oder Abrechnung

erlösen wollte, warum – so Christus uns erlöset hat – müssen wir denn auch sterben? – Ja, tanze, liebe Vernunft, rate, bis du es triffst, allhier bist Doktor und weißt nichts, bist gelehrt und auch stumme. Willst du nicht, so mußt du wohl, du kommst denn auf diese Schule, verstehe: des Hl. Geistes Schule. Wer ist allhier, der aufschließen mag? Ist das nicht das verschlossene Buch, dessen der auf dem Stuhl sitzet, in der Offenbarung Jesu Christi? So spricht der Gleißner: Wir wissens wohl. – So sage ich: Ich hab es von ihnen nie gehöret noch in ihren Schriften gelesen. Sie haben mir auch dieses Suchen verboten und ein Sündenschloß davorgeleget und dem für Sünde gerechnet, der solches suche oder zu wissen begehre. Hiemit ist die schöne Frau fein zugedecket blieben. Ei, wie hat der Antichrist können unter diesem Deckel spielen. Aber es soll offen stehen wider des Teufels und der Höllen Willen. Denn die Zeit ist geboren, der Tag der Wiederbringung bricht an, daß gefunden werde, was Adam verloren hat.

3. Die Schrift saget: Wir sind ein Staub und Asche (Gen. 18,27). Das ist recht, wir sind ein Staub und Erde. Nun fraget sichs aber, ob Gott den Menschen habe aus Erden gemacht. Das will die Vernunft erhalten, und bewähret[277] das aus Mose, den sie doch nicht verstehet, und es auch die Proba nicht gibt, sondern gibt vielmehr, daß der Mensch ein Limus, das ist: ein Auszug aus allen dreien Prinzipien sei. Soll er ein Gleichnis nach Gottes Wesen sein, so muß er ja aus Gottes Wesen sein herkommen, dann was nicht aus dem Ewigen ist, das ist nicht bleiblich.[278] Alles was sich anfänget, gehöret in das, daraus es gegangen ist. So wir aber bloß aus der Erden sind herkommen, so sind wir der Erden. Was wollte uns denn anklagen, daß wir also täten, als der Erden Eigenschaft treibet und will? So aber dann ein Gesetze in uns ist, das uns ankla-

277 versucht den Beweis   278 hat keinen Bestand

get, daß wir irdisch leben, so ist dasselbe nicht irdisch, sondern es ist aus dem, dahin es uns weiset und zeucht, als aus dem Ewigen, dahin zeucht es uns auch und verklaget uns unser eigen Gewissen vor dem Ewigen, daß wir machen und tun, was dem Ewigen zuwider ist. So wir uns aber demselben heimgeben, das uns in das Ewige zeucht, so muß das ander, das uns in das Irdische zeucht, zerbrechen und in das eingehen, dahin es will, als in die Erden, dahin es uns zeucht. Und der Willen, den wir dem Ewigen geben, der nimmt das Ewige ein.

4. So denn Gott den Menschen in ein Wesen geschaffen hat, darin ewig zu sein als in Fleisch und Blut, so muß ja dem Willen, der sich in das Ewige einergibt, solch Fleisch und Blut angezogen werden, wie es war, da es Gott ins Paradeis ins Ewige hatte geschaffen. Daran wir ja klar erkennen, daß uns Gott nicht in solch Fleisch und Blut, als wir jetzt an uns tragen, hat geschaffen, sondern in ein solches Fleisch, als dem Willen in der neuen Wiedergeburt angezogen wird, sonst wär es ja bald vor dem Fall irdisch und zerbrechlich gewesen. Was wollte mich dann mein Gewissen um das anklagen, darein mich Gott hätte geschaffen? Oder was wollte es anders begehren, als es in seinem eigenen Wesen wäre? So finden wir ja klar, daß noch ein ander Wesen in unserm Fleische ist, das sich nach dem sehnet, das es jetzt nicht ist, soll sichs aber sehnen nach dem, das es jetzt nicht ist, so muß es ja im Anfang seines Wesens sein gewesen, sonst wäre kein Sehnen noch Lust nach einem andern in ihm. Denn wir wissen, daß sich ein jedes Wesen sehnet nach dem, daraus es seinen ersten Urstand hat.

5. Also sehnet sich unser Wille nach einem solchen Fleische, als Gott schuf, das in Gott bestehen mag, nicht nach einem irdischen vergänglichen in Qual, sondern nach einem bleiblichen ohne Qual. Daran wir klar verstehen, daß wir aus dem Ewigen sind ausgegangen in das Zerbrechliche, daß wir

haben die Materiam an den Limum[279] gezogen und sind Erde worden, daraus uns doch Gott hat ausgezogen als eine Massam und seinen Geist darein geführet mit dem Ewigen. Denn Adams Imagination hat die irdische Qual der Sternen und vier Elementen in den Limum gezogen. Und die Sternen und Elementa haben der Erden Sucht eingezogen. Also ist die himmlische Materia des himmlischen Fleisches irdisch worden. Denn der Geist Gottes, der vom Verbo Fiat[280] in den Limum ward eingeblasen aus Gottes Herze, der hat himmlische Wesenheit, himmlisch Fleisch und Blut an sich. Der sollte Adam regieren nach himmlischer, göttlicher Eigenschaft. Weil aber der Teufel hatte den Limum, als er im Himmel saß, infizieret, so tat er ihm jetzt auch die Schalkheit[281] und infizierte den mit seiner Imagination, daß er anhub, nach der verderbten Sucht der irdischen Qual zu imaginieren, davon er vom Reiche dieser verderbten Welt gefangen ward, welche in den Limum einzog als ein Herr. Jetzt war das Bild Gottes verderbet und fiel in irdische Qual.

6. So aber dann der himmlische Geist in dem verderbten irdischen Sulphur[282] war, so mochte der himmlische Glanz und das göttliche Feuer also im Brennen nicht bestehen, denn des ewigen Feuers Licht bestehet in der Freiheit außer der Qual. So war aber das Wasser der Freiheit, welches des ewigen Feuers Speise war, irdisch worden, das ist: mit Irdigkeit erfüllet. Und die sanfte Liebe ward mit der irdischen bösen Sucht infizieret. Also vermochte das ewige Feuer nicht zu brennen noch zu Licht zu gehen, sondern quoll also in dem verderbten Fleische als ein verdämpft Feuer, das vor Nässe nicht brennen kann. Dasselbe Feuer naget uns nun und klaget uns immer an. Es wollte gerne wieder brennen und himmlischer Wesenheit fähig sein. So muß es irdische Qual in sich fressen als irdische Imagination, darein sich des Teufels Sucht

279 Vgl. II, 6,3   280 Gottes Schöpferwort ›Es werde‹
281 Bosheit   282 hier: Körper

mischet. Also wirds auch böse und zeucht uns immer dem Abgrunde zu ins Centrum der Natur, in die Angstkammer, daraus es im Anfange ist gegangen.

7. Also siehest du, Mensch, was du bist. Und was du ferner aus dir machest, das wirst du in Ewigkeit sein, und siehest, warum du zerbrechen und sterben mußt, denn das Reich dieser Welt vergehet. So bist du in deinem äußern Wesen doch nicht des Reichs mächtig zu bleiben, bis in sein Aeternum[283], sondern du bist darin ohnmächtig und liegest bloß darinnen in einer Konstellation, welche das Gestirne hatte, da du in Fleisch und Blut des irdischen Wesens im Mutterleibe gerannest. Du bist nach dem äußern Leben also ohnmächtig, daß du dich nicht kannst deiner Konstellation erwehren. Du mußt in die Zerbrechung deines Leibes eingehen, wenn dich die Konstellation verläßt. Da siehest du ja, was du bist, nämlich ein irdischer Staub, eine Erde voll Stanks, weil du noch lebest, ein toter Kadaver. Du lebest dem Gestirn und Elementen. Die regieren und treiben dich nach ihrer Eigenschaft. Sie geben dir Sitten und Kunst. Und wenn ihr Saeculum[284] um ist, daß ihre Konstellation, darunter du empfangen und zu dieser Welt geboren bist, vollendet ist, lassen sie dich hinfallen. Da fället dein Leib den vier Elementen heim. Und dein Geist, der dich leitete, dem Mysterio, daraus das Gestirne ist erboren worden, und wird behalten zum Gerichte Gottes, da Gott will alles durchs Feuer seiner Macht bewähren. Also mußt du verfaulen und eine Erde und ein Nichts werden, bis auf den Geist, der aus dem Ewigen ist ausgegangen, den Gott in den Limum einführete. Da besinne dich, was du bist, eine Hand voll Erden und ein Quallhaus der Sternen und Elementen. Wirst du deine Seele und ewigen Geist, der dir ist vom ewigen höchsten Guten gegeben worden, nicht allhier in dieser Zeit haben wieder in Gottes Licht entzündet, daß er im Lichte

283 Ewigkeit   284 Erdenzeit

aus der göttlichen Wesenheit ist wiedergeboren worden, so fället sie im Mysterio dem Centro Naturae als der ersten Mutter wieder heim in die Angstkammer der ersten vier Gestalten der Natur. Da muß sie ein Geist in der finstern Angstqual bei allen Teufeln sein und das fressen, das sie in dieser Zeit in sich hat eingeführet. Dasselbe wird ihre Speise und Leben sein.

8. So aber Gott ein solches mit dem Menschen, seinem Gleichnis und Bild nicht hat gewollt, so ist er selber das worden, das der arme Mensch ward, nachdem er aus der göttlichen Wesenheit aus dem Paradeis gefallen war, daß er ihm doch wieder hülfe, daß der Mensch also in ihm selber habe die Porte zur Wiedergeburt, daß er könne in dem Seelenfeuer wieder in Gott geboren werden und daß dasselbe Seelenfeuer wieder göttliche Wesenheit in sich zöge und erfüllete sich mit göttlicher Liebequal, davon die göttliche Freudenreich wieder erboren würde und das Seelenfeuer wieder den Hl. Geist erbäre, wie vorne gemeldet, der aus dem Seelenfeuer ausginge und dem adamischen Fleische den ungöttlichen Willen entrisse, daß also die arme Seele nicht wieder mit der irdischen und teuflischen Sucht erfüllet würde.

Die Porte des neuen Menschen

9. Dies ist nun also zu verstehen: Gott ist Mensch worden und hat unsere menschliche Seele in die göttliche Wesenheit als von der Liebe und Sanftmut, und trinket vom Wassergeist des ewigen Lebens aus der ewigen Weisheit, welche ist der Brunn der göttlichen Wesenheit. Dieselbe, Christi Seele, hat göttlich-himmlisch Fleisch und Blut an sich bekommen mit dem Worte, das das Centrum der Lichtwelt ist, das da imaginierte nach der armen gefangenen Seelen. Dasselbe Wort wohnete in der göttlichen Wesenheit und in der Jungfrau der

Weisheit, kam aber in Maria und nahm unser eigen Fleisch und Blut in die göttliche Wesenheit und zerbrach die Kraft, die uns im Zorne des Todes und Grimmes gefangen hielt am Kreuz als im Centro der Natur des Urstandes ins Vaters ewigen Willen zur Natur, daraus unsere Seele war genommen worden, und zündete in derselben Essenz als in der Seelen finsterm Feuer wider das brennende Lichtfeuer an, und führete den andern Willen der Seelen durchs Feuer Gottes als aus dem Urstande aus ins brennende, weiße, helle Licht. Als solches die Natur in der Seelen empfand, ward sie freudenreich, zersprengete den Tod und grünete mit Gottes Kraft in der Lichtwelt aus und machte aus dem Feuer ein Liebebegehren, daß also in Ewigkeit kein Feuer mehr erkannt wird, sondern ein großer und starker Wille in der Liebe nach ihren Zweigen und Ästen als nach unserer Seelen.

10. Und das ist es, daß wir sagen: Gott dürstete nach unserer Seelen. Er ist unser Stamm worden. Wir sind seine Zweige und Äste. Wie ein Stamm immer seinen Saft den Ästen giebet, daß sie leben und Frucht tragen dem ganzen Baum zur Herrlichkeit, also tut auch uns unser Stamm. Der Baum Jesus Christus in der Lichtwelt, welcher sich in unserer Seelen hat offenbaret, der will unsere Seelen als seine Äste haben. Er ist in Adams Seele eingegangen, der uns verderbte. Er ist Adam worden in der Wiedergeburt. Adam führete unsere Seele in diese Welt in Tod der Grimmigkeit und er führete unsere Seele aus dem Tode durchs Feuer Gottes und zündete sie im Feuer wieder an, daß sie wieder das scheinende Licht bekam, da sie sonst hätte müssen im finstern Tode in der Angstqual bleiben.

11. Nun liegts jetzt nur an unserem Selbsteingehen, daß wir nur demselben Wege nachgehen, den er gemacht hat. Wir dürfen nur unsere Imagination und gänzlichen Willen in ihn einführen, welcher ›Glaube‹ heißet, und dem alten irdischen Willen Widerstand tun, so empfahen wir den Geist Christi

aus der neuen Wiedergeburt. Der zeucht himmlisch Wesen in unsere Seele als Christi himmlisch Fleisch und Blut. Und wenn die Seele das kostet, so zersprenget sie den finstern Tod in ihr und zündet das Feuer der Ewigkeit in ihr an, daraus das scheinende Licht der Sanftmut brennet. Dieselbe Sanftmut zeucht die Seele wieder in sich als das Seelenfeuer und verschlinget dieselbe in sich, und gibt aus dem Tode das Leben und den Geist Christi. Also wohnet derselbe Geist, der aus dem ewigen Feuer ausgehet in der Lichtwelt bei Gott, und ist das rechte Bild der Hl. Dreifaltigkeit. Er wohnet nicht in dieser Welt. Der Leib begreift ihn nicht, sondern das edle Gemüte, darin die Seele ein Feuer ist, das begreift ihn, doch nicht faßlich. Wohl wohnet das edle Bildnis im Seelenfeuer des Gemütes, aber sie schwebet darinne wie das Licht im Feuer. Denn weil der irdische Mensch lebet, ist die Seele immer in Gefahr, denn der Teufel hat Feindschaft mit ihr. Der schießt immer seine Strahlen mit falscher Imagination in den Sternen- und Elementengeist, greift damit nach dem Seelenfeuer, will dasselbe immerdar infizieren mit irdischer teuflischer Sucht. Da muß sich das edle Bildnis gegen das Seelenfeuer wehren. Da kostets Streiten um das Engelskränzlein. Da gehet oft im alten Adam auf Angst, Zweifel und Unglaub, wenn der Teufel der Seelen zusetzt. Ach, Kreuz Christi, wie schwer bist du öfters! Wie verbirget sich der Himmel! Aber also wird das edle Korn gesäet. Wenn das aufgehet, so bringets viel schöner Früchte in Geduld.

12. Also wächset ein jedes Zweiglein in der Seelen aus göttlicher Weisheit. Es muß alles aus der Angstkammer ausdringen und als ein Zweig aus der Wurzel des Baumes wachsen. Es wird alles in der Angst geboren. Will ein Mensch göttliche Erkenntnis haben, so muß er gar vielmal in die Angstkammer in das Centrum, denn ein jeder Funke der göttlichen Witze aus Gottes Weisheit muß aus dem Centro der Natur erboren werden, sonst ist er nicht bleiblich noch ewig. Er muß

auf dem ewigen Grunde, auf der ewigen Wurzel stehen. Also ist er ein Zweig in Gottes Reich aus Christi Baume.

13. Also verstehen wir das Sterben, was es sei und warum Christus hat müssen sterben und wir alle in Christi Tode sterben müssen, wollen wir anders seine Herrlichkeit besitzen. Der alte Adam kann das nicht tun. Er muß wieder in das, daraus er gegangen ist. Er soll durchs Feuer Gottes bewähret werden und die Wunder wiedergeben, die er verschlungen hat. Sie müssen wieder zum Menschen kommen und dem Menschen nach seinem Willen erscheinen, sofern er sie allhie hat in Gottes Willen gemachet. Wo aber zu Gottes Unehren, so gehören sie dem Teufel im Abgrunde.

14. Darum sehe ein jeder zu, was er allhie tue und mache, mit was Gemüte und Gewissen er rede, tue und wandele, es soll alles durchs Feuer bewähret werden. Und was dieses Feuers wird fähig sein, das wirds verschlingen und dem Abgrunde in die Angst geben. Dessen wird der Mensch Schaden haben und in jener Welt entbehren, daran er könnte und sollte Freude haben, daß er wäre ein Arbeiter in Gottes Weinberge gewesen. So aber wird er erfunden werden als ein fauler Knecht. Darum wird auch die Kraft, Macht und Klarheit in den Wundern der göttlichen Weisheit in jener Welt ungleich sein. Es ist allhier mancher ein König, und wird ihm in jener Welt ein Säuhirt in der Klarheit und Weisheit vorgezogen werden. Ursache: seine Wunder werden dem Abgrunde gegeben werden, weil sie böse waren.

15. Sehet, ihr lieben Menschen, ich weise euch ein Gleichnis der englischen Welt: Sehet den blühenden Erdboden an oder das Gestirn, wie ein Stern, auch ein Kraut das ander übertrifft in Kraft, Schönheit und Zierheit seiner Gestalt! Also ist auch die englische Welt, denn sie werden in einem geistlichen Fleisch und Blute dargestellet werden, nicht in solcher Gestalt als hier. Der geistliche Leib kann durch irdische Steine gehen, so subtil ist er, sonst wäre er der Gottheit

nicht fähig, denn Gott wohnet außer der greiflichen Qual[285] in der stillen Freiheit. Sein eigen Wesen ist Licht und Kraft der Majestät. Also müssen wir auch einen Kraftleib haben, aber wahrhaftig in Fleisch und Blute, darin ist aber ein Glanz der Tinktur. Denn der Geist ist also dünne, daß er vom Leibe unbegreiflich ist, ist doch in der Freiheit greiflich, sonst wäre er nichts. Und der Leib ist viel dicker[286] als der Geist, also daß ihn der Geist greifen und essen mag, davon er das Geistleben im Feuer erhält und gibt aus dem Geiste das Licht der Majestät und aus dem Lichte wieder die Sanftmut im Fleisch und Blut, daß also ein ewig Wesen ist.

16. So wir uns nun also finden und erkennen, so sehen und erkennen wir, was Gott ist und vermag und was das Wesen aller Wesen ist, und befinden, wie wir also ganz irrig und blind geführet werden, da man uns viel von Gottes Willen saget und bildet die Gottheit immer als ein fremd Wesen für, das ferne von uns sei, als ob Gott ein fremd Ding sei und nur also einen neiglichen Willen zu uns trüge, der Sünde vergebe aus Gunst, als ein König einem sein Leben schenket, der es verbrochen hat. Aber nein, höre, es heißet nicht heucheln und ein Schalk bleiben. Es heißet: aus Gott geboren werden oder ewig von Gott verloren sein. Denn der rechte Glaube und Wille muß es tun. Er muß ernstlich in Gott eingehen und ein Geist mit Gott werden. Er muß himmlisch Wesen erlangen, sonst hilft weder singen, klingen, heucheln oder wie das heiße. Gott bedarf keines Dienstes. Wir sollen uns untereinander dienen und uns lieben und dem großen Gott danken, das ist: in einem Sinne in Gott erheben und seine Wunder verkündigen, seinen Namen anrufen und ihn loben. Das ist die Freude in Ternario Sancto, da die ewige Weisheit aus dem Lobe giebet Wunder, Kraft und Gewächse. Und also wird dem Teufel sein Reich zerstöret, und kommt Gottes Reich zu uns

285 physischen Leiblichkeit   286 dichter

und geschieht sein Wille, sonst ists alles Menschengedichte und Werk vor Gott, ein unnütz Wesen, eine Heuchelei und machet keine Versöhnung, sondern führet den Menschen nur von Gott ab.

17. Gottes Reich muß in uns kommen und sein Wille in uns geschehen, so dienen wir ihm recht. Wenn wir ihn lieben von ganzem Herzen, Seele und allen Kräften und unsern Nächsten als uns selber, das ist der ganze Gottesdienst, den er von uns aufnimmt. Was dürfen wir uns heucheln? Sind wir gerecht, so sind wir selbst Götter in dem großen Gott, was wir dann tun, das tut Gott in uns und durch uns. So sein Geist in uns ist, was sorgen wir viel lange um Gottes Dienst? Will er was tun, so sollen wir Knechte und willig sein. Er muß der Werkmeister sein, soll ein Werk Gott gefallen. Was außer dem ist, das ist irdisch gebaut in dem Geist dieser Welt. Das bauen wir dem äußern Himmel, den Sternen und Elementen. Die haben ihr Verbringen und Wunder in uns. Und der finstere Teufel, dem dienen wir mit Werken außer Gottes Geist.

18. Das lasset euch gesaget sein, es ist hoch erkannt: Kein Werk gefällt Gott, es gehe denn aus Glauben in Gott. Heuchele, wie du willst, so arbeitest du nur in dieser Welt, du säest in einen irdischen Acker. Willst du aber himmlische Frucht ernten, so mußt du himmlischen Samen säen. Wird er nicht im fremden Acker wollen bekleiben[287], so kommt dein Same wieder zu dir und wächset in deinem Acker, und du wirst die Frucht selber genießen.

287 Wurzel schlagen

*Vom geistlichen Sehen, wie ein Mensch in dieser Welt
könne göttliche und himmlische Wissenschaft haben*

*Die andere Citation[288] oder Ladung der äußern Vernunft
dieser Welt in Fleisch und Blut.*

Die äußere Vernunft spricht: Wie mag der Mensch in dieser
Welt in Gott sehen als in eine andere Welt, und sagen, was
Gott ist; das kann nicht sein; es muß eine Einbildung sein, da
sich der Mensch mit kitzelt und selber betrügt.

2. Antwort: Also weit kommt die äußere Vernunft. Mehr
kann sie nicht erforschen, da sie ruhete. Und wenn ich noch
in derselben Kunst steckte, so würde ich eben auch also sagen.
Denn der nichts siehet, der spricht: es ist nichts da. Was er
siehet, das erkennet er. Mehr weiß er von nichts, als das vor
Augen ist. Ich will aber den Spötter und ganz irdischen Menschen gefraget haben, ob der Himmel blind sei, sowohl die
Hölle und Gott selber. Ob in der göttlichen Welt auch ein
Sehen sei, ob der Geist Gottes auch sehe, beides in der Liebe-
Licht-Welt und auch im Grimm in der Zornwelt im Centro.
Saget er: Es sei ein Sehen darinnen als es dann wahr ist, so
mag er wohl zusehen, daß er nicht öfter mit des Teufels Augen sehe in seiner fürgesetzten Bosheit, da er ihm ein Ding in
seiner Imagination in falscher Bosheit zu verbringen, lange
zuvor einmodelt, und siehets zuvor, wie er seine Schalkheit[289]
verbringen kann und will. Und kann er allda die Bosheit zuvor sehen, warum siehet er auch nicht zuvor seine Beloh-
nung? O nein, der Teufel siehet mit seinen Augen und decket
die Strafe zu, daß er die Bosheit verbringe. Triebe er den Teufel aus, so sähe er seine große Narrheit, die ihm der Teufel
geweiset[290] hatte. Das Böse läßt er ihn sehen und leihet ihm

288 vgl. II. Teil, Kap. 6,1   289 Falschheit   290 gezeigt

Augen dazu, daß er das Ferne, das noch geschehen soll, siehet; und er ist also verblendet, und weiß nicht, daß er mit des Teufels Augen siehet.

3. Also auch in gleicher Weise siehet der Heilige mit Gottes Augen, was Gott vorhat. Und das siehet der Geist Gottes in der neuen Wiedergeburt aus den rechten menschlichen Augen aus dem Bilde Gottes. Er ist dem Weisen ein Sehen und auch ein Tun, nicht dem alten Adam. Dieser muß Knecht dazu sein, er muß das ins Werk richten, was der neue Mensch in Gott siehet. Sagte doch Christus: Des Menschen Sohn tut nichts, als was er siehet den Vater tun, das tut er auch. – So ist doch des Menschen Sohn unser Haus worden, in das wir sind eingegangen. Er ist unser Leib worden und sein Geist ist unser Geist. Sollen wir in Christo denn in Gott blind sein? Der Geist Christi siehet durch und in uns, was er will; und was er will, das sehen und wissen wir in ihm, und außer ihm wissen wir nichts von Gott. Er tut göttliche Werke und siehet, was und wann er will, nicht wenn Adam will. Wenn Adam gerne wollte seine Bosheit – mit Hochmut sich sehen zu lassen – ausschütten. O nein, da verbirget er sich und siehet nicht in uns ins Freudenlicht in Gott, sondern ins Kreuz, in Trübsal, in Christi Leiden und Sterben, Verfolgung und Schmach, in große Traurigkeit, dahinein siehet er und lässet den alten Esel zappeln und Christi Kreuz tragen, das ist sein Amt. Aber auf dem Wege durch den Tod Christi siehet der neue Mensch in die englische Welt. Sie ist ihm leichter und heller zu begreifen als die irdische Welt. Es geschiehet natürlich nicht mit Einbildung, sondern mit sehenden Augen, mit denen Augen, welche die englische Welt sollen besitzen als mit der Seelen-Bildnis-Augen, mit dem Geiste, der aus der Seelen Feuer ausgehet. Derselbe Geist siehet in den Himmel. Der schauet Gott und die Ewigkeit, und kein anderer, und der ist auch das edle Bild nach Gottes Gleichnis.

4. Aus solchem Sehen hat diese Feder geschrieben, nicht

aus andern Meistern oder aus Wähnen, obs wahr sei. Ob nun wohl eine Kreatur ein Stück und nicht ein Ganzes ist, daß wir nur im Stückwerk sehen, so ists doch gründlich. Aber die Weisheit Gottes lässet sich nicht schreiben, denn sie ist unendlich, ohne Zahl und Begriff. Wir erkennens nur im Stückwerk.[291] Ob wir gleich viel mehr erkennen, so kanns die irdische Zunge nicht erheben und sagen. So redet nur Worte von dieser Welt, und den Sinn behält sie im verborgenen Menschen. Darum verstehets auch immer einer anders als der ander, als nachdem ein jeder ist mit der Weisheit begabet, also ergreift ers auch und also leget ers aus.

5. Meine Schriften wird nicht ein jeder nach meinem Sinn verstehen, ja auch wohl nicht einer. Aber ein jeder empfähet nach seiner Gabe zu seiner Besserung, einer mehr als der andere, nachdem der Geist seine Eigenschaft in ihm hat. Denn der Geist Gottes ist auch den Menschengeistern, so sie wohl wollen, öfters untertan, und siehet, was der Mensch will, daß sein Gutes nicht verhindert werde, sondern daß allenthalben Gottes Wollen und Willen geschehe. Denn der Geist, der aus dem Seelenfeuer aus Gottes Sanftmut und Wesen ausgeboren wird, der ist auch der Hl. Geist. Er wohnet in der göttlichen Eigenschaft und nimmt sein Sehen aus göttlicher Eigenschaft.

6. Was ist es nun, das an uns fremd ist, daß wir nicht können Gott sehen? Diese Welt und der Teufel in Gottes Zorn ist es, daß wir nicht mit Gottes Auge sehen, sonst ist keine Hinderung.

7. Spricht nun einer: ich sehe nichts Göttliches, – der mag denken, daß ihm Fleisch und Blut mit des Teufels List eine Hinderung und Deckel[292] ist, oft daß er will Gott in seinem Hochmut sehen zu seinen eigenen Ehren und oft, daß er mit irdischer Bosheit erfüllet und geblendet ist. Sähe er in Christi

291 gemäß I. Kor. 13,9   292 Vorwand

Fußstapfen und ginge in ein neu Leben, gäbe sich unter das Kreuz Christi und begehrte nur den Eingang Christi, durch Christi Tod und Himmelfahrt zum Vater, was sollte es gelten, er sähe den Vater und seinen Heiland Christum mit dem Hl. Geiste.

8. Sollte denn der Hl. Geist blind sein, so er im Menschen wohnet? Oder schreibe ichs mir zum Ruhm? – Nicht also, sondern dem Leser zur Richtschnur, daß er von seinem Irrtum abstehe und gehe vom Wege der Lästerung aus in ein heiliges göttliches Wesen, daß er auch mit göttlichen Augen sehe die Wunder Gottes, auf daß Gottes Wille geschehe, zu welchem Ende diese Feder also viel geschrieben hat, und nicht um eigener Ehre und Wollust dieses Lebens willen, wie uns der Treiber[293] immer schilt, und bleibt doch nur der Treiber im Zorn Gottes, dem wir das Himmelreich gerne gönneten, möchte er vom Teufel und der irdischen Hoffartssucht los werden, welche ihn blind macht.

9. Also, ihr lieben Kinder Gottes, die ihr mit viel Tränen suchet, lasset es euch nur Ernst sein! Unser Sehen und Wissen ist in Gott. Er offenbaret einem jeden in dieser Welt, soviel er[294] will, als er weiß, daß ihm nützlich und gut ist. Denn der aus Gott siehet, der hat Gottes Werk zu treiben. Er soll und muß das treiben, lehren, reden und tun, das er siehet, sonst wird ihm das Sehen genommen. Denn diese Welt ist Gottes Sehen nicht wert, aber um der Wunder und Offenbarung Gottes willen wird manchem gegeben zu sehen, daß der Name Gottes der Welt offenbar werde, welches auch ein Zeugnis über alles gottlose Wesen sein wird, welche die Wahrheit in Lügen verkehren und verachten den Hl. Geist. Denn wir sind nicht unser selber, sondern dem wir dienen in seinem Licht. Wir wissen nichts von Gott, er selber, Gott, ist

293 Böhmes Ankläger Gregor Richter, Pfarrer in Görlitz
294 Gott

unser Wissen und Sehen. Wir sind ein Nichts, daß er alles in uns sei. Wir sollen blind, taub und stumm sein und kein Leben in uns wissen, daß er unser Leben und Seele sei und unser Werk sein sei. Unsere Zunge soll nicht sagen, so wir was Guts getan haben: Das haben wir getan, – sondern: Das hat der Herr in uns getan, sein Name sei hochgelobet. Aber was tut diese böse Welt jetzo? So einer sagte: Das hat Gott in mir getan, – so es gleich gut ist, so spricht die Welt: Du Narr, du hast es getan, Gott ist nicht in dir, du lügst! – Also muß der Geist Gottes ihr Narr und Lügner sein. Was ist es denn oder wer redet aus dem Lästermunde? Der Teufel, der ein Feind Gottes ist, daß er Gottes Werk zudecke, auf daß Gottes Geist nicht erkannt werde und er Fürst dieser Welt bleibe bis ins Gericht.

10. Also, so ihr sehet, daß die Welt wider euch streitet, euch verfolget, schmähet, lästert um Gottes Erkenntnis und Namens willen, so denket, daß ihr den schwarzen Teufel vor euch habet, so segnet ihr, daß Gottes Reich zu uns komme und dem Teufel seinen Stachel zerbreche, daß der Mensch durch euren Segen und Gebet vom Teufel erlöset werde, so arbeitet ihr recht in Gottes Weinberge und hindert dem Teufel sein Reich und gebäret Früchte auf Gottes Tische, denn in Liebe und Sanftmut aus dem Zorne Gottes werden wir wieder neugeboren. In Liebe und Sanftmut müssen wir in des Teufels Dornen baden, in dieser Welt wider ihn streiten, denn die Liebe ist sein Gift. Sie ist ihm ein Feuer des Schreckens, da er nicht bleiben kann. Wüßte er ein Fünklein Liebe in ihm, er würfe die weg oder zerbörste darum, daß er los würde. Darum ist die Liebe und Sanftmut unser Schwert. Damit können wir um das edle Kränzlein unter Christi Dornenkrone mit dem Teufel und der Welt streiten, denn die Liebe ist das Feuer des andern Principii. Sie ist Gottes Feuer, dem ist der Teufel und die Welt feind. Die Liebe hat Gottes Augen und siehet in Gott, und der Zorn hat des Grimmes Auge

im Zorne Gottes. Der siehet in die Hölle, in die Qual und in Tod.

11. Die Welt vermeinet schlechts[295], man müsse Gott mit den irdischen und Sternenaugen sehen. Sie weiß nicht, daß Gott nicht im Äußern wohnet, sondern im Innern. Und so sie dann nichts Wunderliches[296] an Gottes Kindern siehet, spricht sie: O, er ist ein Narr, er ist närrisch geboren, er ist melancholisch! – Soviel weiß sie. O, höre Meister Hans, ich weiß wohl was Melancholei ist, weiß auch wohl, was von Gott ist, ich kenne sie beide und auch dich in deiner Blindheit. Aber solch Wissen kostet nicht eine Melancholei, sondern ein ritterlich Ringen. Denn keinem wirds gegeben ohne Ringen, er sei denn im Ziel von Gott erkoren, er ringe denn um das Kränzlein. Es wird wohl mancher im Mutterleibe dazu erkoren, wie Johannes der Täufer (Luk. 1,15) und andere mehr im Bunde Gottes der Verheißung ergriffen, welcher allezeit ein Ziel eines Saeculi[297] ist, der mit der Zeit des großen Jahrs geboren und von Gott erkoren wird, die Wunder, die Gott vorhat, zu eröffnen. Aber nicht alle aus dem Ziel, sondern ihrer viel aus eiferigem Suchen, denn Christus sprach: Suchet, so werdet ihr finden, klopfet an, so wird euch aufgetan (Matth. 7,7). Item: Wer zu mir kommt, den werde ich nicht hinausstoßen (Joh. 6,37). Item: Vater, ich will, daß die, die du mir gegeben hast, seien wo ich bin (Joh. 17,24); das ist: mit dem neuen Menschen aus Christo geboren in Gott, seinem Vater. Item: Vater, ich will, daß sie meine Herrlichkeit sehen, die ich hatte vor der Welt Grunde. – Allhier lieget das Sehen aus Christi Geiste, aus Gottes Reiche in Kraft des Wortes, des Wesens der Gottheit mit Gottes Augen und nicht mit dieser Welt und des äußern Fleisches Augen.

12. Also, du blinde Welt, wisse womit wir sehen, wenn wir von Gott reden und schreiben, und laß dein falsches Richten

295 einfach 296 Sensationelles 297 Zeitalters

bleiben. Siehe du mit deinen Augen und laß Gottes Kinder mit ihren Augen sehen. Siehe du aus deinen Gaben und laß Gottes Kinder oder einen andern aus seinen Gaben sehen. Ein jeder, wie er berufen wird, also sehe er und also wandele er, denn wir treiben nicht alle einerlei Wandel, jeder aber nach seiner Gabe und Beruf zu Gottes Ehre und Wunder. Es läßt sich der Geist Gottes nicht also binden wie die äußere Vernunft mit ihren Gesetzen und Consiliis[298] vermeinet, da man allemal eine Kette des Antichrists mit schließt, daß die Menschen wollen über Gottes Geist richten und ihren Dünkel und Schluß für Gottes Bund halten, gleich als wäre Gott nicht in dieser Welt daheim oder als wären sie Götter auf Erden, bestätigens nicht mit Eiden, was sie glauben wollen. Ist das nicht ein Narrenwerk, den Hl. Geist in seinen Wundergaben an einen Eid binden? Er soll glauben, was sie wollen, und sie kennen ihn doch nicht, sind auch nicht aus ihm geboren, machen ihm doch Gesetze, was er tun soll.

13. Ich sage, daß alle solchen Bünde der Antichrist und Unglaube sind, es gleiße, wie es wolle. So ist Gottes Geist ungebunden. Er gehet nicht im Bunde, sondern frei erscheinet er dem suchenden, demütigen Gemüte nach seiner Gabe, wie er genaturet[299] ist. Er ist ihm auch noch wohl untertan, so er ihn nur mit Ernst begehret. Was soll denn der Bund in menschlichem Witze von dieser Welt, so es Gottes Ehre betrifft? Sind doch alle Bünde aus eigener Hoffart geboren. Freundliche Unterredung ist wohl gut und nötig, daß einer dem andern seine Gabe dartue, aber die Bünde sind eine falsche Kette wider Gott. Gott hat einmal einen Bund mit uns in Christo gemachet. Das ist genug in Ewigkeit. Er machet keinen mehr. Er hat das menschliche Geschlecht einmal in Bund genommen und ein festes Testament gemachet mit Tod und Blut. Es ist genug an dem. Wir lassen uns billig an dem genü-

298 Ratschlüssen   299 geartet

gen und hangen diesem Bunde an. Wir dürfen nicht also kühn um Christi Kelch tanzen, als jetzt geschieht, oder (er) wird weggenommen werden, wie den Türken geschah.

14. Es ist ein sehr großer Ernst vorhanden, als von der Welt her nie geschehen. Laßt es euch wohl sagen. Es ist erkannt worden. Der Antichrist soll bloß stehen.[300] Sehet aber zu, daß ihr dabei nicht ärger werdet. Denn die Axt ist an dem Baum gesetzt, der böse Baum soll abgehauen und ins Feuer geworfen werden. Die Zeit ist nahe! Verstecke sich niemand in Fleischeslust, denn das tuts nicht, daß einer wisse, wie er könne neugeboren werden. Bleibet aber in der alten Haut, in Wollust des alten Menschen, in Geiz, Hochmut und Ungerechtigkeit, in Unzucht und ärgerlichem Leben, der ist lebendig tot und stecket im Rachen des Zorns Gottes. Denselben wird seine Wissenschaft anklagen und verurteilen zum Gerichte. So er das Wort der Erkenntnis empfähet und annimmt, das ihm Gott zu erkennen gibt, daß er der rechte Weg zum Leben sei, so muß er alsobald ein Täter des Worts werden und aus der Bosheit ausgehen. Oder er hat ein schwer Urteil über sich. Was ist der besser denn der Teufel? Der weiß auch Gottes Willen, tut aber seinen bösen Willen. Es ist einer als der ander, keiner gut, solange bis er des Worts Täter wird. Alsdann wandelt er auf Gottes Wege und ist im Weinberge in Gottes Arbeit.

15. Die gleißnerische Babel lehret jetzt: Unsere Werke verdienen nicht, Christus habe uns vom Tode und der Höllen erlöset, wir müssens nur glauben, so werden wir gerecht. – Höre, Babel, der Knecht, der seines Herrn Willen weiß und den nicht tut, soll viel Streiche leiden. Es wissen ohne tun ist eben als ein Feuer, das da glimmet und kann vor Nässe nicht brennen. Willst du, daß dein göttlich Glaubensfeuer brennen soll, so mußt du dasselbe aufblasen und aus des Teufels und

300 entlarvt werden

der Welt Nässe ausziehen. Du mußt ins Leben Christi eingehen. Willst du sein Kind werden, so mußt du in sein Haus
eingehen und sein Werk treiben, oder du bist draußen und ein
Heuchler, der den Namen Gottes unnützlich führet. Anders
lehrest du und anders tust du, und bezeugest also, daß Gottes
Urteil recht über dich sei. Oder was hat Gott für Gefallen an
deinem Wissen, da du ein Schalk bleibest? Meinest du, er
nehme deine Heuchelei an, daß du zu ihm schreiest: Herr, gib
mir einen starken Glauben an das Verdienst deines Sohnes
Christi, daß ichs von ganzem Herzen glaube, daß er für meine
Sünde hat genug getan! – Meinest du, das sei genug? O höre,
nein! Du mußt in Christi Leiden und Sterben eingehen und
aus seinem Tode anders geboren werden. Du mußt ein Glied
mit und in ihm werden. Du mußt den alten Adam stets kreuzigen und immer an Christi Kreuz hängen und mußt ein gehorsam Kind werden, das immer höret, was der Vater saget,
und immer dasselbe wollen gerne tun. Ins Tun mußt du eingehen, sonst bist du eine Larve ohne Leben. Du mußt mit
Gott gute Werke der Liebe gegen deinen Nächsten wirken,
deinen Glauben stets üben und immer bereit sein zur Stimme
des Herrn, wenn er dich heißet aus dem alten Pelze heimgehen in das reine Kleid. Siehe, ob du gleich auf diesen Weg
trittest, so wirst du dennoch Schwachheit genug haben und
viel zu viel an dir fühlen. Du wirst noch zuviel Böses wirken,
denn wir haben einen bösen Gast in uns zur Herberge. Es gilt
nicht nur trösten, sondern wider denselben kämpfen, streiten, ihn stets töten und überwinden. Er ist ohnedies zu stark
und will das Oberregiment haben. Christus hat wohl für uns
und in uns den Tod zerbrochen und die Bahn in Gott gemachet, was hilft michs aber, daß ich mich dessen tröste und
solches lerne wissen, bleibe aber im finstern Zorn verschlossen liegen, an der Ketten des Teufels gefangen? Ich muß in
dieselbe Bahn eingehen und in derselben Straße wandeln als
ein Pilgrim, der aus dem Tode ins Leben wandelt.

Die Pilgrim-Straße aus dem Tode ins Leben

Lieben Kinder, lasset uns doch herzlich miteinander vom Grunde reden: Unser rechtes Leben, damit wir sollen Gott schauen, ist als ein (ge)dämpft Feuer, manchem auch wohl als das Feuer im Steine verschlossen. Wir müssen aufschlagen mit rechter ernster Einwendung zu Gott. Sehe doch Gottes Fürsorge an! Er hat uns in Christo aus dem Wasser des ewigen Lebens wiedergeboren und hat uns dasselbe im Bunde der Taufe zu einem Schlüssel zur Letzte[301] gelassen, daß wir damit aufschließen und unser Seelenfeuer damit besprengen, daß es des göttlichen Feuers fähig wird. Und hat uns seinen Leib zur Speise gegeben und sein Blut zum Trank, daß wir und dessen sollen annehmen, in seinen Bund treten und unsere Seele mit speisen, daß sie erquicket werde und vom Tode aufwache, daß sie das göttliche Feuer anzünde. Lieben Kinder, es muß brennen und nicht im Steine verschlossen liegen bleiben oder als ein Moder oder Zunder, der da wollte gerne glimmen, und kann vor des Teufels Nässe nicht. Der historische Glaube[302] ist ein Moder, der da als ein Fünklein glimmet. Er muß angezündet werden. Wir müssen ihm Materiam geben, darin sich das Fünklein anzünde. Die Seele muß aus der Vernunft dieser Welt ausdringen ins Leben Christi, in Christi Fleisch und Blut, so empfähet sie Materiam zu ihrem Anzünden. Es muß Ernst sein, denn die Historia erreichet nicht Christi Fleisch und Blut. Es muß der Tod zersprenget werden, wiewohl ihn Christus zersprenget hat. So muß aber nun die ernste Begierde folgen, das gerne wollen tun und immer dahin arbeiten als ein Pilgrim oder Bote, der einen (ge)fährlichen weiten Weg ziehen will. Der laufet immer nach dem Ziel. Er ist un-

301 zum Abschied(strank)
302 der Glaube ohne Eigenerfahrung

verdrossen, ob ihm gleich wehe geschiehet. Noch hoffet er des Ziels und kommt immer näher, da er dann seines Lohns und Ergötzung in Hoffnung gewärtig ist. Und freuet sich, daß sein sauer Wandern wird ein Ende nehmen.

2. Also muß ein Mensch, der da will zu Gott wandern, sich auf die Pilgrimstraße machen. Er muß immer mehr aus der irdischen Vernunft, aus des Fleisches, des Teufels und der Welt Willen auswandern. Oft geschieht ihm wehe, wenn er das verlassen soll, das er wohl haben könnte und könnte damit in zeitlichen Ehren schweben. Will er aber auf der rechten engen Straße wandern, so muß er nur den Rock der Gerechtigkeit anziehen und den Rock des Geizes und gleißenden Lebens ausziehen. Er muß den Hungerigen sein Brot mitteilen und sein Kleid zur Decke geben, nicht ein Dränger des Elenden sein, nur seinen Sack wollen füllen, dem Elenden und Albern[303] seinen Schweiß abdringen und ihm Gesetze geben nur zu seiner Hoffart und Wollust. Der ist kein Christ, der solches tut, sondern er wandert auf der Straßen dieser Welt, wie ihn das Gestirne und die Elementa mit des Teufels Infizieren und Lust treiben. Und ob er gleich den Glauben weiß von Gottes Barmherzigkeit, von der Genugtuung Christi, wirds ihm doch nicht helfen. Denn nicht alle, die da sagen: Herr, Herr! werden ins Himmelreich eingehen, sondern die den Willen tun meines Vaters im Himmel. Und der Wille ist: Liebe deinen Nächsten als dich selber. Was du willst, das man dir tue, das tue du auch.

3. Sprich nicht in deinem Herzen: Ich sitze in diesem Amt und Herrschaft mit Recht; ich habs erkaufet und ererbet, das was mir meine Untertanen tun, sind sie mir schuldig. – Siehe und forsche, wo dasselbe Recht urständet, obs von Gott also geordnet sei oder obs aus Trug und eigener Hoffart und aus Geiz urstände? Findest du, daß es Gottes Ordnung sei, so

---

303 Einfachen

schaue und wandele darin nach dem Befehl der Liebe und Gerechtigkeit. Denke, daß du darin ein Diener und nicht ein Herr über Christi Kinder bist, und nicht allein dasitzest, ihren Schweiß an dich zu ziehen, sondern daß du ihr Richter und Hirte bist, daß du sollst von deinem Amt Rechenschaft geben. Dir sind fünf Pfund gegeben: du sollst sie deinem Herrn mit Wucher[304] überantworten. Du sollst deinen Untern auf den rechten Weg führen, ihm gute Exempel geben in Lehr und Strafe über den Boshaftigen. Denn es soll von dir gefordert werden, so du den Gottlosen nicht strafest und schützest den Bedrängten. Du bist nicht nur darum ein Regent, daß du ihr Herr seiest. Nicht du, sondern Gott ist ihr Herr. Du sollst ihr Richter sein und sie scheiden. Nicht um den Geizes willen bist du ihr Richter, sondern um ihrer Gewissen willen. Und daß du den Einfältigen lehrest, führest und weisest nicht allein mit Drangsal seines Schweißes, sondern mit Sanftmütigkeit. Du hast ein Schweres auf dir. Du mußt darum ernste Rechenschaft geben. Wenn der Elende über dich seufzet in seiner Drangsal, so klaget er dich vor seinem und deinem Herrn an. Da sollst du und mußt du mit ihm vor Gerichte stehen, denn das Urteil gehet über die Seelen. Es hilft dir keine Heuchelei.

4. Alles, was mit Tränen gesäet wird, mit rechtem Ernste, das wird zur Substanz und gehöret vor Gottes Gerichte, es sei denn, daß der Mensch umkehre und versöhne sich mit Wohltat gegen den Bedrängten, daß er ihn segne, so zerbricht die Substanz. Darum habt ihr Oberen ein Schweres auf euch. Ihr möget wohl auf euren Stand sehen, wo er urstände. Die Wurzel wird nahe[305] gesucht werden. Es soll ein jeder von seinem Stande Rechenschaft geben. Sehet aber zu, daß ihr nicht damit im höllischen Feuer reitet, als der grimmige Teufel selber tut, und ihr desselben Diener erfunden werdet, wie uns der

304 Gewinn   305 bald

Geist der Wunder zeiget, daß ihr die Erfüllung des ewigen Zornes und Grimmes seid worden. Sprich nicht in deinem Herzen: Also haben meine Eltern und Vorfahren auch gewandelt, ich habs ererbet. – Du weißt nicht, in was Herberge sie sind eingangen. Willst du ein Christ und Kind Gottes sein, so mußt du nicht auf den Weg der Vorgehenden[306], wie sie in Wollust geritten sind, sondern auf Gottes Wort. Das muß deiner Füße Leuchte sein. Denn viele, so übel gefahren sind, die sind in Abgrund gefahren. Denen wirst du auch nachfahren, so du in ihren Fußstapfen wandelst. Laß dir nur nicht den Teufel den gleißnerischen Weg malen. Seine Farbe glänzet von außen, und in der Essenz ist sie Gift.

5. Ach, wie haben wir doch einen so gar gefährlichen Weg durch diese Welt zu wandern, und wäre zu wünschen, daß in dem Gottlosen kein Ewiges wäre. So dürfte er nicht ewige Qual leiden und im ewigen Spotte sein. Wie sie allhie in diesem Leben Feinde der Kinder Gottes sind, also auch bleiben sie ewige Feinde Gottes und seiner Kinder. Darum müssen die Kinder Gottes das Kreuz auf sich nehmen und allhie im Distel- und Dornenbad schwitzen und in Angst neugeboren werden. Sie müssen einen schmalen Steg wandern, da die Vernunft immer spricht: Du bist ein Narr, du könntest in Freuden leben und gleichwohl selig werden. – O wie schlägt die äußere Vernunft oft das edle Bild, das aus dem Dornenbade aus der Trübsal auswächset! Wie gar mancher Zweig wird von dem Perlenbaum abgerissen durch Zweifel und Unglauben, welcher den Menschen in den falschen Weg einführet. Der Elende seufzet nach der zeitlichen Nahrung und fluchet dem Zwinger, der ihm seinen Schweiß abdringet, und denket, er tue recht daran. Aber er verderbet sich nur selber daran. Er handelt ebenso gottlos als sein Treiber. Nähme er Geduld in sich und gedächte, daß er auf der Pilgrimstraße

306 Vorgänger

wandelt, und setzte seine Hoffnung in sein Ziel und dächte, daß er also in Kreuz und Elende, in Drangsal in Christi Weinberg arbeitete, – o wie selig führe er. Er hätte doch also Ursache, ein ander und besser Leben zu suchen, weil er allhier muß in Angst und Elend schweben. Wenn ers nur recht verstünde, wie es Gott so gut mit ihm meinete, daß er ihn also damit locke und suche, daß er nicht soll in das irdische Leben bauen. Dieweil er siehet, daß es nur ein Jammertal und Drangsal ist, und muß allhier nur im harten Zwang im Elende in eitel Mühe seine Tage verzehren, soll er doch ja denken, daß es Gott nicht vergebens also gehen lasse, sondern daß er ihm gleich also Ursache gebe, eine rechte Ruhe zu suchen, welche nicht in dieser Welt ist. Dazu muß er alle Stunde des Todes warten und sein Werk andern lassen. Was ist es denn, daß ein Mensch seine Hoffnung in diese Welt bauet, darin er doch nur ein Gast und Pilgrim ist, der da muß durch die Straßen seiner Konstellation[307] wandeln? Nähme er die innere Konstellation an, o wie selig arbeitete er in Gottes Werke und ließe das äußere gehen, wie es kann sein.

6. Ein Mensch in dieser Welt, der da gedenket Gottes Reich zu besitzen, hat keinen bessern Weg und mag ihm nicht besser geraten werden, als daß er stets gedenke und ihm fürnehme[308], daß er im Weinberge Gottes ist mit all seinem Tun und Wesen, daß ers Gott tue. Sein Gemüt soll in steter Hoffnung zu Gott gerichtet sein, daß er werde seinen Lohn für seine Arbeit von Gott erlangen und daß er in Gottes Wundertat arbeite. Darum soll er in seiner Arbeit, die er tut, fleißig sein, und wenn er gleich seinem Treiber in Mühe ohne Lohn oft dienen muß, so denke er nur, er arbeite nur Gotte und sei geduldig auf Hoffnung, Gott werde ihm seinen Lohn wohl geben zu seiner Zeit. Denn nicht am Tage zahlet der Herr des Weinberges seine Arbeiter aus, sondern am Abend,

307 Schicksal   308 sich vornehme

wenn das Tagewerk gemacht ist. Wenn wir heimgehen zu unserm Herrn aus dieser Hütten Tal, alsdann empfähet ein jeder seinen Lohn. Welcher alsdann viel gearbeitet hat in langer Zeit, der hat viel Lohn zu gewarten. Welcher aber nur ein Schnarcher, Grunzer, Faulenzer und böser Arbeiter in Ungeduld gewesen ist, der hat wenig verdienet und wird noch wohl Strafe von seinem Herrn zu gewarten haben. Denn er hat andere Arbeiter nur verführet und ist ein unnützer Arbeiter gewesen, hat eitel falsche Werke gemacht, seinen Herrn um seinen Lohn zu betrügen, der empfähet billig Strafe für Lohn.

Die Porte im Centro der Natur

Die dritte Citation:

7. Die Vernunft spricht also: Warum lässet Gott also gehen, daß allhie eitel Mühseligkeit ist, dazu nur ein Zwängen und Drängen, daß je einer den andern plaget und dränget? Und ob mancher viel hat und nicht darf, noch hat er keine Ruhe. Er trachtet nur nach Treiben und Unruhe und sein Herz ist nimmer stille.

8. Siehe, du verschlossene Erkenntnis, der Welt Grund ist also. Der Urstand des Lebens ist auch also. Es mag in dieser Welt nicht anders sein, es sei denn, daß ein Mensch neugeboren werde, der ist im neuen Menschen anders, und hänget ihm doch dieser Trieb im alten Menschen immer an. Das ist der Streit des Geistes wider das Fleisch, da das Fleisch wider den Geist lüstert und den Geist wider das Fleisch. Nun spricht die Vernunft: Wo urständets denn also?

9. Antwort: Siehe, im Centro naturae ist solch ein Wesen. Besinne dich nur. Der ewige Wille, so Gott heißet, der ist frei, denn er hat in sich nichts als das Licht der Majestät und wohnet in dem ewigen Nichts. Darum mag ihn auch nichts rüh-

ren. Aber sein Begehren, das das Centrum naturae machet, dasselbe hat nur eine solche Eigenschaft, denn da ist die Herbigkeit als die erste Gestalt der Natur. Die zeucht immer an sich und nimmt, da nichts ist. Das sie nicht gemachet hat, das nimmt sie und raffet es zusammen, und mags doch nicht essen, ist ihr auch nichts nütze. Sie machet ihr selber also Angst, Marter und Unruhe damit wie auch der Geiz im Menschen. Die andere Gestalt ist sein Ziehen oder Stachel. Das ist sein Knecht, der da zusammenraffet, was das Begehren will. Der ist der Arbeiter, bedeutet: den untern Menschen. Der ist bös, zornig, wütend, sticht und tobet in der Herbigkeit. Das mag die Herbigkeit vom Knecht nicht leiden, zeucht ihn nur heftiger; also wird der Knecht nur böser und toller und stürmet dem Herrn das Haus. Also will der Herr den Knecht binden und halten. Und der Knecht reißet mit Bosheit überaus. Und so ihn dann sein Herr als die Herbigkeit nicht mag bewältigen, geraten sie miteinander in eine große Angst, Feindschaft und Widerwärtigkeit, fangen ein drehend Rad an zu machen, sich zu würgen, morden und töten. Und das ist die dritte Gestalt der Natur, davon urständet Krieg, Streit, Zerbrechung Land und Städte, Neid und ängstliche Bosheit, da je einer den andern will tot haben, will alles fressen und in sich ziehen. Er wills alleine haben, ist ihm doch allein nichts nütze, sondern schädlich. Er tut wie der Grimm der Natur tut. Derselbe frißt sich auch also in sich selber, verzehret und zerbricht sich, gebieret sich doch auch also. Davon kommt alles Böse, der Teufel mit allem bösen Wesen kommt daher, also hats seinen Urstand.

10. Wie die Natur um Centro tut, verstehet: außer dem Lichte, also tut auch der Teufel, welcher das Licht nicht hat, auch der böse Mensch und Tier, auch Kraut, Gras und alles, was feindig ist, denn es ist das Giftrad, davon das Leben urständet. Das drehet sich also in großer Angst im Stechen, Wüten und Brechen, bis es ihm einen andern Willen schöpfe,

aus der Angst auszugehen, und ersenket sich in Tod und gibt sich frei dahin in die Freiheit. So zerbricht das Stechen und Brechen im Tode und fället in die Freiheit des ersten Willens, welcher die Angst des Todes anzündet mit der stillen Freiheit, davon die Angst erschricket, den Tod zerbricht und aus der Angst auffähret als ein Leben der Freude.

11. Also gehets auch zu mit dem Menschen. Wenn er in der Angst der Feindschaft ist, daß der Stachel des Todes und Zornes in ihm wütet, daß er also ängstlich, geizig, neidig, zornig und feindig ist, so soll er nicht in dem bösen Wesen bleiben, sonst ist er in den Gestalten des Todes, Zornes, Grimmes und höllischen Feuers. So nicht der Wasserquell in ihm wäre mit Fleisch und Blut, so wäre er also schon ein angezündeter Teufel und nichts anders, sondern er muß sich besinnen und in seiner bösen Angst einen andern Willen schöpfen, von der geizigen Bosheit auszugehen in die Freiheit Gottes, da immer Ruhe und Friede genug ist. Er muß nur in Tod in die Geduld ersinken, in das Angstrad sich willig einergeben und einen Durst nach Erquickung Gottes, welche die Freiheit ist, schöpfen. So ersinket er durch den Angsttod und fällt in die Freiheit. So dann seine Angst die Freiheit kostet, daß sie eine solche stille, sanfte Qual ist, so erschricket die Angstqual. Und im Schrecken zerbricht der feindige herbe Tod. Denn es ist ein Schrack großer Freuden und eine Anzündung des Lebens Gottes. Und also wird der Perlenzweig geboren. Der stehet nun in zitternder Freude, aber in großer Gefahr, denn der Tod und die Angstqual ist seine Wurzel und ist damit umgeben als ein schöner grüner Zweig, der aus einem stinkenden Miste auswächset aus der Stankqual, und bekommt eine andere Essenz, Geruch, Wesen und Qual als seine Mutter hat, aus welcher er geboren ward, wie denn auch die Qual in der Natur solche Eigenschaft hat, daß aus dem Bösen als aus der Angst das große Leben erboren wird.

12. Und wie wir weiter erkennen, daß sich die Natur im

Schrack in zwei Reiche scheidet: (1) in das Freudenreich und (2) in ein Ersinken des Todes in eine Finsternis. Also auch der Mensch, wenn der Lilienzweig zum Freudenreich also erboren wird, so scheidet sich seine Natur in zwei Willen. Der erste gehet auf in der Lilien und wächset in Gottes Reich, der ander ersinket in den finstern Tod und sehnet sich nach der Erden, nach seiner Mutter. Der streitet immer wider die Lilien, und die Lilie flieht vor der Rauhigkeit, wie ein Zweig aus der Erden wächset und die Essenz vor der Erden flieht und von der Sonnen aufgezogen wird, bis es ein Halm oder Baum wird. Also zeucht Gottes Sonne des Menschen Lilie als den neuen Menschen immer in seine Kraft von der bösen Essenz aus und zeucht endlich einen Baum in Gottes Reich daraus. Alsdann läßt er den alten bösen Baum oder Schale, darunter der neue wuchs, hinfallen in die Erde, in seine Mutter, darnach er sich je sehnet und aus der Erden wieder in Centrum Naturae am Ende des Scheidetags[309], da alles wieder muß in seinen Aether gehen. Also gehet auch die Lilie in ihren Aether als in den freien Willen, in das Licht der Majestät ein.

13. Also verstehets weiter: Wenn sich im Schrack der Natur also zwei Reiche scheiden, so ist der Schrack ihm selber ein Blitz und Ursache des Feuers als des Lebens Anzündung. So scheidet sich Prima Materia als die erste Materie, welche die Herbigkeit machete mit seinem Einziehen, darin die Feindschaft entstund, in zwei Teile: als eines unter sich in Tod, das ist das essentialische Leben mit der Wesenheit dieser Welt, als da sind Erde und Steine. Und dann das ander Teil scheidet sich aus dem Schrack des Feuers ins Licht der Freiheit, denn der Feuerschrack zündet die Freiheit an, daß sie auch begehrend wird. Die zeucht nun in ihrem Begehren die Freudenreich in sich als das sanfte Wohltun, und macht es

309 Gericht des Jüngsten Tages, an dem alles in seinen Ursprung zurückkehrt

auch zu Materia. Das ist nun die himmlische göttliche Wesenheit. Die zeucht das Feuer wieder in sich und schlinget's in seinem Schracke, welcher des Feuers Qual ist. Allda verzehret die Qual die sanfte Wesenheit und führet sich in die hohe Freudenreich, daß aus Angst Liebe wird, daß aus Feuer ein Liebe-Brennen wird, und giebet aus dem Brennen den freudenreichen Geist des ewigen Lebens, der Gottes Geist heißet, welcher im ersten Willen, der Vater heißet, urständet. Denn er ist das Begehren der Natur. Und ist im Feuer ein Feuerquall und in der Angst des Todes ein Stachel des Todes, des Grimmes und der Feindschaft im Wesen der Natur als im Centro. Und im Lichte ist er die göttliche Freudenreich, der da in der göttlichen Wesenheit als in der Weisheit – das sind die Farben der Tugend – die edle Tinktur eröffnet, welche der Glanz der himmlischen Wesenheit ist. Und ursachet in der Wesenheit das Element der englischen Welt, daraus diese Welt eine Ausgeburt ist, aber im Zorne vom Teufel entzündet, der eine Ursache ist, daß sich der Grimm der Natur hat entzündet, davon in der Wesenheit sind Erde und Steine worden, wie vor Augen, welches der mächtigste Quall hat im Verbo Fiat in ein Principium geschieden, wie im Buch »Vom dreifachen Leben« ausgeführet worden.

14. Also verstehet den Feuerblitz für die vierte Gestalt der Natur und die Liebegeburt der Freudenreich für die fünfte Gestalt und das Einschlingen der Wesenheit aus der Sanftmut in Feuersqual da das Feuer auch die Freudenreich erreichet, als den Schall oder Offenbarung der Farben, Wunder und Tugenden, davon die fünf Sensus als Sehen, Hören, Riechen, Schmecken und Fühlen entstehen, für die sechste Gestalt der Natur; und die Wesenheit des Lichts, darin das göttliche Element begriffen, aus welchem das Grünen oder Paradeis entstehet, für die siebente Gestalt als wieder für die Mutter aller Gestalten, die allen Gestalten Wesen, Kraft und Sanftmut gibt, daß ein ewig Leben und Wonne des Lebens ist. Denn die

siebente Gestalt hält in sich selber inne die englische Welt, sowohl das Paradeis oder rechte Himmelreich, darin das Wesen der Gottheit offenbar ist, und alles, was die Lichtwelt beschließt, wie wir solches an anderen Orten ausgeführet haben.

Weitere und mehrere Umstände dieser dritten Citation

Also, ihr Menschenkinder, seid allhier sehend und nicht blind. Merkets doch, was euch geoffenbaret ist. Es geschieht nicht vergebens. Es ist was dahinter, schlafet nicht, es ist Zeit. Sehet doch, was das Wesen aller Wesen ist. Diese Welt ist aus dem Ewigen ausgeboren. Das Centrum der Natur ist von Ewigkeit je gewesen. Es ist aber nicht offenbar gewesen. Mit dieser Welt und mit des Teufels Grimm ists ins Wesen kommen. Verstehts doch nur, was der Teufel ist. Er ist ein Geist seiner Legionen aus dem Centro der Natur, als er in göttliche Wesenheit geschaffen ward, sollte aber im Feuer probieret werden und seine Imagination in die Liebe setzen. So setzte er sie ins Centrum der Grimmigkeit zurücke in die vierte Gestalt der Angst, und wollte im Feuer über Gottes Sanftmut herrschen als ein Feind der Freudenreich, und verachtete die Liebe, weil er sah, daß das Feuer Stärke und Macht gab. Darum ward er aus dem Feuer Gottes in die Angst und Finsternis gestoßen, ins Centrum der vier Gestalten. Er hat nicht mehr vom Feuer als den erschrecklichen Blitz. Das ist sein recht Leben. Aber der Wille Gottes, der sich sonst in Engeln und Menschen nach dem Leben sehnet, der dem Leben zu Hilfe kommt mit der Freiheit als der Sanftmut, hat ihn verlassen. Also mag er das Licht in Ewigkeit nicht erreichen. Er kann auch keine Imagination danach schöpfen, denn Gottes Willengeist quälet ihn in der Angstkammer in den ersten vier Gestalten der Natur. Die fünfte kann er nicht erreichen. Und ob er wohl alle Gestalten der Natur hat, ist es doch alles feindlich und widerwärtig, denn der Hl. Geist hat ihn verlassen, und ist nun der Zorn oder Grimmenquall in ihm. Gott, der alles ist, hat seinen Grimm oder das Centrum des Urstandes in ihm eröffnet, daß es auch kreatürlich ist, denn es hat sich auch gesehen zu offenbaren. Und als sich Gott einmal zur Schöpfung der Engel beweget hat, so ist alles offenbar worden, was von Ewigkeit in den Wundern der Weisheit im Centro verborgen gestanden, beides in Liebe und Zorn.

2. Weil wir nun solches wissen, was wir sind und daß es uns Gott lässet wissen, so mögen wir nur zusehen und was Gutes aus uns gebären, denn wir haben das Centrum naturae in uns. Machen wir einen Engel aus uns, so sind wir das. Machen wir einen Teufel aus uns, so sind wir das auch. Wir sind allhier im Machen in der Schöpfung, wir stehen im Akker. Gottes Wille in der Liebe stehet im Centro des Lebens gegen uns. Gott ist Mensch worden und will uns haben. So will uns sein Zorn ins Reich des Grimmes auch haben. Der Teufel will uns auch in seine Gesellschaft haben, und Gottes Engel auch in ihre. Wo wir nun hinwerben, da hinein gehen wir. Setzen wir unsere Imagination ins Licht Gottes und gehen mit Ernst hinein, so kommen wir hinein und werden noch mit Ernst hineingezogen. Wollen wir dann unsern Willen in dieser Welt Herrlichkeit setzen und das Ewige lassen fahren, so haben wir auch zu hoffen, daß wir mit dieser Welt Grimm werden müssen ins erste Mysterium eingehen. Werden wir alsdann nicht göttliche Imagination als Glauben in uns haben, so wird uns die göttliche Liebe verlassen und uns nicht zu ihrer Tür einlassen. Fürwahr zersprenget nicht Gott, wir kommen in Not. Bringest du nicht Gottes Geist mit, du erlangest den nimmermehr. Darum ist es gut, allhie in diesem Leben auswachsen. Christus ist unser Acker worden.

Wir könnens ohne gar ängstliche Not erreichen. Es ist nur um das zu tun, daß wir den Willen zerbrechen. Das tut wehe, denn Adam will nicht, so will der Zorn und der Teufel auch nicht.

3. Siehe, Mensch, du bist dein Selbstfeind. Was du für Freund hältst, das ist dein Feind. Und willst du selig werden und Gott schauen, so mußt du deines besten Freundes ärgster Feind werden, als des äußern Lebens. Nicht daß du es zerbrechest, sondern seinen Willen. Du mußt tun, was du nicht willst. Du mußt dein Feind werden oder (du) kannst nicht Gott schauen. Denn den du jetzt für deinen Freund hältst, der ist aus der Angstkammer ausgegangen und hat noch das Angstleben in sich. Er hat des Zorns Qualls und des Teufels Sucht in sich. Du mußt einen Willen in Gott schöpfen und mit demselben in Gott aus der Bosheit eingehen, so wirst du ins Feuer Gottes eingeführet werden. Verstehe: der Willengeist, der wird deine Seele anzünden. Alsdann greif nach dem Leben und Geist Christi, so wirst du ihn empfahen. Der wird dich neugebären mit einem neuen Willen, der dir bleiben wird. Derselbe ist die Blume deiner Seelen, darinnen das neue Kind stehet im Bildnis Gottes. Demselben gibt Gott Christi Fleisch und Blut zu genießen, und nicht dem Adamsesel, wie Babel wunderlich rumpelt, als sollte der Gottlose Christi Leib teilhaftig werden. O nein, der empfähet die vier Elementa, und darinnen den Zorn Gottes, darum daß er nicht unterscheidet den Leib des Herrn, der im Himmel gegenwärtig ist und von der Seele genossen wird, welche den Himmel erreichet. Nicht als ein Zeichen, als die andere Phantasei rumpelt, nicht Geist ohne Wesen, sondern das Wesen des Geistes mit, mit Gottes Weisheit umschlossen, Christi Fleisch, das die Lichtwelt an allen Enden erfüllet, das das Wort, das Mensch ward, mit in Maria brachte. Dieselbe Wesenheit, ob sie gleich in Maria eröffnet ward in ihrem Fleisch und Blute und menschliche Essenz in sich nahm, war gleichwohl dieselbe

Zeit, weil Christus in Marien Leibe lag, im Himmel, im Element, an allen Orten. Sie fuhr nicht über viel Meilen irgend von einem Orte in Mariam, nein, sondern das eingeschlossene Centrum, das Adam hatte im Zorn Gottes in Tod geschlossen, das schloß das Wort der Gottheit auf und führete göttliche Wesenheit in das jungfräuliche in Tod geschlossene Centrum ein. In dem Leibe Marias geschah das, im Ziel des Bundes, nicht abwesend, auch nicht einfahrend, sondern aufschließend, eingebärend und in diese Welt ausgebärend, Gott und Mensch, eine Person, himmlische und in Tod eingeschlossene Wesenheit und Jungfrauschaft, eine Wesenheit, ein Mensch im Himmel und in dieser Welt. Und solche müssen wir auch sein, denn das Wort das Mensch ward, ist in der Seelen rege geworden und stehet im Lebensschall in allen Seelen. Er zeucht[310] alle Seelen, und der Zorn zeucht auch alle Seelen. Nun gehe, wo du hin willst, du hast nun das Centrum der Gottheit in dir im Schalle und rege, und auch das Centrum des Grimmes, in welches du gehest und das erweckest, darinnen stehet dein Leben. Tue, was dir liebet, du bist frei und Gott läßt dich es wissen. Er rufet dir, kommst du, so wirst du sein Kind. Gehest du dann in Zorn, so wirst du auch aufgenommen.

DAS 10. KAPITEL

Vom Ebenbilde Gottes des Menschen als von der Gleichheit Gottes und des Menschen

Unsere Wesenheit oder neuen Leib können wir in dieser Welt nicht schauen, alldieweil[311] wir in dem irdischen Leben sind. Der äußere Mensch kennet den nicht, allein der Geist, so aus dem neuen Menschen erboren wird und ausgehet, der kennet seinen Leib.

---

310 Es zieht   311 solange

2. Weil wir aber gleichwohl dessen Erkenntnis haben und wissen wollen, ob wir in der neuen Geburt sind, so ist keine bessere Probe als am Gleichnis Gottes, das wir verstehen als das Begehren, Sinn und das Gemüte. Diese drei Dinge halten inne des Geistes Centrum, aus welchem der starke Wille ausgeboren wird, in welchem das rechte wahre Gleichnis und das Bild Gottes mit Fleisch und Blut stehet, welches der äußere Mensch nicht kennet. Denn dasselbe Bild ist nicht in dieser Welt, es hat ein ander Principium als in der englischen Welt, und stehet diese Zeit dieses Leben im Mysterio in der Verborgenheit als das Gold im Steine, da das Gold eine andere Tinktur hat, andere Essenz, andern Glanz und Schein, und (es) mag die Grobheit des Steines nicht ergreifen. Das Gold begreift auch nicht die Grobheit. Und die Grobheit als Angst-Centrum ist doch eine Ursache des Goldes, denn sie ist Mutter und die Sonne Vater. Also ist auch unser alter Adam und Leib eine Ursache des neuen Leibes, denn er ist die Mutter. Aus der alten Wesenheit urständet der neue Leib, und Gottes Geist in Christo ist Vater, wie die Sonne des Goldes, also auch Gottes Herz des neuen Menschen.

3. Nun aber kennen wir den neuen Menschen nicht besser als im Centro, nämlich im Begehren, Sinn und Gemüte. Wenn wir uns befinden, daß unser Begehren gänzlich nach und zu Gott stehet, unsere Sinnen stets in Gottes Willen laufen und das Gemüte sich gänzlich in Gehorsam Gottes Willen einergibt, daß die Imagination von Gottes Kraft fänget, so mögen wir gewiß wissen, daß der edle Lilienzweig in der Gleichheit ist Mensch worden. Da ist es hoch not zu verwahren das edle Bild und dem alten Adam mit seinen Lüsten nicht Raum zu lassen, sondern immer zu töten, daß der neue Mensch wachse, groß und mit den Wundern der Weisheit gezieret werde.

4. Nun fraget aber die Vernunft: Wie ist denn Gottes Gleichheit? – Siehe, Gott ist ein Geist, und das Gemüte mit den Sinnen und Begierden ist auch Geist. Das Gemüt ist das

Rad der Natur. Die Begierde ist das Centrum als das erste Wesen zur Natur. Und die Sinnen sind die Essentien, denn aus den Essentien gehen die Sinnen. Sie sind und haben ihren Urstand aus dem Stachel der Begierlichkeit als aus der Herbigkeit, denn sie sind die Bitterkeit und laufen immer ins Gemüte als ins Angstrad, und suchen Ruhe, ob sie möchten die Freiheit Gottes erlangen. Sie sinds, die in dem Angstrade als im Gemüte das Feuer aufschlagen und in der Entzündung im Schracke sich willig in (den) Tod einergeben, und ersinken also durch Feuersqual in die Freiheit als in Gottes Arm. Sie gehen in der Freiheit aus als ein Leben aus dem Tode. Sie sind die Wurzel des neuen Geschmacks, welche in Gottes Weisheit und Wunder eindringen. Sie bringen die Begierde aus der Angst des Todes. Sie erfüllen ihre Mutter das Gemüte und geben ihre Kraft von Gottes Essenz.

5. Also ist das Gemüte das Rad oder die rechte Kammer des Lebens als der Seelen eigen Haus, welches sie ein Teil selbst ist, so die Wesenheit – verstehe: der Tinktur Wesenheit – dazu gerechnet ist als das Feuerleben. Denn aus dem Feuerleben entstehet das Gemüte. Und das Feuerleben wohnet im Gemüte, aber das Gemüte ist edler als das Feuer, denn es ist die Beweglichkeit des Feuerlebens. Es machet den Verstand. Die Sinnen sind des Gemütes Knechte und sind die subtilesten Boten. Sie gehen in Gott und wieder aus Gott oder in Not als in Falschheit. Das bringen sie dem Gemüte heim. So muß das edle Gemüte oft über der Bosheit her sein. Und die erstikken in ihrer Angst, wenn die Sinnen haben falsche Imagination in die Begierde eingeladen.

6. Also verstehets endlich in dem Wege: Gott ist selber alles in allem. Aber er gehet aus dem Grimme aus und findet die Licht- und Kraftwelt in sich selber. Er machet sie selber, daß also der Grimm mit allen Gestalten nur eine Ursache des Lebens und sich selber in großen Wundern zu finden sei. Er ist der Grund und Ungrund, die Freiheit und auch die Natur

in Licht und Finsternis. Und der Mensch ists auch alles, so er sich nur also selber suchet und findet als Gott.

7. Unser ganzes Schreiben und Lehren langet[312] nur dahin, wie wir uns müssen selber suchen, machen und endlich finden, wie wir müssen gebären, daß wir ein Geist mit Gott sind, daß Gott in uns sei und wir in Gott, daß Gottes Liebegeist in uns sei das Wollen und auch das Tun, und daß wir der Angstqual entrinnen, daß wir uns in das wahre Gleichnis in drei Welten einführen, da eine jede in ihrer Ordnung steht, und daß die Lichtwelt in uns der Herr sei, als die das Regiment führe, daß also die Angstwelt in der Lichtwelt verborgen bleibe als in Gott auch und nur also eine Ursache des Lebens und der Wunder Gottes sei. Sonst wo wir die Lichtwelt nicht erreichen, so ist die Angstwelt in uns das Oberregiment. So leben wir ewig in feindlicher Qual. Dieser Streit währet, solange das irdische Leben währet. Hernach gehet es ins ewige Aether[313], im Licht oder Finsternis ein. Davon ist kein Erretten mehr, und davor warnet uns Gottes Geist und lehret uns den rechten Weg. Amen.

Beschluß

8. Also, gottliebender Leser, wisse, daß ein Mensch das wahre Gleichnis Gottes ist, welches Gott hoch liebet und sich in diesem Gleichnis offenbaret als in seinem eigenen Wesen. Gott ist im Menschen das Mittel, das Mittelste, aber er wohnet nur in sich selber, es sei denn, daß des Menschen Geist ein Geist mit ihm werde, so offenbaret er sich in der Menschheit als im Gemüte, Sinnen und Begehren, daß ihn das Gemüte fühlet, sonst ist er uns in dieser Welt viel zu subtil zu schauen. Allein die Sinnen schauen Gott im Geiste, verstehe:

312 zielt   313 Ewigkeit; Ursprung

im Willengeiste, denn der Wille schicket die Sinnen in Gott, und Gott ergibt sich den Sinnen ein und wird ein Wesen mit den Sinnen. Alsdann bringen die Sinnen die Kraft Gottes dem Willen, und der Wille nimmt sie mit Freuden an, aber mit Zittern, denn er erkennet sich unwürdig, dieweil er aus einer rauhen Herberge herkommt als aus dem wankelhaftigen Gemüte. Darum nimmt er die Kraft im Niedersinken vor Gott an. Also wird aus seinem Triumpf eine sanfte Demut. Das ist Gottes wahres Wesen, und fasset dasselbe Wesen. Und dasselbe gefassete Wesen ist im Willen der himmlische Leib und heißet der wahre und rechte Glaube, den der Wille in Gottes Kraft genommen hat. Der senket sich ins Gemüt und wohnet im Feuer der Seelen.

9. Also ist das Bild Gottes ganz, und siehet oder findet sich Gott in einem solchen Gleichnis. Und (wir) sollen gar nicht von Gott denken, daß er ein fremdes Wesen sei. Den Gottlosen ist er ein fremdes Wesen, denn der Gottlose ergreift ihn nicht. Gott ist wohl in ihm, aber nach seinem Liebe-Licht nicht offenbar in des Gottlosen Willen und Gemüte. Es ist nur sein Grimm in ihm offenbar. Das Licht mag er nicht erreichen. Es ist in ihm, aber es ist ihm nichts nütze. Seine Essenz fähet[314] das nicht. Er scheut sich davor, und ist nur seine Marter und Qual. Er feindet das nur an, wie der Teufel die Sonne anfeindet und auch das Licht Gottes. Er wäre noch besser zufrieden, wenn er in der Finsternis ewig sein könnte und wüßte, daß Gott ferne von ihm wäre. So empfände er keine Schande und Spott in sich. So er aber weiß, daß ihm Gott also nahe ist und er kann ihn doch nicht ergreifen, so ist das seine große Plage, daß er sich selber feindet und machet ihm einen ewigen Widerwillen, Angst und Verzweiflung, daß er weiß, daß er Gottes Huld und Antlitz nicht ergreifen mag. Seine eigene Falschheit plaget ihn. Er kann aber keinen Trost schöpfen,

314 erfaßt

daß er möchte zu Gnaden kommen. Denn er berühret Gott nicht, sondern nur das Centrum in der Angst im Grimme. Er bleibet im Tode und in der sterbenden Qual. Er mag nicht durchbrechen, denn es kommt ihm nichts zuhilfe, daran er sich könnte halten, das er könnte in Gottes Reich gründen. Wenn er gleich tausend Jahr in den Abgrund in die Tiefe führe, so ist er doch in der Finsternis außer Gott, und Gott ist doch in ihm und hilft ihm doch nichts. Er kennet ihn auch nicht, allein er weiß ihn und fühlet nur seinen Grimm.

10. Das verstehet also: Wie ein Feuer in einem Steine ist und der Stein kennet das nicht, er fühlet es nicht, alleine die grimmige Ursache zum Feuer, das den herben Stein in einem Körper gefangen hält, fühlet er. Also fühlet auch der Teufel nur die Ursache des Lichtes. Dieselbe Ursache ist das grimme Centrum und hält ihn gefangen, und dem ist er gram, hat auch sonst nichts, das besser wäre. Also ist er nichts als eine giftige grimmige Bosheit, eine sterbliche Qual, ist doch kein Sterben, sondern ein verschmachtetes Gift, ein Hunger und Durst, aber keine Labung. Alles was böse, neidig, herbe und bitter ist, was von der Demut ausfleucht, wie er getan hat, das ist seine Stärke und seine feindige Begierde, was Gott anfeindet und vor Gott fleucht oder fluchet, das ist ihm dienstlich. Was die Wahrheit in Lügen kehret, das ist sein Wille, darauf er reitet und darinnen er gerne wohnet. Also ist auch der gottlose Mensch; wenn er Gott verlieret, so ist er in der Angst und hat des Teufels Willen. Aber das wisset:

11. Gott hat in der menschlichen Seele des Todes Herbigkeit zerbrochen und ist ins Ziel eingegangen, da der Tod zersprenget wird. Er hat das Ziel im Centro der Seelen zersprenget und sein Licht gegen des Menschen Lebenslicht gesetzet. Will er umkehren und in Gottes Licht eingehen, er wird angenommen. Es ist keine Wahl[315] über ihn geschlossen.

---

315 Vorherbestimmung; vgl. J. Böhme: *Von der Gnadenwahl*

Aber wenn er das Sonnenleben verlieret und hat auch nichts von Gottes Leben, so ist es aus mit ihm, so ist und bleibet er ein Teufel. Aber Gott kennet die Seinen. Er weiß, welche sich werden zu ihm wenden. Über dieselben gehet die Wahl, davon die Schrift saget. Und über dieselben, die nicht wollen, gehet die Verstockung oder Entziehung des Lichtes. Hat doch der Mensch beide Centra in sich. So er denn also nur will ein Teufel sein, soll denn Gott die Perlen auf den Weg des Teufels werfen, soll er seinen in den gottlosen Willen gießen? Ja, aus des Menschen Willen muß Gottes Geist geboren werden. Er muß selber Gott werden im Willengeiste oder er erlanget nicht göttliche Wesenheit als die Weisheit.

12. Darum besinnet euch, lieben Kinder, und gehet zur rechten Tür ein: Es heißet nicht allein vergeben, sondern geboren werden. Alsdann ist es vergeben, das ist: die Sünde ist alsdann eine Hülse. Der neue Mensch wächset heraus und wirft die Hülse weg, das heißet Gottes Vergebung. Gott vergibt das Böse vom neuen Menschen weg. Er gibts von ihm weg. Nicht wirds aus dem Körper weggeführet, sondern die Sünde wird ins Centrum geben als zum Feuerholze und muß also eine Ursache des Feuer-Principii sein, daraus das Licht scheinet. Es muß dem heiligen Menschen zum besten dienen, wie Paulus saget: Denen, die Gott lieben, müssen alle Dinge zum besten dienen, auch die Sünden (Röm. 8,28).

13. Was sagen wir dann: Sollen wir sündigen, auf daß unser Heil erboren werden? Das sei ferne! Wie sollte ich in das wieder wollen eingehen, dem ich abgestorben bin? Sollte ich aus dem Lichte wieder in die Finsternis gehen?

14. Aber also muß es sein, daß die Heiligen Gottes nichts verlieren, so muß es ihnen alles dienen. Was den Sündern ein Stachel zum Tode ist, das ist den Heiligen eine Macht zum Leben.

15. So spricht die äußere Vernunft: So muß ich ja sündigen, daß mein Heil groß werde. – Wir wissen aber, wer aus

dem Lichte ausgehet, der gehet in die Finsternis. Der sehe eben zu, daß er nicht in der Finsternis bleibe, denn er sündiget fürsetzlich[316] wider den Hl. Geist. Irret euch nicht, Gott lässet sich nicht spotten! Aus seiner Liebe sind wir nach unserm Fall wieder gerecht worden durch seine Eingehung in unser Fleisch. Wer aber fürsetzlich in die Sünde eingehet, der verachtet und schmähet die Menschwerdung Christi und nimmt ein Schweres in sich. Er mag wohl zusehen, er wird schwerer wieder können aus der fürsetzlichen Sünde ausgehen als einer, dem der Weg Gottes noch nicht ist offenbaret worden.

16. Darum ist es gut, meiden und vor dem Übel fliehen, seine Augen vom Falschen abwenden, daß die Sinnen nicht in das Falsche eingehen, und bringen solches hernach dem Herzen, davon die Lust entstehet, daß die Begierde imaginiert, und führet es ins Gemüte, davon das edle Bildnis zerstöret und vor Gott ein Greuel wird.

17. Wollen wir den gottliebenden Leser und Hörer treulich aus unserer Gabe und tiefen Erkenntnis gewarnet haben, und haben euch den Weg der Wahrheit und des Lichtes ganz ernstlich und treulich dargestellet, und vermahnen euch alle christlich, dem nachzusinnen und fleißig zu lesen. Es hat seine Frucht in sich. Halleluja, Amen!

316 vorsätzlich

Dritter Teil
der Menschwerdung Jesu Christi

Der Baum des christlichen Glaubens, ein rechter Unterricht, wie der Mensch könne ein Geist mit Gott sein und was er tun müsse, daß er Gottes Werk wirke. Eine offene Porte der großen Heimlichkeit Gottes aus der göttlichen Magia durch die drei Principia göttlichen Wesens

DAS 1. KAPITEL
Was Glaube sei und wie er ein Geist mit Gott sei

Christus spricht: Suchet am ersten das Reich Gottes und seine Gerechtigkeit, so wird euch das andere alles zufallen (Matth. 6,33); item: Mein Vater will den Hl. Geist geben, die ihn darum bitten (Luk. 11,13); und wenn derselbe kommt, der wird euch in alle Wahrheit leiten, der wird euch erinnern alles dessen, so ich euch gesaget habe, denn von dem Meinen wird ers nehmen und euch verkündigen (Joh. 16, 13-15); item: Ich will euch Mund und Weisheit geben, was ihr reden sollt (Luk. 21,15). Und St. Paulus spricht: Wir wissen nicht, was wir bitten und reden sollen, sondern der Geist Gottes vertritt uns mächtig, nachdem wie es Gott es gefällig (Röm. 8,26).

2. So ist nun der Glaube und nicht eine historische Wissenschaft[317], daß ihm ein Mensch Artikel mache und daran allein hange und zwänge sein Gemüt in die Werke seiner Vernunft, sondern er ist ein Geist mit Gott, denn der Hl. Geist fähret in dem Glaubensgeiste.

3. Der wahre Glaube ist eine Macht Gottes, ein Geist mit Gott. Er wirket in Gott und mit Gott. Er ist frei und an keine

317 bloßes Wissen

Artikel gebunden als nur an die rechte Liebe, darinnen holet er seines Lebens Kraft und Stärke, und lieget nichts am menschlichen Wähnen.

4. Denn gleichwie Gott frei ist von aller Anneiglichkeit[318], daß er tut, was er will und darf darum keine Rechenschaft geben, also ist auch der rechte, wahre Glaube im Geiste Gottes frei. Er hat nicht mehr als eine Neiglichkeit als in die Liebe und Barmherzigkeit Gottes, also daß er seinen Willen in Gottes Willen wirft und gehet aus der siderischen[319] und elementischen Vernunft aus. Er suchet sich nicht in der Vernunft des Fleisches, sondern in Gottes Liebe. Und so er sich also findet, so findet er sich in Gott und wirket mit Gott, nicht nach der Vernunft, was die will, sondern in Gott, was Gottes Geist will. Denn er schätzet das irdische Leben nichts, auf daß er in Gott lebe und Gottes Geist in ihm sei das Wollen und das Tun. Er ergiebt sich in der Demut in den Willen Gottes und ersinket durch die Vernunft in den Tod, grünet aber mit Gottes Geist im Leben Gottes. Er ist als wäre er nichts und ist doch in Gott alles. Er ist eine Zierde und Krone der Gottheit, ein Wunder in der göttlichen Magia. Er machet, da nichts ist, und nimmt, da nichts gemachet ist. Er wirket und niemand siehet sein Wesen. Er erhöhet sich und darf doch keines Aufsteigens. Er ist großmächtig und ist doch die allerniedrigste Demut. Er hat alles, und fasset doch nichts mehr als die Sanftmut. Also ist er von aller Bosheit frei und hat kein Gesetze, denn der Grimm der Natur reget ihn nicht. Er bestehet in Ewigkeit, denn er ist in keinen Grund gefasset. Er ist in nichts eingesperret, gleichwie der Ungrund der Ewigkeit frei ist und in nichts ruhet als nur in sich selber, da eine ewige Sanftmut ist.

5. Also auch der wahre rechte Glaube in dem Ungrunde. Er ist in sich selber das Wesen. Er lebet, suchet aber nicht sein

318 Abhängigkeit   319 hier: irdischen

Leben, sondern er suchet das Leben der ewigen stillen Ruhe. Er gehet aus seines Lebens Geist und besitzet sich selber, also ist er frei von der Qual, gleichwie Gott von der Qual frei ist, und wohnet also in der ewigen Freiheit in Gott. Er ist mit der ewigen Freiheit Gottes als ein Nichts, und ist doch in allem. Es kommet ihm alles zustatten, was Gott und die Ewigkeit vermag und ist. Er wird von nichts ergriffen, und ist doch eine schöne Inwohnung in der großen Macht Gottes. Er ist ein Wesen, und wird doch von keinem Wesen ergriffen. Er ist eine Gespielin und Freundin der göttlichen Jungfrauen, der Weisheit Gottes. In ihm stehen die großen Wunder Gottes, und ist doch frei von allem, gleichwie das Licht vom Feuer frei ist, und da es doch vom Feuer immer geboren wird, und des Feuers Qual kann es doch nicht ergreifen oder regen.

6. Also im gleichen geben wir euch zu verstehen, wird der Glaube aus dem Lebensgeiste als aus einem immerbrennenden Feuer erboren und scheinet in demselben Feuer. Er erfüllet des Lebens Feuer und wird doch immer ergriffen. So er aber ergriffen wird, so ist er selber in die Vernunft als in ein Gefängnis eingegangen und ist nicht mehr in Gott, in seiner Freiheit, sondern er ist in die Qual eingegangen. Er plaget sich selber, da er doch mag wohl frei sein. In der Vernunft wirket er die Wunder im Feuer der Natur. Und in der Freiheit wirket er die Wunder Gottes in der Liebe.

DAS 2. KAPITEL
Von dem Ursprung des Glaubens und warum Glaube und Zweifel beisammen wohnen

So denn nun der Glaube also ein Geist mit Gott ist, so ist uns sein Urstand zu betrachten. Denn wir können nicht sagen, daß er eine Figur oder Bild der Vernunft sei, sondern er ist Gottes Bild, Gottes Gleichnis, eine ewige Figur, und mag sich doch in der Zeit des Leibes zerbrechen oder in die Angstqual verwandeln. Denn er ist in seinem eigenen Wesen im Urstande bloß ein Wille. Und derselbe Wille ist ein Same. Diesen muß der Feuergeist als die Seele in die Freiheit Gottes säen. So wächset ein Baum aus demselben Samen, davon die Seele isset und ihr Feuerleben sänftiget, daß sie kräftig wird, und der Wurzel des Baumes ihre Kraft giebet, davon der Baum im Geiste Gottes wächset bis in die Wunder der Majestät Gottes und grünet im Paradeis Gottes.

2. Und wiewohl es ist, daß wir mit dieser Beschreibung möchten stumm sein und unverstanden, denn die Vernunft will alles greifen und sehen, so wollen wir das ganz klar an das Licht stellen, warum Glauben und Zweifel beieinander sind und gleichsam mit einer Ketten verbunden, daß also ein heftiger Streit im Menschen ist allezeit, weil[320] er in dieser Hütte des irdischen Lebens Gast ist. Es sei denn, daß ers also trefflich sehr in sich ersinke, daß er des Lebens Feuer könne in der Freiheit Gottes einführen, so ist er in dem Vernunftleben als tot. Und ob er gleich lebet, so lebet er Gotte, welches wohl ein hochteuer Leben von einem Menschen ist, und wird selten bei einem gefunden. Denn es gleichet dem ersten Bildnis, das Gott schuf, wiewohl ihm doch das Tödliche[321] anhanget, so ist es doch als tot, als ob ihm ein totes Bildnis anhänge, welches in die Zerbrechung gehöret, da der rechte Mensch nicht inne lebet. Denn das rechte Leben stehet umgewandt, und ist in einer andern Welt in einem andern Principio und lebet in anderer Qual.

3. So verstehet uns nun in dem Wege: Ihr sehet und erkennt des menschlichen Lebens Urstand, wie das im Mutterleibe entstehet, und sehet alsdann, worinnen es qualifiziert und sich beweget, als nämlich in vier Gestalten: in Feuer, Luft, Wasser und Fleisch. Und obs nun gleich also darinnen

320 solange 321 Sterbliche

stehet, so ist es doch in diesem nicht mehr als ein tierisches Leben, denn seine Vernunft kommet ihm von dem Gestirne und befindet sich, daß die Sonne und das Gestirne eine Tinktur in den vier Elementen machet, davon die Vernunft und Qualifizierung kommt wie auch die Lust und Unlust. Es ist aber noch lange nicht das rechte menschliche Leben, denn diese suchet nichts höhers als nur sich selber in ihren Wundern. Es ist aber dennoch im Menschen eine Begierde und ein großes Sehnen nach einem höhern, bessern und ewigen Leben, da keine solche Qual innen ist. Und ob die Vernunft dieselbe Begierde nicht fasset noch siehet, so lieget doch ein Mysterium in der Vernunft, das das schmecket und erkennet, davon die Sucht entstehet. Daran wir erkennen, daß dasselbe Mysterium sei in der ersten Schöpfung mit eingepflanzet worden und sei des Menschen Eigentum. Und (wir) befinden also, daß es in einem Begehren oder Sehnen stehe, als nämlich in einer magischen Sucht. Ferner befinden wir, daß wir mit demselben Mysterio in einer fremden Herberge zu Hause sind und daß dasselbe Mysterium nicht im Geiste dieser Welt stehet, denn er begreift das nicht, auch findet er das nicht. Daran wir denn erkennen den schweren Fall Adams, denn wir befinden dasselbe Mysterium im Willen des Gemütes und daß es ein verborgener Quellbrunn sei, der in einem andern Principio sich eröffne. Auch verstehen wir, daß dasselbe Mysterium im Feuer in der Angstqual verborgen stehe und sich durch die Angst des Willens eröffne. Und dann zum dritten befinden wir, wie dasselbe Mysterium vom Geiste dieser Welt gefangen gehalten werde und wie die äußere Lebensvernunft eine Macht habe, da hineinzugehen, das zu verderben, daß dasselbe Mysterium nicht zum Lichte komme, indem sie das verdecket, daß die Gebärerin nicht mag gebären, und bleibet also im Mysterio verborgen. Und so alsdann der Leib zerbricht, so hat der Wille keinen mehr, der das Mysterium eröffne. Damit bleibet also der Feuer- oder Seelengeist in der

Finsternis, und stehet das Mysterium ewig in ihm verborgen gleich wie in einem andern Principio.

4. Also erkennen wir das Mysterium für Gottes Reich, welches in der Seelen verborgen stehet, welches der Seelen eine Lust und Begierde gibt, daß sie in dasselbe Mysterium imaginieret, da sie dann magisch in demselben Mysterium geschwängert wird, daraus ihr der Wille entstehet, aus dem Feuerleben auszugehen in das Mysterium Gottes. Und so es nun ist, daß sie den Willen erhebet und von sich in das Mysterium wirft, so wird der Wille im Mysterium geschwängert, denn er ist sehnend und krieget des Mysterii Leib als das Wesen des Mysterii, welches ist Gottes Wesen, das der Natur unbegreiflich ist. Also zeucht der Wille Gottes Gleichnis oder Bild an sich.

5. So denn nun der Wille aus dem Seelenfeuer erboren wird, so stehet er ja auch mit seiner Wurzel in der Seelen, und ist zwischen dem Willen und der Seelen keine Trennung, sondern der Wille wird also in Gott ein Geist und wird der Seelen Kleid, daß also die Seele im Willen in Gott verborgen wird, daß – ob sie gleich im Leibe wohnet – noch dennoch ist sie mit ihrem Willen umfangen und in Gott verborgen. Und ist also im Willen, welcher der rechte ernste Glaube ist, ein Kind Gottes, und wohnet in einer andern Welt.

6. Dieses ist nun nicht also zu verstehen gleich einem historischen[322] Willen, da die Vernunft weiß, daß eine Begierde nach Gott in ihr ist und hält aber dieselbe Begierde in der Bosheit gefangen, daß der Wille nicht kann aus der Seelen ausgehen und in das Leben oder Mysterium Gottes eingehen, sondern machet Meinungen und setzet den Willen in den Wahn, da er dann das Mysterium Gottes nicht erreichen mag, und bleibet also in dem Wahn oder ja gar in der Seelen verborgen, indem er gerichtet wird auf ein Künftiges, da die Ver-

322 oberflächlichen

nunft den Willen in des Fleisches Sucht in der siderischen Magia[323] gefangen hält und immer saget: Morgen sollst du ausgehen und das Mysterium Gottes suchen. – Wahrlich, es ist kein eigen Vermögen des Findens. Diese Meinung betrüget sich. So ist auch in keinem Wahn die Freiheit, da der Wille mag eingehen und Gott schauen, daß ihr die Vernunft darf einbilden, etwas zu machen oder zu tun und also damit Gott gefällig zu sein.

7. Denn es ist kein anderer Weg, der da richtiger sei, als nur mit dem Willen aus der Vernunft auszugehen und nicht sich wollen suchen, sondern nur in Gottes Liebe und in Gottes Willen sich ganz einwerfen und alles, was die Vernunft in den Weg wirft, liegen lassen. Und ob es große Sünden und begangene Laster wären, in welche der Leib wäre eingegangen, so soll man nur darüber hingehen mit dem Willen und Gottes Liebe größer schätzen als den Unflat der Sünden. Denn Gott ist nicht ein Annehmer der Sünden, sondern ein Annehmer des Gehorsams und freien Willens. Er lässet die Sünden nicht in sich, aber einen demütigen Willen, der aus dem Sündenhause ausgehet und der Sünden nicht mehr will, sondern ersenket sich außer der Vernunft in seine Liebe als ein gehorsames demütiges Kind. Dasselbe nimmt er an, denn es ist rein. Wenn es aber noch im Wahn stecket, so ist es auch mit dem Wahn umfangen und ist nicht frei. So denn nun Gott von der Bosheit in sich frei ist, so muß auch der Wille frei sein, denn also ist er auch Gottes Gleichnis, Bild und Eigentum, denn was zu ihm in seine Freiheit kommet, will er nicht hinausstoßen, wie uns Christus lehret (Joh. 6,37).

323 hier etwa: Einflußbereich des Irdisch-Menschlichen

*Von des Glaubens Eigenschaft, wie er aus dem Willen der
Natur in den freien Willen Gottes ausgehe*

So verstehet nun ferner in diesem Wege: Wir wissen und
haben es auch in heiliger Schrift sowohl im Lichte der Natur
und an allem Wesen genug erkenntlich, daß von dem ewigen
Wesen alles herkommt, Gutes und Böses, Liebe und Zorn,
Leben und Tod, Freude und Leid. So können wir nun nicht
sagen, daß darum das Böse und der Tod von Gott komme,
denn in Gott ist kein Böses, auch kein Tod, und gehet in Ewigkeit kein Böses hinein. Alleine der Grimm rühret her aus dem
Feuer der Natur, da das Leben als in einer Magia stehet, da je
eine Gestalt in der Sucht die ander begehret und erwecket,
davon die Essentien der Vielheit entstehen, daraus die Wunder erboren werden, in welchen sich die Ewigkeit in Gleichnissen offenbaret. Und da wir doch sagen müssen, daß in
Gottes Willen ein Begehren sei, der da ursachet die Magiam,
daraus die Vielheit entstehe. Und ist die Vielheit doch nicht
Gottes Wille selber, welcher frei ist von allem Wesen, sondern in der Sucht des Willens erbieret sich die Natur mit allen
Gestalten, da denn alles aus dem Begehren als aus der ewigen
Magia urständet.

2. Und ist uns ferner zu erkennen, daß alles dasjenige, da
da Leben bekommt – welches in die Sucht imaginieret und
seinen Willen in die Natur setzet – der Natur Kind ist und
eines Lebens mit der Natur. Was aber mit seinem Willen aus
der Sucht der Natur ausgehet in den freien Willen Gottes, das
wird vom freien Willen angenommen und erkannt und ist ein
Geist in Gott. Und ob es gleich in der Natur ist, gleichwie
auch die Natur in Gottes Willen sich hat von Ewigkeit immer
erboren, so ist doch sein Geistleben außer der Natur im freien
Willen. Und also stehen die Wunder der Natur in Gott offenbar und sind doch nicht Gott selber. Und so der Seelen Wil-

lengeist aus der Vernunft der Natur ausgehet in den freien Willen Gottes, so ist der Willengeist Gottes Kind und der Naturgeist Gottes Wunder, und stehet die Kreatur in sich selber eingewandt wie Gott selber. Denn der siderische oder Vernunftgeist suchet in seiner Magia in seinem Centro der Vernunft die Wunder der Ewigkeit, zu welchem Ende Gott die Seele in den Leib der äußern Natur hat geschaffen, ob sie wohl im Innern alleine ergriffen ist. Und der Willengeist gehet in die Freiheit Gottes, da ihn dann der Hl. Geist im freien göttlichen Mysterio führet, daß also die Gottheit im Willengeiste offenbar stehet und im Vernunftgeiste stehet die Magia der Natur offenbar.

3. So denn nun die Seele das Centrum ist, da der rechte Willengeist gegen die Freiheit Gottes ausgehet in die Freiheit Gottes als in das göttliche Mysterium, so hat sie auch den siderischen Geist am Bande. Und so sie denselben zähmet, daß er nicht Bosheit wirket, so mag sie die siderischen Wunder, welche im elementischen Spiegel zu einer Substanz gemachet worden, vor die Majestät Gottes in freien Willen Gottes einführen, daß also die Wunder in der göttlichen Majestät Freiheit erscheinen als ein Gleichnis des Willens Gottes. Nicht also zu verstehen, daß sich die Freiheit Gottes mit der Natur Wundern und mit dem Gleichnis mische, daß es eines sei. Nein: Gott bleibet ewig frei. Er wohnet in den Wundern wie die Seele im Leibe. So wenig der Leib die Seele ergreift oder das Feuer das Licht, also wenig auch die Natur die Gottheit, und ist doch ein Wesen und hat sich von Ewigkeit in zwei Wesen geschieden gleichwie das Feuer und Licht, da wir im Feuer die Qual der Natur verstehen und im Lichte das Mysterium des Geistlebens ohne Qual, wiewohl das Feuer auch ein Mysterium ist.

4. Also, verstehet uns, hat es auch eine Gestalt mit dem Menschen. Die Seele ist das Feuer des rechten menschlichen Lebens, das Gott aus der ewigen Natur in Adam mit seinem

Geist aufblies als aus dem Centro Gottes. Und der Geist, der aus dem Seelenfeuer erboren war, welchen Gottes Geist zu seinem Bild formierete, der hat das göttliche Mysterium, daraus der Wille gegen der Liebe Gottes erboren wird, daraus die göttliche Magia oder Sucht entstehet, daß der Willengeist Gottes begehret. Und so er sich nun erhebet, das ist: aus dem verborgenen Mysterio ausgehet in die Freiheit Gottes, so ist er ein Zweig oder Gewächse in Gottes Reich, gewachsen aus Gottes Mysterio, und wirket in Gottes Willen und eröffnet immer die Wunder in Gottes Weisheit. Nicht dergestalt, daß in Gott etwas Neues geboren würde, das nicht von Ewigkeit wäre in Gottes Weisheit gewesen, welche keinen Grund noch Zahl hat, sondern alleine im Seelengeiste in sich selber wird das ewige unendliche Mysterium offenbar zu Gottes Ehre und Wundertat und zu seiner selbst, verstehe: zur Kreatur ewiger Freude.

5. Dieweil denn nun die irdische verderbte Sucht sich mit der Sternenqual menget und aber die Seele in dem schweren Fall Adams hat mit ihrem Willen in die Sternen sowohl in die irdische Sucht imaginieret und die fremde Magiam in sich eingeführet, so ist der Wille gebrochen und das göttliche Bildnis zerstöret worden; und ward das himmlische göttliche Bildnis des Menschen irdisch, daß also der rechte Wille gleichwie umgewandelt stehet als im Geiste dieser Welt, nämlich in der Vernunft, welche aus dem Gestirne erboren wird. Jetzt tut nun das rechte Bildnis Gottes, welches also zerstöret und irdisch worden ist, not, daß es anders und neugeboren werde. Und wäre kein Rat gefunden worden, diesem Bildnis zu helfen, wenn nicht das Wort aus dem Centro Gottes, nämlich Gottes eigen Leben, wäre ein Mensch worden, und hätte die arme Seele, welcher[324] Bildnis jetzt verderbet war, wieder in sich neugeboren. Da ward dem rechten Bildnis

324 deren

wieder geholfen, sonst wäre es ewig der Freiheit und Majestät Gottes beraubet gewesen.

6. Weil denn alle Seelen sind aus einer herkommen, so sind sie alle aus der verderbten Wurzel erboren. Weil aber das neue wiedergeborene Leben in Christo ist in einer Seelen wiederkommen, so tut uns not, daß wir alle unsern Willen in die Wiedergeburt Christi einwerfen, denn in Christo sind wir mit unserer Seelen wieder in Gott geboren worden, und haben in Christo wieder das Bildnis erlanget. Denn unser Mysterium in der Seelen stand nach dem Fall nur bloß in der Magia der Natur, welche in ihrem Centro ein Feuer ist, und war das Bildnis aus der Freiheit Gottes in die äußere Magiam gewandt als in das äußere Principium. Wenn nun dasselbe im Wesen zerbricht, so stehet die arme verderbte Bildnis der Seelen bloß als ein verloren Kind, und das in seinem eigenen Centro nichts mag erwecken als nur den grimmen Feuerquall. Denn es ist aus dem Worte Gottes als aus Gottes Mysterio ausgegangen in einen zerbrechlichen Spiegel, nämlich in den Geist dieser Welt, welcher anfänglich und endlich ist. Darum dann auch der Seelen Leib ganz irdisch worden, und ist der Zerbrechlichkeit und dem Tode heimgefallen.

7. Also tut uns nun not, dieweil Gott hat seine Liebe aus Gnaden zu uns gewandt und hat unsere Seele in Christo wieder in sich in die Freiheit eingewandt und das göttliche Mysterium im Bildnis rege gemacht, daß also das Bildnis kann wieder in Gott wohnen, nämlich in den Wundern des Paradeises, daß wir unsern Willen vom äußern Centro als vom vergänglichen Leben abbrechen und in den freien Willen Gottes einführen. Und dazu gehöret nun nicht nur eine Historia oder Wissenschaft[325], daß einer saget: ich glaube, das ist: ich weiß es oder begehre es; und bleibet doch nur mit dem Willen im äußern Principio als in der äußern Sucht stehen. Nein, es

325 bloßes Wissen bzw. bloßes verbales Bekennen

heißt: Ihr müsset von neuem geboren werden durch das Wasser und den Hl. Geist, sonst werdet ihr das Reich Gottes nicht sehen (Joh. 3,5). Es muß ein Ernst sein. Der Wille der Vernunft muß zerbrochen werden. Es muß eine lebendige Bewegung des Willens sein, der durch die Vernunft bricht und der wider die Vernunft streitet. Und obs der Seelen nicht wohl möglich ist, sintemal[326] sie sehr verderbet worden, so ist ihr nun kein anderer und besserer Rat, als daß sie sich mit aller Vernunft und Sinnen gleich tot mache und sich nur bloß in Gottes Barmherzigkeit eineigne und sich dareingebe, daß die Vernunft kein Raum mehr gelassen werde, sondern sie muß gezwungen werden. Und so der Wille die Vernunft also niederschläget, so ist sie gleich als tot, da sie doch noch lebet. Sie wird aber des rechten Willens Knecht, da sie außer dem will Herr sein. Denn Gottes Wille muß ein Herr über die Vernunft werden, soll die Vernunft etwas Tüchtiges machen, daß es vor Gott bestehe. Denn nichts bestehet vor Gott, es werde denn in Gottes Willen erboren. So sich aber der Wille in Gott einwendet, so wird der Willengeist ein Kind Gottes. Und also bestehen auch die Wunder vor Gott, welche mit dem Vernunftgeist gemachet werden. Denn sie werden in Gottes Willen gemachet und werden aus dem Anfänglichen in das Ewige versetzet.

8. Und ob wir wohl nicht sagen können, daß unsere Werke oder Gemächte ewig bleiben, so bleibet doch aber derselbe ihr Schatten oder Bild, wiewohl sie wahrhaftig im Wesen bleiben. Aber im Mysterio als in der göttlichen Magia vor der Weisheit Gottes, da nur das äußere Principium daran zerbricht, wie denn an dem Menschenbilde nicht mehr zerbricht als das äußere Regiment in den vier Elementen, und werden die vier wieder in eins gesetzt. Da dann auch alle Farben und Gestalten der vier Elementen erkannt werden mit alle dem,

326 zumal, hier

was darinnen erboren wird, darum dann ein endlicher Scheidetag von Gott in die Natur bestimmet worden, da alles
durchs Feuer soll bewähret werden, welches in Gottes Willen
erboren worden oder nicht, da ein jedes Principium seine
Wunder soll einernten; und wird allda manchem Menschen
viel im Feuer von seinen Werken bleiben, darum daß sie nicht
in Gottes Willen sind erboren worden, denn in Gott gehet
nichts Unreines (Apok. 21,27; 22,15). Was aber aus einer anderen Magia ist erboren worden, das ist nicht rein.

9. Ein Exempel haben wir an der Erden, welche verderbet
ist. Sprichst du: warum? – Antwort: Der Teufel mit seinen
Legionen saß in seiner Schöpfung, da er zwar ein Engel geschaffen war, im Sulphur[327] oder im Centro naturae, daraus die Erde hernach erschaffen worden. Derselbe hat den
Grimm in der Natur erwecket, also daß die Erde eine böse
unreine Sucht hat, wiewohl sie ist im Tode beschlossen und
zur Putrefaction[328] behalten worden, da sie soll im ewigen
Feuer bewähret werden und wieder in das kommen, als sie vor
der Schöpfung war, nämlich in die ewige Magiam der ewigen
Natur.

DAS 4. KAPITEL
Was des Glaubens Werk sei und wie der Wille darinnen
wandle, und von seinem Führer

So denn alles ist in Gottes Willen beschlossen, was aus der
Natur erboren wird und wir also verstehen, daß nichts in
Gottes Willen kann eingehen, es werde denn in Gottes Willen
erboren oder gemachet, so verstehen wir klar, daß uns not ist,
daß wir uns mit aller Vernunft und Sinnen in Gottes Willen

327 hier: Grundstoff
328 Fäulnis, Verwesung (alchymistischer Begriff)

eingeben und also mit den Händen in der Welt arbeiten und dem Bauche Speise suchen, und aber unsern Willen garnicht darein setzen und daß wir wollen ein irdisch Ding für unsern Schatz halten, denn wo unser Wille und Herz ist, da ist auch unser Schatz. Ist unser Wille in Gottes Willen, so haben wir das große Mysterium Gottes, daraus diese Welt ist als ein Gleichnis desselben erboren worden, und haben also beides, das Ewige und Zerbrechliche und noch mehrers. Wir führen die Wunder unserer Werke in das ewige Mysterium, denn sie hangen an dem Willengeiste. So wir aber unsern Willen vom Ewigen abwenden in das irdische Mysterium und achten Geld für unsern Schatz und Schönheit des Leibes für unsern Glanz, auch Ehre oder Gewalt für unser bestes Kleinod, so ist unser Wille in demselben gefangen, und hangen also nur am Spiegel und erlangen nicht die Freiheit Gottes. Denn der Spiegel als das äußere Reich soll durchs Feuer bewähret und der Grimm vom Reinen geschieden werden, da dann der Grimm wird ein ewig Brennen sein.

2. So nun die Vernunft das seelische Gemüte mit dem Willengeist der Seelen, in welcher das Bildnis Gottes und der rechte Mensch stehet, in den äußern Spiegel als in eine gleißnerische Sucht einführet, so wird ja das Bildnis und der rechte Mensch damit gefangen und mit der äußern Magia als mit derselben Sucht infizieret, da dann das Bildnis die äußere Wesenheit anzeucht, nicht nur als ein Kleid, sondern es ist eine Infizierung und ganze Vermischung. Ob sich wohl das Seelenfeuer nicht mit dem äußern Reiche mischet, so mischet sich doch der Seelen Willengeist, welcher magisch ist, und wird das Bildnis Gottes zerstöret und in eine irdisches verwandelt, da dann das Seelen-Feuer-Leben roh bleibet und hat im Willengeiste ein irdisches Bildnis.

3. So nun der Leib zerbricht und stirbet, so behält die Seele ihr Bildnis als ihren Willengeist. Jetzt ist er von des Leibes Bildnis weg, denn im Sterben ist eine Trennung. Alsdann er-

scheinet das Bildnis mit und in denen Dingen, was sie allhie hat in sich genommen, damit ist sie infiziert worden, denn denselben Quall hat sie in sich. Was sie allhier hat geliebet und ihr Schatz gewesen ist und darein der Willengeist ist eingegangen, nach demselben figuriert sich auch das seelische Bildnis. Hat einer bei Lebenszeit sein Herz und Gemüt in Hoffart gewendet, so quillet derselbe Quall im Seelenfeuer in dem Bildnis immer auf und fähret über die Liebe und Sanftmut als über Gottes Freiheit aus, und kann die Freiheit nicht ergreifen noch besitzen, sondern quillet also in sich in solcher Angstqual und figuriert den Willengeist immer nach den irdischen Dingen, darein sein Wille ist eingegangen, glänzet also damit im Seelenfeuer und steiget immer in Hoffart auf und will im Feuer über Gottes Sanftmut ausfahren, denn keinen andern Willen kann er schöpfen. Denn er kann nicht in die Freiheit Gottes eingehen in das heilige Mysterium, darinnen er möchte einen andern Willen schöpfen. Er lebet bloß nur in sich selber. Er hat nichts und mag auch nichts erreichen als nur dasjenige, was er bei seinem äußern Leben hat in sich gefasset. Und also gehts auch einem Geizigen. Der hat in seinem Willen und Bildnis die magische Geizsucht. Der will immer viel haben, und figuriert ihm dasjenige in seinen Willengeist, damit er ist im Leben des Leibes umgangen. Weil ihm aber dasselbe hat verlassen und sein Wesen nicht mehr irdisch ist, so führet er doch den irdischen Willen, plaget und quälet sich also damit, denn er mag nichts anders erreichen.

4. Noch viel übler gehet es mit der Falschheit, darüber der Elende hat geschrieen und ihn verfluchet um seiner Zwängung[329] willen. Denn alles dasjenige, was in Bosheit gewirket worden, das er hat verursachet, das folget ihm nach, denn es ist in dem Mysterio des Zorns gewirket worden. Also fällt die verderbte Seele nach des Leibes Absterben in dasselbe. Da

329 Unterdrückung

muß sie in denselben Greueln baden. Und ob es möglich wäre, sich mit dem Willen in die Liebe Gottes einzueignen, so halten es doch dieselben Greuel und Bosheiten zurücke, denn sie machen eine ewige Verzweiflung, da sich dann endlich die Seele verweget[330], Gott absaget und begehrt nur in denselben Greueln aufzusteigen und zu leben. Und ist das ihre Freude, Gott und seine Heiligen zu lästern, sich aber in den Greueln zu erheben über Gott und Himmelreich und der doch keines ergreifen noch sehen.

5. Also geben wir euch zu betrachten, was der Wille und Zuversicht sei, als nämlich: daß er Meister und Führer sei, der dem Menschen sein Bildnis beides, in Gottes Liebe und auch in Gottes Zorn einführet. Denn im Willen wird der rechte wahre Glaube erboren, darinnen das edle Bildnis Gottes stehet, denn im Glauben werden wir wieder durch Christus in Gott geboren und erlangen wieder das edle Bildnis, welches Adam verloren hatte und Christus mit Gottes Leben wieder in die Menschheit eingeführet hat.

6. Auch zerstöret ein falscher Wille das Bildnis, denn der Wille ist die Wurzel des Bildnisses, denn er zeucht das Mysterium Gottes in sich. Und der Geist desselben Mysterii eröffnet das schöne Bild und zeucht ihm das göttliche Mysterium an als Gottes Wesenheit, verstehe: Christi himmlischen Leib, welcher war aus Gott geboren in der teuren und schönen Jungfrauen seiner Weisheit, der den Himmel erfüllet. So denn unser Gemüt und Wille in das selbe gesetzet wird und der Wille dasselbe begehret, so ist der Wille magisch und gehet hinein, und so ihn dann hungert, so mag er essen das Brot Gottes. Jetzt wächset ihm der neue Leib, welcher ist der holdselige Baum des christlichen Glaubens, denn ein jeder Leib liebet sich selber. So denn die Seele Gottes Leib bekommt, der also süße und holdselig ist, wie wollte sie denselben nicht

330 abwendet

lieben, der ihr doch zum Eigentum gegeben wird, in dem sie wohnet und liebet und von dessen Kraft sie isset und sich stärket.

7. So soll nun niemand sich betrügen und in seiner Falschheit und Ungerechtigkeit stecken bleiben und sich eines historischen[331] Glaubens trösten, wenn er gedenket: Gott ist doch gut, er wird mir wohl vergeben, ich will einen Schatz sammeln und dessen wohl genießen, auch meinen Kindern viel Reichtum und Ehre lassen und will nachmals wohl Buße tun. – Aber dieses ist eitel Betrug! Du sammelst ihnen Falschheit und zeuchst in dich Ungerechtigkeit. Und wenn es gleich nach dem besten geschieht, so ist es doch irdisch, denn du hast dein Herz und Willen in ein irdisch Gefäß eingesenket, dein edles Bildnis damit angetan und ganz infiziert. Dazu erbest du deinen Kindern nur Hoffart an, daß sie ihren Willengeist auch nur dareinsetzen. Du gedenkest dir und deinen Kindern Gutes zu tun und tust dir und ihnen das Ärgste.

8. Zwar Nahrung muß das äußere Leben haben, und tut[332] der töricht, der sein Gut freiwillig einem Gottlosen giebet. Aber viel törichter tut der, der sich selber mit seinem Gute zu einem Gottlosen machet, indem er sein Herze daran hänget und hält die zeitliche, vergängliche Wollust mehr in Ehren als das ewige unvergängliche Gut, das da kein Ende nimmt. Der aber segnet sich, der den Elenden zuhilfe kommet, denn sie wünschen ihm alles Gute und beten zu Gott, daß er ihn segne an Leib und Seele. Also tritt ihr Wunsch und Segen zu dem Geber in das Mysterium und umfähet ihn und folget ihm als ein gutes Werk in Gott geboren nach, denn denselben Schatz nimmt er mit und nicht den irdischen. Denn so der Leib stirbet, so tritt das Bildnis ins Mysterium, das ist: es wird im Mysterio Gottes offenbar. Denn in Zeit des irdischen Lebens ist das äußere Principium eine Decke davor gewesen. Das-

331 Vgl. III. Teil, Kap. 3,7   332 handelt

selbe fällt nun mit des Leibes Sterben weg. Alsdann erscheinet das göttliche Mysterium im Bildnis und darinnen alle guten Taten und Werke, so in der Liebe im Willen Gottes erboren sind worden.

9. Aller frommen Kinder Gottes Wunsch und Gebet stehet im Mysterio und aneignet sich gegen das Bildnis, denn die Kinder der Elenden, so er ihnen ist zuhilfe kommen in ihren Nöten und Trübsalen, haben ihren Willen in ihrem Gebete in Gottes Mysterium geschicket und sich damit zu ihrem Erretter und Tröster angeeignet[333] und ihm das gleich im göttlichen Mysterio geschenket. Und so dann derselbe Wohltäter ins Mysterium kommt, wenn sein irdisches Leben hinfället, so werden alle Ding offenbar und angeeignet sich ein jedes zu dem Seinen, dahin es der Wille hat beschieden.

10. Dieses alles wird zu dem Gerichte Gottes des Hl. Geistes im Mysterio vorbehalten, da dann ein jeder soll ernten, was er allhie in seinem Acker gesäet hat. Da soll es alles in einer neuen himmlischen Erden grünen, wachsen und blühen, in welcher der Mensch an sein göttliches Bildnis wird den Leib des vollkommenen Mysterii Gottes anziehen und vor ihm – verstehe: vor dem leiblichen Bildnis – stehen sehen seine Gerechtigkeit, warum er also schön sei. Er wird dessen Ursache erkennen und sich ewig darin erfreuen und seinen Lobgesang darinnen fassen zu Gottes Ehren und Wundertat. Dagegen der gottlose Haufe wird Spott, Geiz, Hoffart, Bosheit und Fluch des Elenden haben in seinem Mysterio, im Zorne eingesammelt, welches ihm auch wird nachfolgen und er also immer die Ursache seiner Qual erkennen und deshalb ein ewiger Feind Gottes und seiner Kinder sein.

333 zugewandt

Warum die Gottlosen sich nicht bekehren – Wie man in
das Reich eingehen muß – Was wir von Adam und Christo
geerbet haben

Dies alles kann der gottlose Haufe jetzt nicht fassen. Ursache: Es ist kein Wille in ihnen dazu, der es begehret zu fassen, denn das irdische Wesen hat sie gefangen, daß sie keinen Willen können in Gottes Mysterio schöpfen. Sie sind an Gott als die Toten. Es ist kein Odem des göttlichen Lebens in ihnen. Sie wollen dessen auch nicht. Sie sind in Gottes Zornmysterium verriegelt, daß sie sich nicht erkennen. Nicht hat ihnen Gott das getan, sondern sie sind mit ihrem Willengeiste dareingegangen und haben sich selber also ersenket. Darum laufen sie wie die Unsinnigen, da doch das edle Kleinod in ihnen im Centro verborgen stehet im göttlichen Principio, und könnten gar wohl aus dem irdischen Wesen und Bosheit mit ihrem Willen ausgehen in den Willen Gottes. Sie lassen sich den Grimm mutwillig halten, denn das hoffärtige und eigenehrige Leben gefällt ihnen zu wohl, und das hält sie auch.

2. Aber nach dieser Zeit ist kein Rat mehr. Wenn das Seelenfeuer bloß und roh ist, so kann dasselbe mit nichts gelöschet werden als nur mit Gottes Sanftmut, nämlich mit dem Wasser des ewigen Lebens im Mysterio Gottes. Aber das erreichen sie nicht, denn es ist eine große Kluft zwischen ihnen, nämlich ein ganzes Principium. Aber in dieser Zeit, dieweil die Seele noch im Blut schwimmet und brennet, kann es wohl sein, denn der Geist Gottes fähret auf den Fittichen des Windes. Gott ist Mensch worden. Der Geist Gottes gehet mit dem Willen in die Seele. Er begehret der Seelen. Er setzet seine Magiam gegen die Seele. Sie darf nur die Türe auftun, so gehet er freiwillig hinein und eröffnet das edle Korn zum Baum des christlichen Glaubens. Aber das ist das Schmerzlichste, daß dem Menschen am bittersten eingehet, so der

Glaubensbaum in ihm soll geboren werden, daß er muß seinen Willengeist aus seinem irdischen Schatz als aus Hoffart, Geiz, Neid, Zorn und Falschheit ausführen gegen den Geist Gottes. Sein Mund muß nicht ein Heuchler sein und sein Herz und Willen im irdischen Mysterio stecken bleiben. Es muß Ernst sein von Grund des Herzens und der Seelen. Der Wille muß sich umwenden in das göttliche Mysterium als in Gottes Liebe, daß der Geist Gottes Raum und Statt in ihm habe, das göttliche Fünklein aufzublasen, anders ist kein Rat und hilft kein Heucheln.

3. Wenn einer alle Schriften auswendig lernete und säße sein Leben lang in der Kirchen, bliebe aber an der Seelen Bildnis ein irdischer und viehischer Mensch, der nur nach Falschheit im Herzen trachtet, so hilft ihm sein Heucheln nichts. Ein Prediger, der Gottes Mysterium im Äußern handelt, hat aber Gottes Bildnis nicht im Innern, sondern trachtet nur nach Ehre und Geiz, der ist dem Teufel so nahe, als der Allergeringste, denn er ist nur ein Gaukler mit Gottes Mysterio und ein Gleißner ohne Kraft. Er hat selber nicht das Mysterium Gottes. Wie will ers dann andern geben? Er ist ein falscher Hirte und ein Wolf der Schafe. Denn ein jeder Mensch, der Gottes Mysterium träget, das ist: der es erwecket hat und sich demselben einergeben, daß ihn Gottes Geist treibet, der ist Gottes Priester, denn er lehret aus Gott. Es kann keiner recht lehren, er lehre denn aus Gottes Mysterio. Wie will aber der lehren, der außer demselben ist, wird er nicht aus Kunst und irdischer Vernunft lehren? Was gehet das Gottes Mysterium an? Wiewohl die Vernunft ein edles Wesen ist, aber ohne Gottes Geist ist sie blind. Denn Christus spricht: Ohne mich könnet ihr nichts tun (Joh. 15,5). Die Gottes Geist treibet, die sind Gottes Kinder (Röm. 8,14). Wer anderswo in den Schafstall steiget und nicht durch Christi Geist, der ist ein Dieb und ein Mörder, und kommt nur, daß er raube und stehle (Joh. 10,1) und seinen eigenen Nutzen suche. Der ist

nicht ein Weider der Schafe, sondern ein Fresser, wie ein Wolf tut.

4. Also ist uns zu verstehen vom Baum des christlichen Glaubens: Er muß lebendig sein und nicht eine tote Historia oder Wissenschaft. Das Wort des Lebens muß im Bildnis Mensch geboren werden, daß die Seele Gottes Bildnis träget, außerdem ist sie nicht Gottes Kind. Es hilft kein Heucheln oder Bußesparen auf Hoffnung, denn solange einer noch das irdische Bildnis an der Seelen träget, so ist er außer Gottes Mysterium. Du darfst auch nicht denken: Ich will noch wohl einmal umkehren, ich will aber mir vorhin genug einsammeln, daß ich nicht mangele und mir das irdische Geschäfte hernach nicht im Wege liege. – Nein, das ist Teufels Griff, sondern durch Verfolgung, Kreuz, Trübsal, Spott, Verachtung müssen wir ins Reich Gottes eingehen, denn der Teufel führet sein Regiment in dem irdischen Bildnis. Der spottet der Kinder Gottes in seinem hoffärtigen Sitze, wenn sie ihm wollen entlaufen. Also dienet der gottlose Haufe dem Teufel und hilft ihm sein Werk treiben.

5. Dieses alles muß der Mensch, so zu Gott will, nichts achten. Er muß denken, daß er in einem fremden Lande unter den Mördern ist, und ist ein Pilgrim, der da wandelt in sein recht Vaterland. Er fället unter die Mörder, welche in plagen und berauben. Und so er nur soviel davon bringet, daß er sein edles Bildnis erhält, so hat er Gut genug, denn er bekommt das himmlische Mysterium dafür, da alles inne lieget, aus welchem diese Welt nur ein Spiegel davon ist. Darum ist der wohl sehr närrisch, der einen Spiegelschein für ein substantialische Wesen nimmt, denn der Spiegel zerbricht und sein Liebhaber wird dessen beraubt. Er ist gleich einem, der sein Haus an ein groß Wasser auf einen Sand bauet, da ihm das Wasser sein Haus hinführet; also ist es auch mit der irdischen Hoffnung.

6. O Menschenkind, du edeles Geschöpfe, laß ihr nicht die

Gewalt. Es kostet dein ewiges Reich. Suche dich und finde dich, aber nicht im irdischen Reich. Wie gar wohl geschiehet doch dem, der sich in Gottes Reich findet, der das himmlische und göttliche Mysterium anzeucht und darein eingehet! Aller Schmuck dieser Welt ist Kot gegen den himmlischen, und ist nicht wert, daß ein Mensch seine Liebe dareinsetze, wiewohl es ist, daß es muß zum Wunder gebracht werden, zu welchem Ende es Gott auch geschaffen hat.

7. Verstehet: Der äußere Mensch soll die Wunder der äußern Natur als im äußern Mysterio eröffnen, beides: aus der Erden und über der Erden. Alles was die Sternen vermögen und die Erde in sich hat, das soll der Mensch in Wunder, Formung und Wesen bringen nach der ewigen Figur, so in Gottes Weisheit ist vor den Zeiten der Welt gesehen worden. Aber seinen Willen soll er nicht dareinsetzen, noch dasselbe für seinen Schatz achten, sondern nur zu seiner Zierde und Freude mag er es gebrauchen. Aber mit dem innern Menschen soll er in Gottes Mysterio arbeiten, so hilft ihm auch Gottes Geist das Äußere suchen und finden.

8. Dieweil wir denn durch den schweren Fall also verderbet sind worden, daß unser Gemüt ist aus dem himmlischen Mysterio in das irdische als in den Spiegel gewendet worden, daß wir also gleich als halbtot erfunden werden, so tut uns ganz hoch vonnöten, daß wir aus dem irdischen Glanze mit unserm Gemüt und Willen ausgehen und uns zuerst suchen, ehe wir den irdischen Schmuck suchen, und daß wir zuerst lernen kennen, wo wir daheim sind, und unser Gemüte nicht irdisch machen.

9. Denn der Mensch, ob er gleich in Gottes Bildnis stehet, ist doch in einem dreifachen Leben. So er aber Gottes Bildnis verlieret, so ist er nur in einem zweifachen Leben, denn das erste Leben ist der Seelen Leben und urständet im Feuer der ewigen Natur, und stehet vornehmlich in sieben Gestalten, alles nach dem Geiste der Natur, wie es in unserm andern und

dritten Buche[334] ausgeführet und erkläret worden. Das andere Leben stehet im Bildnis, welches aus dem Brunnen der ewigen Natur als aus dem Seelenfeuer erboren wird, welches Bildnis im Licht in anderer Qual stehet[335] und hat seinen lebendigen Geist, wie ihr dies am Feuer und Lichte ergründet. Denn des Lichtes Qual ist nicht wie des Feuers Qual, und entstehet doch das Licht aus dem Feuer, da man in des Lichtes Qual den sanften, reinen und lieblichen Geist verstehet, und in des Feuers Qual die Ursachen desselben. Als ihr dann sehet, daß aus dem Feuer die Luft urständet, welches der Geist ist, und die Luft auch in vier Gestalten verstanden wird: als eine trockene nach dem Grimm des Feuers, und eine nasse als Wasser vom herben Anziehen, und zum dritten eine sanfte vom Lichte, und zum vierten eine erhebende vom grimmen Feuerschrack. Da wir dann verstehen, daß das Licht in allen Gestalten Meister sei, denn es hat die Sanftmut und ist ein Leben, das durch den grimmen Tod als durch die Angstqual im Ersinken erboren wird als ein ander Principium, das im Feuer bestehet ohne Fühlen, und hat doch sein Fühlen in sich als den lieblichen Geschmack. Da wir dann verstehen, daß das Wasser durch den Tod erboren wird durch das Ersinken durch Feuers Angst. Und weiter zu verstehen, wie es doch kein Tod sei, da es doch ein Tod ist. Aber das Licht machts grünend, daß ein Leben darin ist, welches Leben in des Lichtes Kraft stehet, da das Leben aus dem Tode grünet, nämlich die Wesenheit als die Begreiflichkeit, wie das Wasser, das an ihm[336] selber tot ist, aber das Feuerleben und des Lichtes Kraft ist sein Leben. Also ist die Wesenheit wie tot geachtet, da das Leben darin ein eignes ist und sich selbst in sich besitzt und gebieret, da der Tod der Wesenheit muß den Leib dazu geben, wie in unserem

334 J. Böhme: Beschreibung der drei Prinzipien; Von dem dreifachen
       Leben des Menschen
335 in der Qualität des Lichtes   336 sich

dritten Buche erkläret worden, daß wir im Lichtleben und im Wasser des Todes auch zwei Gestalten verstehen und nach der Angst im Feuer die dritte: Als (1) in der Angst der Ertötung, im Grimm des Feuers verstehen wir ein grimmig Wasser wegen der ersten vier Gestalten zur Natur, als Herbe, Bitter, Angst und Feuer, gleichet sich dem Gifte, ist auch Gift, eine höllische Wesenheit im Grimme nach dem Urstande des ersten Principii, darinnen Gottes Zorn quillet.

10. Zum andern verstehen wir das andere Wasser im Lichtesschrack, in dem die Qual durch die Tötung sinket und im Tode gleich als ein Nichts wird, denn im Nichts wird die ewige Freiheit als der ewige Abgrund der Ewigkeit erreichet. So dann das ungreifliche Licht im selben Ersinken in die Ewigkeit blicket und das Ersinken immer erfüllet, so grünet im Lichte die Kraft des Lichts. Das ist das Leben aus dem ersunkenen Tode aus, denn der Grimm vom Feuer bleibet im grimmen Quall des grimmen Wassers und gehet nicht mit in Tod. Es kann auch nicht sein, denn die Grimmigkeit ist das strenge Allmachtleben, das nicht kann sterben und das die ewige Freiheit nicht kann erreichen, denn es heißet und bleibet in Ewigkeit das Naturleben. Wiewohl es ist, daß im Lichtleben auch eine Natur erfunden wird, ist sie noch nicht peinlich oder feindlich als wie im Urstande der Natur, nach welchem sich Gott einen eifrigen zornigen Gott nennet. Denn im Lichtquall wird das Wasser, welches durch den Tod in die Freiheit ersunken ist, eine Qual und Wasser des ewigen Freudenlebens, in welchem die Liebe und Sanftmut ewig aufquellet, da es dann kein Sinken mehr ist, sondern ein Grünen, welches Paradeis heißet. Und das Bewegen aus des Wassers Quall heißet Element. Das ist das reine Element in der englischen Welt. Und die Ursache des Feuers im Licht ist das ewige Firmament, darin die ewige Wissenschaft Gottes in Weisheit eröffnet wird, als wir dessen ein Gleichnis am äußern Firmament und Sternen haben.

11. Also verstehen wir nun zwei Welten ineinander, da keine die andere begreift, als nämlich eine im Grimm der feurigen Natur im Wasser des Gifts und Angstqual, da die Teufel innen wohnen. Und dann eine im Lichte, da das Wasser des Lichts aus der Angst ersunken ist in die ewige Freiheit, welche das Giftwasser nicht mag erreichen oder begreifen, und ist doch nicht getrennt als nur durch den Tod, da es sich in zwei Principia scheidet und also in zwei Leben teilet: als eines im Zorn und das ander in der Liebe, welches Leben für das rechte Leben Gottes erkannt wird. Und hierinnen stecket der Grund, daß als wir mit Adam aus diesem Lichtleben ausgingen in das äußere Weltleben, darum Gott Mensch ward, so mußte er uns durch und aus der grimmen Qual aus dem feurigen Angstleben durch den Tod in das Licht- und Liebeleben wieder einführen, da zwar die Porte des Todes war im Grimm zugeschlossen in der menschlichen Seelen, daß die Seele in der Angstqual in der innern Natur im Feuer des Gifts als im Wasser der Angst stund. Allda hat der Fürst Christus den Schluß[337] des Todes zerbrochen und ist mit seiner menschlichen Seele durch den Tod im Lichte Gottes wieder ausgegrünet, und führet also in seinem Lichtleben den Tod jetzt gefangen, daß er ist ein Spott worden. Denn mit diesem Schluß gedachte Luzifer ein Herr und allmächtiger Fürst im Grimme zu sein. Aber als der Schluß zerbrochen ward, so zerstörte ihm die Kraft der Gottheit im Lichte sein Reich. Allda ward er ein gefangener Knecht, denn Gottes Licht und das Wasser der Sanftmut ist sein Tod, denn der Zorn wird damit getötet.

12. Also ist das Licht und die Liebe in den Zorn getreten mit dem paradeisischen Element und dem Wasser des ewigen Lebens, und ist also Gottes Zorn gelöschet worden. Darum bleibet nun der Luzifer in sich selber nur ein ängstlicher grimmiger Feuerquall, da sein Leib ein Gift ist und ein Quall

337 das Schloß

des Giftwassers, und ist also aus Gottes Feuer ausgestoßen worden in die Matrix der ewigen Natur als in die strenge Herbigkeit, welche die ewige Finsternis gebieret. Darinnen führet er das gar strenge Regiment in dem ängstlichen Mercurio, und ist also ein Beschämter oder Verstoßener, welcher im Urstande ein Fürst war, aber jetzo nichts mehr gilt als ein Scharfrichter und ehrenloser Knecht, der da muß in Gottes Grimm sein als ein Henker, der das Böse strafet, wenn ihm das von seinem Herrn befohlen wird. Weiter hat er keine Gewalt, wiewohl er doch ein Betrüger ist, daß er nur viel möchte erhaschen und sein Reich groß werde, daß er viel habe und nicht also mit wenigem im Spotte stehe. Dergleichen eine Hure auch denket, wenn nur viel Huren sind, so bin ich ja nicht allein eine Hure, sondern ich bin wie andere. Also begehret er auch ein groß Geschlechte, daß er dadurch Gottes spotte. Der Teufel gibt immer Gott die Schuld, daß er sei gefallen und daß ihn Gottes Grimm also gezogen hätte und in einen solchen Willen der Hoffart also gezogen hätte und in einen solchen Willen der Hoffart gestürzet, daß er nicht sei bestanden. Vermeinet, wenn er nur viel zu sich zöge, daß sein Reich groß werde und daß er derer desto mehr überkomme, die auch also tun wie er und (die) Gott verfluchten, sich aber selber rechtfertigten. Das ist seine Stärke und Wollust in seiner finstern herben Angst, daß er immer das Feuer in sich erreget und über die Thronen ausfähret. Also hält er sich ja noch für einen Fürsten und König. Und ob er gleich böse ist, so ist er doch ein Fürst seiner Legionen im Zorne in seiner Kreatur. Aber mit dem Zorn außer seiner Kreatur hat er nicht Gewalt zu tun, darinnen muß er als ein Ohnmächtiger gefangen bleiben.

13. Also verstehet das menschliche Leben in zweien Gestalten als eine nach dem Feuer der Natur und die ander nach dem Feuer des Lichts, welches Feuer in der Liebe brennet, darinnen das edle Bildnis Gottes erscheinet. Und (wir) verstehen hierinnen, daß der Wille des Menschen soll in Gottes

Willen eingehen, so gehet er in Christi Tod mit Christi Seele durch den Tod in die ewige Freiheit Gottes in das Lichtleben ein, da ist er in Christo bei Gott. Die dritte Gestalt des Lebens ist das äußere geschaffene Leben aus dieser Welt als aus Sonne, Sternen und Elementen, welches Gottes Geist mit dem Geiste maioris mundi[338] in die Nasen blies, da er dann auch eine äußere Seele ward, welche im Blut und Wasser schwimmet und im äußern angezündeten Feuer brennet als in der Wärme.

14. Dieses äußere Leben sollte nicht in das Bildnis als in das innere Leben greifen. Das Bildnis sollte das auch nicht in das innere Licht, welches durch den Tod scheinet und mit seiner Kraft in der ewigen Freiheit grünet, einlassen, denn das äußere Leben ist nur ein Gleichnis des innern Lebens. Der innere Geist sollte nur in dem äußern Spiegel die ewigen Wunder, so in Gottes Weisheit waren, im Ungrunde in der göttlichen Magia erblicket worden, eröffnen und zu einem figürlichen Spiegel bringen, nämlich zu einem Wunderspiegel zu Gottes Ehren und zur Freude des innern Menschen aus Gott geboren. Aber sein Wille sollte nicht darein gehen, das äußere Wunder in das Bildnis einzuziehen, wie wir denn jetzt mit Jammer erkennen, daß ihm[339] der Mensch einen irdischen Schatz in sein Gemüt einzeucht und einbildet und also das reine Bildnis Gottes nach dem andern Principio in sich zerstöret.

15. Denn des Menschen Willengeist gehet jetzt in das irdische Wesen und führet seine Liebe, darin das Bildnis stehet, in das irdische Wesen als in einen irdischen Schatz in ein irdisch Gefäße. Jetzt wird das Bildnis in solcher Imagination auch irdisch und gehet wieder in den Tod und verlieret Gott und Himmelreich, denn sein Willengeist stecket mit der Liebe im äußern Leben. Jetzt muß das äußere Leben sterben

338 der größeren Welt   339 sich

und zerbrechen, auf daß das geschaffene Bildnis nach dem innern Reiche erscheine, und also stecket der Willengeist mit seiner Liebe in den äußern Wundern und führet dieselben im Sterben des äußern Lebens mit sich vor das Gerichte Gottes. Da soll der Willengeist durchs Feuer gehen und soll das Bildnis im Feuer bewähret werden. Da muß alles Irdische abbrennen vom Bildnis, denn es muß ganz rein und ohne Makel sein. Gleichwie das Licht im Feuer bestehet, also muß der Willengeist auch in Gottes Feuer bestehen. Und wo er allda nicht kann durchs Feuer Gottes durch den Tod frei durchgehen, so wird dasselbe Seelenbildnis ausgespeiet werden in die ewige Finsternis.

16. Und dieses ist eben der schwere Fall Adams, daß er seinen Willengeist in das äußere Leben als in das äußere Principium in die falsche Sucht einsetzte und imaginierte nach dem irdischen Leben. Und also ging es aus dem Paradeis, welches durch den Tod im andern Principio ausgrünet in das Äußere, und ging also in den Tod ein. Also mußte er sterben und also ward sein Bildnis zerstöret. Dieses haben wir von Adam geerbet, aber auch von dem andern Adam Christo die Wiedergeburt, da wir in Christi Menschwerdung müssen eingehen und mit ihm in seinen Tod und aus dem Tode mit ihm grünen in der Paradeiswelt in der ewigen Wesenheit der Freiheit Gottes.

DAS 6. KAPITEL
Was die Lust vermag – Wie wir in Adam gefallen und in Christo wiedergeboren sind

Also verstehen wir, daß es an der Lust lieget und daß die Verderbung aus der Lust kommen ist und noch immer kommet. Denn die Lust ist eine Imaginierung, da die Imagination

sich in alle Gestalten der Natur einwindet, daß sie alle geschwängert werden mit dem Dinge, daraus die Lust entstehet, als wir denn verstehen den äußern Geist des Menschen,
welcher ist ein Gleichnis des innern. Diesen hat gelüstert
nach dem schönen Bildnis und derowegen seine Imagination
in den innern gesetzet, davon der innere ist infizieret worden.
Und weil er nicht zur Stunde den Tod gefühlet hat, so hat er
dem äußern seinen Willengeist eingeräumet. Also ist der
äußere in den innern zur Herberge eingezogen und ist endlich
der Wirt im Hause worden und hat den innern verdunkelt,
daß also das schöne Bildnis ist verblichen. Allhie fiel das
schöne Bildnis unter die Mörder, nämlich unter die strengen
Geister der Natur und des Lebens Urstand. Diese hielten das
Bildnis gefangen und zogen ihr das Paradeiskleid aus, morde-
ten es und ließen es halbtot liegen.[340]

2. Jetzt war der Samariter Christus not. Und das ist die
Ursache, daß Gott Mensch ward. Wenn der Schaden hätte
können durch ein Wortsprechen und Wortvergebung geheilet
werden, so wäre Gott nicht Mensch worden. Aber es war verloren Gott und das Paradeis, dazu das edle Bildnis war zerstöret und verwüstet worden und mußte wiederum aus Gott
neugeboren werden. Und darum kam Gott mit seinem Worte,
welches ist das Centrum im Lichtleben, und ward Fleisch, daß
die Seele wieder ein göttlich, paradeisisch Wohnhaus bekäme.
Verstehe: daß gleichwie Adams Seele hatte die Türe der
Feueressentien aufgetan und die irdischen Essentien einge-
lassen, welcher Qual sich hatte in das Paradeisbildnis einge-
wunden und das Bildnis irdisch gemacht, also tat Gottes
Herze[341] die Tür der Lichtessentien auf und umfing die Seele
mit dem himmlischen Fleische. Und also imaginierten des
heiligen Fleisches Essentien nach dem Bildnis, nach der See-

340 Vgl. das Gleichnis vom barmherzigen Samariter! (Luk. 10,29 ff.)
341 Christus

len Essentien. Also ward die Seele jetzt wieder geschwängert, daß sie mit ihrem Willengeiste durch den Tod in das Paradeisleben einging. Und daher kam die Versuchung Christi, daß er versuchet ward, ob die Seele wollte vom Verbo Domini[342] essen und ob sie könnte wieder durch den Tod in Gottes Leben eingehen, welches endlich am Stamm des Kreuzes erfüllet ward. Da Christi Seele durch das Feuer des Grimmes durch den strengen Qual durch den Tod ging und grünete wieder in der Paradeiswelt aus, in welche Adam war geschaffen, also ist uns Menschen wieder geholfen worden.

3. Darum tut uns nun not, daß wir unsern Willen, Sinn und Gemüt aus allen irdischen Dingen ausziehen und in Christi Leiden, Sterben, Tod und Auferstehung einwenden, daß wir den alten Adam mit Christi Tode immer kreuzigen und immer mit der Sünde im Tode und Sterben Christi sterben und mit ihm aus der Angst des Todes in einem neuen Menschen immer wieder aufstehen und im Leben Gottes grünen. Anders ist kein Rat. Wir müssen der irdischen Welt in unserm Willen absterben und müssen der neuen Welt im Glauben, im Fleisch und Blut Christi immer wiedergeboren werden. Wir müssen aus Christi Fleisch geboren werden, wollen wir anders das Reich Gottes schauen.

4. Es ist nicht so ein leicht Ding, ein rechter Christ zu sein, sondern es ist das allerschwerste Ding. Der Wille muß ein Ritter werden und wider den verderbten Willen streiten. Er muß sich aus der irdischen Vernunft in den Tod Christi in Gottes Zorn einsenken und dem irdischen Willen als ein teurer Ritter seine Gewalt zerbrechen, und sich also hart verwegen[343], daß er will das irdische Leben daransetzen und nicht nachlassen, er habe denn den irdischen Willen zerbrochen, welches mir wohl ein strenger Krieg ist, wenn zwei Principia miteinander streiten um die Überwindung. Es ist kein Scherz,

342 Wort des Herrn   343 er muß viel wagen

es muß Ernst sein, um das Ritterkränzlein zu fechten, denn keiner erlanget das, er siege denn. Er muß des irdischen Willens Macht zerbrechen, welches er in sich aus eigener Macht doch nicht vermag. Aber so er sich aus der irdischen Vernunft in den Tod Christi mit seinem innern Willen einsenket, so sinket er durch Christi Tod durch Gottes Grimm wider alles Halten des Teufels in die Paradeiswelt in das Leben Christi ein. Er muß seinen Willen machen als tot. Also lebet er Gotte[344] und ersinket in Gottes Liebe, und da er doch im äußern Reich lebet.

5. Ich rede aber vom Ritterkränzlein, welches er in der Paradeiswelt bekommt, so er einmal hindurchdringet. Denn allda wird der edle Same gesäet und bekommt das hochteure Pfand des Hl. Geistes, der ihn darnach leitet und führet. Und ob er in dieser Welt muß in einem finstern Tal wandern, da der Teufel und die Bosheit der Welt immer über ihn herrauschen und den äußern Menschen oft in Greuel einwerfen und also das edle Senfkörnlein verdecken, so lässet sichs doch nicht verhalten, sondern es grünet hervor und wächset ein Baum daraus in das Reich Gottes wider alles Wüten und Toben des Teufels und seines Anhangs. Und je mehr der edle Perlenbaum gedrücket wird, je heftiger und gewaltiger der wächset, er läßt sich nicht unterdrücken, ob es auch das äußere Leben kosten soll.

6. Also, mein liebes Gemüte, forsche nach dem Baum des christlichen Glaubens recht. Er stehet nicht in dieser Welt. Wohl muß er in dir sein, aber du mußt mit dem Baume mit Christo in Gott sein, also daß dir diese Welt nur anhange, wie denn Christo auch nur anhing. Doch nicht also zu verstehen, daß diese Welt vor Gott nichts taugte oder nütze wäre. Sie ist das große Mysterium. Und ist der Mensch darum in diese Welt geschaffen worden als ein weiser Regent derselben, daß

344 für Gott, auf Gott hin

er soll alle Wunder, so von Ewigkeit sind im Sulphur, daraus diese Welt mit Sternen und Elementen ist geschaffen worden, eröffnen und nach seinem Willen in Formen, Figuren und in Bildnissen bringen, alles zu seiner Freude und Herrlichkeit.

7. Der Mensch war ganz frei erschaffen ohne einiges Gesetze. Er hatte kein Gesetz als nur das Naturgesetz, daß er nicht sollte ein Principium in das andere vermischen. Der innere Mensch sollte nichts Irdisches in sich einlassen, sondern sollte allmächtig über das äußere Principium herrschen. So wäre kein Tod noch Sterben in ihn kommen. Es hätten ihn auch die äußern Elemente nicht regen[345] können, weder Hitze noch Frost hätte ihn gereget. Denn als das edle Bildnis im Feuer bestehen muß, also sollte auch dasselbe edle Bildnis durch den ganzen Menschen durch alle drei Principia herrschen, alles regieren und mit der Paradeisqual erfüllen.

8. Weil es aber ja nicht mochte sein und je das Fleisch irdisch worden, so müssen wir nun im Glauben geboren werden, da zwar das irdische Leben das rechte Leben verdecket. So müssen wir das rechte Kleid anziehen, welches Hoffnung heißet und unsern Willen in der Hoffnung einsetzen und immer am Baum des Glaubens arbeiten, daß er seine Früchte bringe als die holdselige Liebe gegen Gott und seinen Nächsten. Er soll Gutes wirken, nicht allein um seinetwillen, sondern auch darum, daß er seinen Nächsten mit seinem Exempel und Leben bessere. Er soll denken, daß er ein Baum im Reiche Gottes sei, daß er Gottes Frucht trage und wachse in Gottes Acker, daß seine Werke und Wunder in die rechte Liebe einfasse und in der Liebe wandeln, daß er die möge ins Reich Gottes einführen. Denn Gott ist ein Geist und der Glaube ist auch ein Geist in Gott, und Gott ist in Christo Mensch worden. Des Glaubens Geist wird auch in Christo Mensch geboren. Also wandelt der Willengeist recht in Gott,

345 antasten

denn er ist ein Geist mit Gott und wirket mit Gott göttliche Werke. Und ob ihn das irdische Leben verdecket, daß er seine Werke, so er im Glauben hat geboren, nicht kennet, so wird es doch in Zerbrechung des irdischen Lebens offenbar, denn die Hoffnung ist sein Kasten und ein Mysterium, darein des Glaubens Werke gesäet werden und auch behalten.

DAS 7. KAPITEL
Zu was Ende diese Welt samt allem Wesen sei geschaffen,
auch von zwei ewigen Mysterien

So denn der Mensch also in einem dreifachen Leben stehet, so ist jedes Leben dem andern ein Mysterium und begehret des andern. Zu welchem Ende diese Welt mit allem Wesen ist erschaffen worden, denn diese Welt mit allem Wesen ist erschaffen worden, denn die göttliche Wesenheit begehret des Spiegels oder Gleichnis. Denn diese Welt ist ein Gleichnis nach Gottes Wesen, und ist Gott in einem irdischen Gleichnis offenbar. Denn die Wunder der Verborgenheit möchten in der englischen Welt in der Liebegeburt nicht eröffnet werden. Aber in dieser Welt, da Liebe und Zorn gemischet ist, allda ist eine zweifache Gebärerin, da möchte es sein. Denn alle Dinge urständen aus der Feuerwurzel, werden aber mit dem Wasser der Sanftmut umfangen, daß es ein liebliches Wesen ist. So aber das Feuer in der englischen Welt nicht erkannt wird, denn das Centrum der Gebärerin stehet im Licht und ist das Wort Gottes, so mögen die Wunder der Natur anders nicht als in einer geistlichen Magia eröffnet werden. Das ist: sie müssen in Gottes Weisheit ersehen werden. Weil aber dasselbe den Engeln und Seelen der Menschen fast ungreiflich ist und aber Gott in den Engeln und Menschen will erkannt sein, so lüstert die englische Welt nach den großen Wundern, sie zu erkennen, die in Gottes Weisheit sind von Ewigkeit gestanden. Und diese werden in dem irdischen Gleichnis zu Wesen gebracht in Figuren und Bildnissen, alles nach den ewigen Essentien des Centri der Natur, daß die Wunder mögen ewig stehen, aber nicht essentialisch[346], sondern in Figuren, in Bildnissen und Gleichnissen, in Formungen; nach dem Willen zwar magisch, aber die Gebärerin ist doch im Centro der Wunder, denn sie ist einmal aus dem Feuer erwecket worden. Aber sie wird in dem Mysterio wieder verschlungen und stehet als ein verborgen Leben. Darum sollen alle Wesen gleich als ein Schatten in der englischen Welt offenbar werden, aber nur die, welche in Gottes Willen sind in das Mysterium eingeführet worden. Denn der Mysterien sind zwei, die da ewig sind: als eines in der Liebe und das ander im Zorn. Wo sich nun der Willengeist mit seinen Wundern hineinwendet, allda innen stehen auch seine Werke und Wunder.

2. Also ist uns imgleichen zu erkennen, daß auch das Äußere des Innern heftig begehret, denn alles läuft nach dem Centro als nach dem Urstand und begehret der Freiheit, denn im Feuer der Natur ist Angst und Qual. Sie will nun die Bildung oder das Bild der Sanftmut im Quall der Liebe frei sein, und mag doch nicht im Quall der feurigen Essentien frei sein, solange bis sich die Qual in der Zerbrechung scheidet. Allda tritt ein jedes in sein Mysterium. Desgleichen will das Feuer vom Wasser frei sein, denn das Wasser ist auch des Feuers Tod, und ist ihm auch Mysterium. Und sehen wir gleich hiemit, wie das Wasser das Feuer gefangen hält, und doch kein Sterben im Feuer ist, sondern es ist nur ein Mysterium im Feuer, wie denn zu sehen ist, wie es im Wasser hervorbricht und sich eröffnet, wie das im Wetterleuchten zu sehen ist, auch an einem Steine, der doch Wasser ist, zu erkennen ist. (Wir) sehen aber vornehmlich, wie alle Gestalten der Natur des Lichtes begehren, denn in demselben Begehren wird das

346 nicht physisch

Öl erboren, darinnen das Licht erkannt wird, denn es urständet aus der Sanftmut.

3. Also ist uns zu erkennen unser Leben, daß in uns des Feuers Centrum offen stehet, denn das Leben brennet im Feuer. Und dann ist uns zu erwägen die Begierde zur Liebe, welche im Worte des Lebens urständet in der englischen Welt, da das Herze Gottes mit seinem Begehren gegen uns mit seiner Imagination stehet und uns auch zeucht in das göttliche Mysterium.

4. Und zum dritten ist uns zu erwägen das magische Reich dieser Welt, welches auch in uns brennet und uns heftig in seine Wunder zeucht, denn es will offenbar sein. Und der Mensch ist zu dem Ende darein erschaffen worden, daß er dasselbe Mysterium offenbare und die Wunder ans Licht und in Formen nach der ewigen Weisheit bringe. So er denn nun dieses tun soll und also in einem dreifachen Feuer brennet, so hat der rechte Geist, in dem das englische Bildnis stecket, große Unruhe und ist in großer Gefährlichkeit, denn er wandelt gar auf einem schmalen Steige und hat zwei Feinde, die ihn immer ziehen. Ein jeder will in dem Bildnis sein und seinen Quall hineinführen: als das innere und äußere Feuer, das innere Reich des Grimmes und auch das äußere irdische Reich des Spiegels. Und stecket das rechte Bildnis also mitten in der Quetsche. Denn das innere Reich will durch das äußere die Wunder eröffnen. Dieweil es aber zu scharf ist, so fleucht das äußere Reich vor dem innern und greift nach dem mittlern als nach dem Bildnis, welches in der Freiheit Gottes stehet, und flechtet sich also in das Bildnis ein. Denn es greifet alles nach dem Herzen Gottes als nach dem Centro des Freudenreiches. Jetzt tut dem Bildnis not, daß es sich wehre, den irdischen Gast nicht einzulassen, viel weniger den feurigen, und wird doch aus beiden erboren, nämlich aus dem Feuer das Leben und aus dem äußern die Wunder. Darum tut dem Menschenbilde hoch not, daß es ein mäßiges, nüchternes Le-

ben führe und sich mit dem äußern Reiche nicht zu sehr fülle, denn es machet sonst seine Inwohnung in dem edlen Bildnis.

5. Hier verstehen wir den mächtigen Streit im Menschen um das Bildnis Gottes, denn ihrer drei streiten darum: erstlich das strenge Feuerleben, zum andern das göttliche Leben und zum dritten das irdische Leben. Also stecket das edle Bild in der Mitten und wird von dreien gezogen. Jetzt ist ihm not, daß sichs im Glauben in das Mysterium der Hoffnung verberge und stehe in demselben Mysterio stille, da dann der Teufel im inneren Feuerleben immer heraus in das äußere Leben in Hoffart, Falsch und Geiz über das falsche Bildnis herreitet und will es ins Feuer und Angstleben einführen und zerbrechen. Denn der meinet immerdar, der Locus[347] dieser Welt sei sein Königreich. Er will kein anderes Bildnis darinnen leiden. Jetzt fällt nun das edle Bildnis in Kreuz, Trübsal, Angst und Not. Und gehöret allhier ein großer Streit dazu, um das edle Ritterkränzlein des Bildnisses Gottes zu fechten. Daher urständet das Gebet, daß das Bildnis stets aus dem eingeführten irdischen Wesen und auch aus den hoffärtigen, höllischen Greueln mit dem Gebet ausgehe und immer in Gottes Leben in seine Liebe eingehe. Und also ertötet das rechte Bildnis immer den irdischen Adam und auch den höllischen Hoffartteufel und muß immer stehen als ein Ritter, und ist ihm am allernützlichsten, daß es sich in Geduld einwickele, unter das Kreuz werfe und immer in der Liebe aufquelle. Denn das ist sein Schwert, damit es den Teufel schläget und das irdische Wesen austreibet. Es hat kein ander Schwert, damit es sich wehre als das sanfte Wasser des ewigen Lebens. Das schmecket dem hoffärtigen grimmigen Feuergeiste nicht, denn es ist sein Gift. Er fleucht davor.

6. So wir nun wollen den Baum des christlichen Glaubens recht anmelden, so sagen wir: Seine Wurzel stehet im Myste-

347 Ort, Bereich

rio der Hoffnung. Sein Gewächse stehet in der Liebe, und sein Leib in der Fassung des Glaubens, das ist: da das Bildnis mit seinem ernsten Begehren in Gottes Liebe eindringet und Gottes Weisheit, das ist: Christi Leib, fasset. Das ist nun der Corpus, darinnen der Baum stehet, wächset und grünet und Früchte bringet in Geduld. Diese Früchte gehören alle in die englische Welt, und sie sind der Seelen Speise, davon sie isset und ihr feurig Leben erquicket, daß es ins Licht der Sanftmut verwandelt wird.

7. Also wächst der Baum im Paradeis Gottes, welchen der äußere Mensch nicht kennet und keine Vernunft begreift. Aber dem edlen Bildnis ist er gar wohl kenntlich. Der wird alsdann, so das äußere Leben zerbricht, offenbar, und folgen ihm alle seine Werke im Mysterio der Hoffnung, darein er gesäet hat, nach. Darum soll ihm keiner, der Gottes Pilgrimstraße wandeln will, fürnehmen, in dieser Welt gute, fröhliche Tage zu haben mit weltlichen Ehren, sondern Trübsal, Verachtung und Verfolgung warten seiner alle Stunden. Er ist allhier nur in einem Jammertal und muß immer im Streit stehen, denn der Teufel gehet um ihn her als ein brüllender Löwe. Er reizet alle seine Kinder der Bosheit wider ihn. Er ist geachtet als ein Narr. Er ist seinem Bruder unbekannt, seiner Mutter Haus spottet sein und verachtet ihn. Er gehet daher, säet Trübsal und ängstet sich, aber es ist niemand, der es begreift oder dem es zu Herzen ginge. Jedermann meinet, seine Torheit plage ihn. Also bleibet er der Welt verborgen, denn er ist mit seinem edlen Bildnis nicht von der Welt, sondern aus Gott geboren. Er säet Trübsal und erntet Freuden. Wer will aber seine Herrlichkeit aussprechen, die ihm zu Lohn wird? Oder wer will sagen von dem Ritterkränzlein, welches er erlanget? Wer kann aussprechen die Krone der Jungfrauen, welche ihm die Jungfrau der Weisheit aufsetzet? Wo ist eine solche Schöne, die den Himmel übertrifft? O edles Bildnis, bist du doch ein Bildnis der Hl. Dreifaltigkeit, in der Gott

selber wohnet! Gott setzet dir seinen schönsten Dank auf, daß du dich sollst ewig in ihm freuen.

8. Was ist doch das Wesen dieser Welt, dieweil es zerbricht und den Menschen nur Kummer, Angst und Elend einführet, dazu in Gottes Zorn, und zerbricht ihm das schöne Bildnis und zeucht ihm eine Larven an? O welch eine große Schande wird der Mensch dessen haben, so er am Gerichtstage Gottes wird also mit einem tierischen Bildnis erscheinen, ohne das, was hernach folget, in dem er soll ewig darinnen bleiben. Jetzt wird Reue angehen. Da wird Ächzen und Heulen sein um das verlorene Pfand, welches ewig nicht mag wieder erreichet werden, da das Bildnis soll in Ewigkeit vor dem greulichen Teufel stehen und tun, was der Greuelfürst Luzifer will.

DAS 8. KAPITEL

Auf welche Weise Gott die Sünde vergiebet und wie man ein Kind Gottes wird

Mein liebes, suchendes, begieriges Gemüte, das du hungerst und dürstest nach Gottes Reich! Merke doch den Grund, was dir gezeiget wird. Es ist ja nicht also ein leicht Ding, ein Kind Gottes zu werden, wie Babel lehret, da man die Gewissen in die Historien[348] ins bloße Wähnen ohne Erfahrung führet, sie also höflich mit Christi Leiden und Tod kitzelt, da man die Vergebung der Sünden historisch lehret gleich einem weltlichen Gerichte, da einem seine Schuld aus Gnaden erlassen wird, ob er gleich ein Schalk im Herzen bleibet. Es ist allhie viel anders. Gott will keine Heuchler haben. Er nimmt nicht also die Sünde von uns, indem wir nur an der Wissenschaft hangen in den Greueln bleiben. Es heißet: Ihr müsset von neuem geboren werden oder sollet das Reich Gottes nicht se-

348 das Wissen ohne Erfahrung

hen. Daß sich einer will mit Christi Leiden und Tod kitzeln und ihm das zueignen, und will aber mit seinem Willen unwiedergeboren im adamischen Menschen bleiben. Der tut eben als einer, der sich tröstet, sein Herr werde ihm sein Land schenken, ob er gleich nicht sein Sohn ist und er es doch allein verheißen, dem Sohne zu schenken. Also auch hier: Willst du deines Herrn Land besitzen und zum Eigentum haben, so mußt du sein rechter Sohn werden, denn der Magd Sohn soll nicht erben mit der Freien.[349] Der Historien-Sohn ist ein Fremdling. Du mußt aus Gott in Christo geboren werden, daß du ein leiblicher Sohn werdest. Alsdann bist du Gottes Kind und ein Erbe des Leidens und Todes Christi. Christi Tod ist dein Tod, seine Auferstehung aus dem Grabe ist deine Auferstehung, seine Himmelfahrt ist deine Himmelfahrt und sein ewiges Reich ist dein Reich. Indem du sein rechter Sohn aus seinem Fleisch und Blute geboren bist, so bist du ein Erbe aller seiner Güter. Anders kannst du nicht Christi Kind und Erbe sein.

2. Solange das irdische Reich in deinem Bildnis stecket, so bist du des verderbten Adam irdischer Sohn. Es hilft keine Heuchelei. Gib gute Worte vor Gott, wie du willst, so bist du doch ein fremdes Kind und gebühren dir nicht Gottes Güter, also lange bis du mit dem verlornen Sohn wieder zum Vater kommest mit rechter wahrer Reu und Buße über dein verlorenes Erbgut. Da mußt du mit deinem Willengeiste aus dem irdischen Leben ausgehen und den irdischen Willen zerbrechen, welches wehe tut, mit dem Gemüte und Willengeiste seinen gehabten Schatz verlassen, darinnen der Willengeist war erboren, und mußt in Gottes Willengeist eingehen. Allda säest du deinen Samen in Gottes Reich und wirst in Gott als eine Frucht, die in Gottes Acker wächset, neugeboren. Denn dein Wille empfähet Gottes Kraft, Christi Leib und wächset

349 Anspielung auf Abrahams Sohn von der Magd Hagar

dir der neue Leib in Gott. Alsdann bist du Gottes Kind, und gehören dir Christi Güter. Sein Verdienst ist dein Verdienst, sein Leiden, Tod und Auferstehung ist alles dein. Du bist ein Glied an seinem Leibe und sein Geist ist dein Geist. Er leitet dich auf rechter Straßen. Und alles, was du tust, das tust du Gotte. Du säest in dieser Welt und erntest im Himmel Gottes. Du bist Gottes Wunderwerk und eröffnest in dem irdischen Leben seine Wunder und zeuchst die mit dem Willengeiste in das heilige Mysterium.

3. Also merket dies, ihr geizigen, hoffärtigen, ihr neidischen, ihr falschen Richter, ihr Boshaftigen, die ihr eueren Willen und Begierde in irdische Güter, in Geld und Gut und in Wollust dieses Lebens einführet und haltet Geld und Gut für euren Schatz, und setzet eure Begierde darein und wollet gleichwohl Gottes Kinder sein. Stehet und heuchelt vor Gott, er soll euch die Sünde vergeben. Ihr aber bleibet mit eurem Bildnis in Adams Pelze, in Adams Fleisch, und tröstet euch also des Leidens Christi und seid nur Heuchler. Ihr seid nicht Gottes Kinder. Ihr müsset in Gott geboren werden, wollet ihr Kinder sein. Anders betrüget ihr euch samt euren Heuchlern, welche euch eine gleißnerische Farbe vormalen. Sie lehren und sind nicht von Gott erkannt noch gesandt zu lehren. Sie tuns um (des) Bauchs und um weltlicher Ehre willen, und sie sind die große Hure zu Babel, die mit den Lippen Gott heucheln und mit dem Herzen und Willengeiste dem Drachen zu Babel dienen.

4. Liebes Gemüte, willst du Gottes Kind werden, so schicke dich zur Anfechtung und Trübsal. Es ist nicht leicht und sanft, einzugehen in das Kinderleben, bevorab[350] so die Vernunft im irdischen Reiche gefangen lieget. Sie muß zerbrochen werden und muß der Wille von der Vernunft ausgehen. Er muß sich in Gottes Reich in demütigen Gehorsam

350 solange

einsäen, als ein Korn in den Acker gesäet wird. Er muß sich in der Vernunft gleich als tot machen und Gott ergeben. Also wächset die neue Frucht in Gottes Reich.

5. Darum stehet der Mensch in einem dreifachen Leben und gehören alles Gott zu. Die innere feurigen Essentien des ersten Principii werden mit dem neuen Leibe in Christo eingeleibet, daß sie in Christi Fleisch und Blute aus Gottes Willen wallen. Und ihr Feuer ist Gottes Feuer, aus welchem die Liebe, Sanftmut und Demut brennet, da der Hl. Geist ausgehet und hilft ihnen den Kampf wider die irdische Vernunft auch wider des verderbten Fleisches und des Teufels Willen bestehen. Sein Joch des irdischen Willens wird ihm leichter, aber er muß in dieser Welt im Streit bleiben. Denn dem irdischen Leben gehöret Nahrung. Die muß der Mensch suchen, und darf doch auch nicht seinen Willen und Herze dahineinsetzen und daranhängen. Er muß Gott vertrauen. Seine irdische Vernunft tritt immer in Zweifel, es werde ihm fehlen, sie will immer Gott schauen, und kann doch nicht. Denn Gott wohnet nicht im irdischen Reiche, sondern in sich selber.

6. Also muß die Vernunft, weil sie nicht kann Gott schauen, in die Hoffnung eingezwänget werden. Da läuft dann der Zweifel wider den Glauben und will die Hoffnung zerstören. Da muß denn der ernste Wille mit dem rechten Bildnis wider die irdische Vernunft streiten. Da tut es wehe und gehet oft traurig zu, bevorab wann die Vernunft den Lauf dieser Welt anschauet und also ihren Willengeist gleich als närrisch gegen den Lauf dieser Welt erkennet. Das heißets: Seid nüchtern, wachet, fastet und betet, daß ihr die irdische Vernunft möget ertäuben und gleich als tot machen, daß Gottes Geist Statt[351] in euch finde. Wenn derselbe erscheinet, so überwindet er bald die irdische Vernunft und blicket den Willen in der Angst mit seiner Liebe und Süßigkeit an, da dann

351 Raum

allemal ein schönes Zweiglein aus dem Glaubensbaume geboren wird. Und dienet alle Trübsal und Anfechtungen den Kindern Gottes zum allerbesten. Denn so oft Gott über seine Kinder verhänget, daß sie in Angst und Trübsal eingeführet werden, so stehen sie allemal in der Geburt eines neuen Zweigleins aus dem Glaubensbaume. Wenn der Geist Gottes wieder erscheinet, so führet er allemal ein neues Gewächs auf, dessen sich das edle Bildnis sehr hoch erfreuet, und ist nur um den ersten ernsten Sturz zu tun, da der irdische Baum muß überwunden und das edle Korn in Gottes Acker gesäet werden, daß der Mensch lerne, den irdischen Menschen erkennen. Denn wenn der Wille Gottes Licht empfähet, so siehet sich der Spiegel in sich selber. Eine Essenz im Lichte siehet die andere. Also findet sich der ganze Mensch in sich selber und erkennet, was er ist, welches er in der irdischen Vernunft nicht kann erkennen.

7. Also kann niemand denken, daß der Baum des christlichen Glaubens im Reiche dieser Welt gesehen oder erkannt werde. Die äußere Vernunft kennet ihn nicht. Und ob der schöne Baum gleich schon im innern Menschen stehet, noch zweifelt wohl die äußere, irdische Vernunft, denn der Geist Gottes ist ihr als eine Torheit. Sie kann den nicht ergreifen. Ob es gleich geschiehet, daß der Hl. Geist sich im äußern Spiegel eröffnet, daß das äußere Leben darinnen hoch erfreuet und vor großer Freuden zitternd wird und denket, nun habe ich den werten Gast erlanget, nun will ichs glauben. So ist doch kein vollkommener Bestand darinnen, denn der Geist Gottes verharret nicht immerdar in der irdischen Qual. Er will ein rein Gefäß haben. Und wenn er weichet in sein Principium als in das rechte Bildnis, so wird das äußere Leben kleinmütig und zaghaft. Darum muß das edle Bildnis immer im Streite sein wider das äußere Vernunftleben. Und je mehr es streitet, je größer wächset der schöne Baum, denn es wirket mit Gott. Denn gleichwie ein irdischer Baum in Wind, Regen,

Kälte und Hitze wächset, also auch der Baum des Bildnisses Gottes unter Kreuz und Trübsal, in Angst und Qual, in Spott und Verachtung, und grünet auf in Gottes Reich, und bringet Frucht und Geduld.

8. So wir denn solches wissen, so sollen wir dahin arbeiten und uns keine Furcht noch Schrecken lassen aufhalten. Denn wir werden dessen wohl ewig genießen und einernten, was wir allhier in Angst und Mühe gesäet haben, daß wir uns ewig trösten. Amen, Halleluja!

Literaturhinweise

Eine ausführliche bibliographische Übersicht über Textausgaben, Gesamtdarstellungen und Einzelstudien ist enthalten in: Gerhard Wehr: Jakob Böhme in Selbstzeugnissen und Bilddokumenten (Rowohlt Monographie 179), Reinbek 1971 ⁶1991, S. 145 ff.

Gesamtausgabe

Jakob Böhme: Sämtliche Schriften. Reprint der Ausgabe von 1730 in 11 Bänden, begonnen von August Faust, neu hrsg. von Will-Erich Peuckert, Stuttgart-Cannstatt 1955-61.

Urschriften

Jakob Böhme: Die Urschriften. Im Auftrag der Akademie der Wissenschaften zu Göttingen, hrsg. von Werner Buddecke. Bd. I, Stuttgart 1963; Bd. II, Stuttgart 1966.

Hauptschriften

hrg. und kommentiert von Gerhard Wehr
    Aurora oder Morgenröte im Aufgang
    Christosophia. Ein christlicher Einweihungsweg
    Von der Menschwerdung Jesu Christi
    Von der Gnadenwahl
    Theosophische Sendbriefe I/II
    Sämtlich im Insel Verlag Frankfurt/M. 1991 ff.
    Weitere Schriften in Vorbereitung

Auswahlbände

Jakob Böhme: Vom übersinnlichen Leben. Gespräch mit einem Meister mystischer Erfahrung, hrsg. von Gerhard Wehr. (Ogham Bücherei 28). Stuttgart-Dornach ²1993.
    Im Zeichen der Lilie. Aus den Werken des christlichen Mystikers Jakob Böhme. Ausgewählt und kommentiert von Gerhard Wehr. München: E. Diederichs 1991. (Neuausgabe i. Vorbereitung).

Anderson, Bo: Studien zu Jakob Böhmes Aurora oder Morgenröte im Aufgang. Stockholm 1986

Benz, Ernst: Der vollkommene Mensch nach Jakob Böhme. Stuttgart 1937

Böhme, Gernot (Hrsg.): Klassiker der Naturphilosophie. München 1989, S. 158-170

Bornkamm, Heinrich: Luther und Böhme. Bonn 1925 (Arbeiten zur Kirchengeschichte 2)

Deghaye, Pierre: La Naissance de Dieu ou la Doctrine de Jacob Boehme. Paris 1985

Faivre, A./Zimmermann, R. C. (Hrsg.): Epochen der Naturmystik. Hermetische Tradition im wissenschaftlichen Fortschritt. Berlin 1979

Grunsky, Hans: Jakob Böhme. Stuttgart 1956

Jecht, Richard: Die Lebensumstände Jakob Böhmes, in: Jakob Böhme. Gedenkgabe der Stadt Görlitz. Görlitz 1924

Lemper, Ernst-Heinz: Jakob Böhme. Leben und Werk. Berlin-Ost 1976

Nigg, Walter: Heimliche Weisheit. Mystisches Leben in der evangelischen Christenheit. Zürich 1959; Olten-Freiburg 1975

Pältz, Eberhard: Jakob Böhmes Hermeneutik, Geschichtsverständnis und Sozialethik. Jena 1961

–: Jakob Böhme, in: Theologische Realenzyklopädie (TRE). Berlin-New York 1980. Bd. VI, 748-754

Peuckert, Will-Erich: Das Leben Jakob Böhmes. Jena 1924; 2. Aufl. in J. Böhme: Sämtliche Schriften, Bd. 10. Stuttgart 1961

Pietsch, Roland: Die Dialektik von Gut und Böse in der »Morgenröte« Jakob Böhmes. Innsbruck 1975

Wehr, Gerhard: Jakob Böhme in Selbstzeugnissen und Bilddokumenten. Reinbek 1971; [6]1991 (Rowolt Monographie 179)

–: Die deutsche Mystik. Mystische Erfahrung und theosophische Weltsicht. München 1988

–: Esoterisches Christentum. Von der Antike zur Gegenwart. Stuttgart: Klett-Cotta 1995

–: Zur Wirkungsgeschichte Jakob Böhmes (Arbeitstitel, in Vorbereitung).

Religion und Mystik
im insel taschenbuch

Philosophie
im insel taschenbuch

167/1/3.95

Philosophie
im insel taschenbuch

Philosophie
im insel taschenbuch

Blaise Pascal: Größe und Elend des Menschen. Aus den »Pensées«. Auswahl, Übersetzung und Nachwort von Wilhelm Weischedel. it 441

Platon: Sämtliche Werke. Griechisch und deutsch. Nach der Übersetzung Friedrich Schleiermachers, ergänzt durch Übersetzungen von Franz Susemihl u.a. Griechischer Text nach der letztgültigen Gesamtausgabe der Association Guillaume Budé. Herausgegeben von Karlheinz Hülser. Zehn Bände in Kassette. it 1401–1410

– Apologie. Protagoras. Sämtliche Werke I. Ion. Protagoras. Apologie. Kriton. Laches. Lysis. Charmides. Griechisch und deutsch. it 1401

– Euthyphron. Gorgias. Sämtliche Werke II. Euthyphron. Alkibiades I. Gorgias. Menexenos. Griechisch und deutsch. it 1402

– Menon. Kratylos. Sämtliche Werke III. Menon. Kratylos. Euthydemos. Hippias maior. Griechisch und deutsch. it 1403

– Symposion. Phaidon. Sämtliche Werke IV. Hippias minor. Symposion. Phaidon. Griechisch und deutsch. it 1404

– Politeia. Sämtliche Werke V. Politeia. Griechisch und deutsch. it 1405

– Theaitetos. Phaidros. Sämtliche Werke VI. Phaidros. Theaitetos. Griechisch und deutsch. it 1406

– Sophistes. Politikos. Sämtliche Werke VII. Parmenides. Sophistes. Politikos. Griechisch und deutsch. it 1407

– Timaios. Kritias. Sämtliche Werke VIII. Philebos. Timaios. Kritias. Griechisch und deutsch. it 1408

– Nomoi. Sämtliche Werke IX. Nomoi. Griechisch und deutsch. it 1409

– Briefe. Sämtliche Werke X. Briefe. Unechtes. Griechisch und deutsch. it 1410

– Das Trinkgelage oder Über den Eros. Übertragung, Nachwort und Erläuterungen von Ute Schmidt-Berger. Mit einer Wirkungsgeschichte von Jochen Schmidt und griechischen Vasenbildern. it 681

Jean-Jacques Rousseau: Bekenntnisse. Aus dem Französischen von Ernst Hardt. Mit einer Einführung von Werner Krauss. it 823

Arthur Schopenhauer: Aphorismen zur Lebensweisheit. Vollständige Ausgabe mit Erläuterungen und Übersetzung der fremdsprachigen Zitate. Mit einem Nachwort von Hermann von Braunbehrens. Mit 16 Daguerreotypien und Fotos und Bilderläuterungen von Arthur Hübscher. it 223

– Die Kunst, Recht zu behalten. Herausgegeben von Franco Volpi. it 1658

Arthur Schopenhauer. Leben und Werk in Texten und Bildern. Herausgegeben von Angelika Hübscher. it 1059

Seneca für Manager. Sentenzen. Ausgewählt und übersetzt von Gerhard Schoeck. it 1656

Philosophie
im insel taschenbuch

167/4/3.95

Alte Welt und Mittelalter
im insel taschenbuch

151/1/3.95

Alte Welt und Mittelalter
im insel taschenbuch

151/2/3.95

Alte Welt und Mittelalter
im insel taschenbuch

Alte Welt und Mittelalter
im insel taschenbuch

Morgenland und östliche Weisheit
im insel taschenbuch